Mira Meyer
Ökologische Zielsetzungen des Mietrechts

Praxis und Theorie des Bau- und Immobilienrechts

HUMBOLDT-UNIVERSITÄT ZU BERLIN

Mira Meyer

Ökologische Zielsetzungen des Mietrechts

11

Der juristische Verlag
lexxion
Berlin

Rainer Schröder (Hrsg.)

Die Arbeit wurde am 25.11.2007 bei der Juristischen Fakultät der Humboldt-Universität zu Berlin eingereicht.

Bibliografische Informationen der Deutschen Bibliothek

Die Deutsche Bibliothek verzeichnet diese Publikation in der Deutschen Nationalbibliografie; detaillierte bibliografische Daten sind im Internet über http://dnb.ddb.de abrufbar.

ISBN: 978-3-93 98 04-70-3

www.lexxion.de
Umschlagentwurf: Christiane Tozman

Meinen Kindern Alba, Levi und Mala

und meinem Ehemann
Alexander

Besonderer Dank gilt meinem Doktorvater,
Herrn Prof. Dr. Schwintowski

Inhalt

Abkürzungsverzeichnis ... XI

Kapitel 1: Fragestellung und Legitimation ... 1

Kapitel 2: Zahlen und Fakten ... 3
A. Emissionen der Haushalte in Deutschland ... 3
B. Einflussfaktoren/Einsparpotenziale ... 4
I. Bausubstanz, Energieträger, Anlagentechnik ... 4
II. Energie-Monitoring und Verbrauchsverhalten ... 6

Kapitel 3: Möglichkeiten zur Umsetzung des Emissionsziels ... 9
A. Modernisierung im Bestand ... 9
B. Outsourcing der Wärme- und Warmwasserlieferung ... 10
I. Facility-Management (Voll-Contracting) ... 10
1. Contracting im Bereich der Energieversorgung/ Wohnungswirtschaft ... 11
2. Contracting-Vertrag ... 12
3. Contracting-Modelle ... 13
a) Energieliefer-Contracting ... 13
b) Einspar-Contracting ... 14
c) Finanzierungs-Contracting ... 15
d) Technisches Anlagenmanagement ... 15
II. Contracting im Mietverhältnis ... 16
1. Fullcontracting ... 16
2. Betreibermodell ... 17
III. Energieeinsparpotenzial ... 18
IV. Vorteile für den Contracting-Nehmer ... 18

Kapitel 4: Rechtliche Rahmenbedingungen ... 21
A. Völkerrechtliche und europarechtliche Rahmenbedingungen ... 21
I. Klimarahmenkonvention und Kyoto-Protokoll ... 21
II. Klimaschutz in Europa ... 22
1. Europa und das Kyoto-Protokoll ... 23
2. Europarecht – Bundesrecht ... 24
B. Nationale Rahmenbedingungen ... 25
I. Öffentlich-rechtliche Rahmenbedingungen ... 26
1. Energieeinsparungsgesetz ... 26
2. Energieeinsparverordnung ... 27
3. Umsetzung der EU-Richtlinie über die Gesamtenergieeffizienz von Gebäuden ... 30
4. Umsetzung der EU-Energiedienstleistungsrichtlinie ... 30
II. Zivilrechtliche Rahmenbedingungen ... 31

1. Modernisierung und Instandsetzung, § 554 BGB 31
a) Duldungsverpflichtung des Mieters 32
aa) Duldungsverpflichtung bei gesetzlich vorgeschriebenen Maßnahmen am Beispiel der EnEV 33
bb) Duldungsverpflichtung bei Erfüllung der „bedingten Anforderungen“ der EnEV 34
b) Umlage der Kosten 34
aa) Kostenumlage bei gesetzlich vorgeschriebenen Maßnahmen am Beispiel der EnEV 35
bb) Kostenumlage bei Erfüllung der „bedingten Anforderungen“ der EnEV 36
2. Mietspiegel.. 36
a) Qualifizierter Mietspiegel 37
b) Ökologischer Mietspiegel 38
aa) Wohnwertmerkmale der „wärmetechnischen Beschaffenheit“ 39
bb) Vorteile des ökologischen Mietspiegels 41
3. Nebenkosten 45
a) Grundmodell der Miete.. 45
b) Verbrauchsabhängige Nebenkostenabrechnung, § 556 a BGB..... 46
aa) Flächenschlüssel als Grundsatz, § 556 a Abs. 1 Satz 1 BGB 46
bb) Umlage nach Verbrauch oder Verursachung, § 556 a Abs. 1 Satz 2 BGB 46
cc) Nachträgliche Umlage nach Verbrauch oder Verursachung, § 556 a Abs. 2 BGB 48
4. Wirtschaftlichkeitsgebot.. 49
5. Wärmecontracting im Mietverhältnis................................. 55
a) Fullcontracting 55
aa) Bei Neuabschluss 55
bb) Im laufenden Mietverhältnis 57
b) Betreiber-Modell 58
aa) Bei Neuabschluss 58
bb) Im laufenden Mietverhältnis 58
cc) Wärmecontracting und Mieterhöhung............................. 70

Kapitel 5: Ökonomisch-rechtliche Fehlsteuerungen 72
A. Kosten-Nutzen-Dilemma 72
I. Modernisierung 72
1. Umfang der Mieterhöhung und 11 %-Regelung 75
2. Instandmodernisierungen.. 82
3. Vermieter als Bauherr... 84
4. Zu hohe formale Anforderungen.................................... 85
5. Härtefall und Sonderkündigungsrecht des Mieters.................. 90
II. Wärmecontracting 94

B. Beschränkung auf das ordnungsrechtliche Instrumentarium 96

Kapitel 6: Entgegensteuernde Lösungsansätze 100
A. Mietereigener Anspruch auf optimale Wärmeversorgung................. 100
I. Anspruch auf Einhaltung gesetzlicher Vorschriften wie der EnEV 102
II. Anspruch auf optimale Wärmeversorgung, § 535 Abs. 1 i.V.m. dem Wirtschaftlichkeitsgebot...107
1. Wortsinn 112
2. Entstehungsgeschichte, Sinn und Zweck 117
3. Systematik.. 121
a) Mietrechtsreformgesetz...122
aa) § 556 a BGB...122
bb) §§ 554, 559 BGB..123
b) Art. 20 a GG...127
c) Art. 14 GG.. 131
d) Gemeinschaftsrecht 135
4. Zusammenfassung, Ergebnis 139
B. Aufklärung bzw. Transparenz für den Mieter durch Gesetzeskodifizierungen 139
I. Gesetzliche Verankerung des ökologischen Mietspiegels................143
1. Wohnwertmerkmale 144
2. Politikum Mietspiegel 145
3. Finanzieller Aspekt...146
4. Vergleichbarkeit der Mietsachen 147
II. Heizkostenspiegel 149
III. Energieausweis..153
C. Gesetzliche Verankerung der Kostenumlegung auf den Mieter 157
I. Wärmecontracting 158
II. Modernisierung 161
D. Gesetzliche Verankerung der Teilwarmmiete.............................162
I. Grundidee..162
II. Rechtliche Einschätzung 168
1. Gesetzliches Leitbild einer einheitlichen Miete 168
a) Vereinbarung einer Teilwarmmiete..............................168
b) Änderung der gesetzlichen Leitbildfunktion 170
c) Heizkostenverordnung.. 171
III. Bewertung 173
1. Erhöhung des Betriebskostenanteils 173
2. Mieterhöhung nach § 558 BGB......................................175
3. Verfahren zur Bestimmung der Grundheizkosten 175
4. Verzerrung im Mietspiegel 176
5. Fazit...176

Kapitel 7: Rechtsfolgen und Durchsetzungsprobleme des mietereigenen Anspruchs auf optimale Wärmeversorgung 178
A. Erfüllungsanspruch und die rechtlichen Folgen 178
I. Erfüllungsanspruch, § 535 Abs. 1 Satz 2 BGB i.V.m. dem Wirtschaftlichkeitsgebot..................178
II. Mieterhöhung nach § 559 BGB bzw. § 558 BGB 180
III. Einrede des nichterfüllten Vertrages gemäß § 320 BGB 182
IV. Ausschlussgründe 184
V. Gewährleistungsrechte 184
VI. Gewährleistungsausschluss..................188
B. Durchsetzung des mietereigenen Anspruchs 189
I. Parteien eines gerichtlichen Verfahrens..................189
II. Prozessuale Durchsetzung 190
1. Klageart 191
2. Vollstreckung des Leistungsurteils 194

Kapitel 8: Wesentliche Ergebnisse 198

Literaturverzeichnis 201

Abkürzungsverzeichnis

a. A.	andere Ansicht
a.a.O.	am angeführten Ort
a. F.	alte Fassung
Abs.	Absatz
AcP	Archiv für civilistische Praxis
Art.	Artikel
Beschl.	Beschluss
BGB	Bürgerliches Gesetzbuch
BGBl.	Bundesgesetzblatt
BGH	Bundesgerichtshof
BT-Drucks	Bundestags-Drucksache
BVerfG	Bundesverfassungsgericht
BVerfGE	Bundesverfassungsgerichtsentscheidung
bzgl.	bezüglich
bzw.	beziehungsweise
CO_2	Kohlendioxid
CuR	Contracting und Recht
d. h.	das heißt
ders.	derselben
DÖV	Die öffentliche Verwaltung
DVBl	Deutsches Verwaltungsblatt
DWW	Deutsche Wirtschaftswoche
EGV	Vertrag zur Gründung der Europäischen Gemeinschaft
Einf.	Einführung
EU	Europäische Union
EuGH	Europäischer Gerichtshof
EUV	Vertrag über die Europäische Union
Fn.	Fußnote
GG	Grundgesetz
ggf.	gegebenenfalls

h. M.	herrschende Meinung
HeizkV	Heizkostenverordnung
Hrsg.	Herausgeber
HS	Halbsatz
JuS	Juristische Schulung
JZ	Juristen Zeitung
Kap.	Kapitel
KritVJ	Kritische Vierteljahresschrift für Gesetzgebung und Rechtswissenschaft
m.w.N.	mit weiteren Nachweisen
MDR	Mitteilungen Deutschen Rechts
MHG	Miethöhegesetz
MHRG	Gesetz zur Regelung der Miethöhe vom 18.12.1974
NJW	Neue Juristische Wocheschrift
NJW-RR	Neue Juristische Woche, Rechtsprechungsreport
NuR	Natur und Recht
NVwZ	Neue Zeitschrift für Verwaltungsrecht
NZM	Neue Zeitschrift für Miet- und Wohnungsrecht
o. g.	oben genannt
Rdn.	Randnotiz
RegE	Regierungsentwurf
S.	Satz
s.	siehe
sog.	sogenannte (r,s)
u. a.	unter anderem, und andere
Unterabs.	Unterabsatz
Urt.	Urteil
vgl.	vergleiche
Vorbem.	Vorbemerkung

WuM	Wohnungswirtschaft & Mietrecht
z. B.	zum Beispiel
ZdW Bay	Zeitschrift der Wohnungswirtschaft Bayern
ZMR	Zeitschrift für Miet- und Raumrecht
ZPO	Zivilprozessordnung
ZRP	Zeitschrift für Rechtspolitik

Kapitel 1: Fragestellung und Legitimation

In meiner wissenschaftlichen Arbeit untersuche ich, ob dem Mietrecht bereits ökologische Zielsetzungen innewohnen oder ob ökologische Zielsetzungen an das Mietrecht von außen herangetragen werden.

Diese Untersuchung/Überprüfung rechtfertigt sich vor allem deshalb, weil der Umweltschutzgedanke immer tragendere Bedeutung im Bewusstsein der Gesellschaft einnimmt. Das Recht soll aber als Spiegel des jeweiligen gesellschaftlichen Bewusstseins fungieren. Der Umweltschutzgedanke muss sich also zwangsläufig auch in unserer Gesetzgebung und Rechtsprechung niederschlagen. In meiner wissenschaftlichen Arbeit überprüfe ich deshalb, ob sich im Mietrecht bereits dieses ökologische Bewusstsein in Form von Gesetzen und/oder dem Mietrecht innewohnenden Zielsetzungen niedergeschlagen hat.

Möglich ist es auch, dass der Wortlaut des Gesetzestextes nicht unmittelbar einen ökologischen Ausspruch hat, der dahinter stehende Sinn und Zweck des Gesetzes aber bereits auf die Integration des ökologischen Interesses schließen lässt. Dies hätte insofern eine überragende Bedeutung, als dass im Rahmen der Gesetzesauslegung neben dem Wortlaut, der grammatikalischen und historischen Auslegung auch der Sinn und Zweck des Gesetzes zu berücksichtigen ist.

Finden sich solche ökologischen Zielsetzungen nicht im Mietrecht, so ist zu prüfen, ob das bereits vorhandene ökologische Bewusstsein von außen an das Mietrecht herangetragen wird – dies insbesondere durch andere rechtliche Vorgaben, wie Gesetze, Richtlinien, Verordnungen. Dabei sind insbesondere europarechtliche Vorgaben und Richtlinien zu beachten. Zu bedenken ist auch, dass Deutschland im Rahmen von völkerrechtlichen Verträgen ökologische Verpflichtungen eingegangen ist, die es einzuhalten und umzusetzen gilt.

Im Folgenden wird in erster Linie auf das ökologische Ziel der Treibhausgasemissionsreduktion eingegangen werden. Als vorrangig einzustufen ist dieses Ziel schon aufgrund der seit Jahren andauernden aber immer noch gleichwohl aktuellen Brisanz im Energieeinsparbereich. Insbesondere im Hinblick auf den bereits stattfindenden Klimawandel warnen aktuelle Meldungen der Klimatologen bereits vor weiteren erheblichen Klimaveränderungen, welche die natürliche und menschliche Lebenswelt ganz erheblich beeinträchtigen werden. Um solche zu vermeiden, wäre der Temperaturanstieg dauerhaft auf maximal 2 °C gegenüber vorindustrieller Zeit zu begrenzen. Damit besteht ein dringlicher Handlungsbedarf. Mit der Regierungserklärung vom 26.4.2007 strebt Deutschland deshalb auch an, die Treibhausgasemissionen bis zum Jahre 2020 um 40 % gegenüber 1990 zu reduzieren. Die wichtigste Ursache für den Anstieg von Treibhausgasemissionen ist die Verbrennung fossiler Brennstoffe. Da Raumheizung und Warmwasser im Bereich der privaten Haushalte etwa ein Drittel des gesamten Primärenergiebedarfs in Deutschland verbrauchen, stellt gerade dieser sektorale Bereich zur Energieeinsparung und damit auch zur Reduzierung der Treibhausgaskonzentrationen ein wesentliches Feld dar. Die ökologische Zielsetzung der Reduktion der Treibhausgase steht deshalb auch in der vorgelegten wissenschaftlichen Arbeit im Vordergrund.

Ist man sich darüber einig, dass ökologische Zielsetzungen sich auch in der Gesetzeslage und der Rechtsprechung wiederspiegeln müssen, so schließt sich unmittelbar die zu untersuchende wissenschaftliche Frage an, wie man das Ziel der Emissionsreduktion über privatrechtliche, insbesondere mietrechtliche, Instrumente verwirklichen kann.

Um zu diesem wissenschaftlichen Ergebnis zu gelangen, werden zunächst Emissionseinsparpotenziale im Gebäudebereich und die daraus sich ableitenden tatsächlichen Möglichkeiten zur Emissionseinsparung, die ökologische Modernisierung an sich und das damit einhergehende Outsourcing von Wärme- und Warmwasserlieferung, dargestellt. Der Grund für die mangelnde Bereitschaft zu eigenen Investitionen bei energiesparenden Modernisierungen auf Vermieterseite ist nicht zuletzt darin zu sehen, dass es regelmäßig die Mieter sind, die den entscheidenden Nutzen einer ökologischen Modernisierung tragen. Dieses sogenannte Kosten-Nutzen-Dilemma stellt sich als ökonomisch-rechtliche Fehlsteuerung dar, derer mit mietrechtlichen Möglichkeiten wie z. B. dem ökologischen Mietspiegel, dem Energieausweis, dem Wärmecontracting, der Teilwarmmiete und nicht zuletzt einem mietereigenem Anspruch auf optimale Wärmeversorgung begegnet werden könnte. Es wird dargelegt, dass grundsätzlich nur das Wärmecontracting eine solche optimale Wärmeversorgung gewährleistet. Diese Instrumente zur Überwindung der ökonomisch-rechtlichen Fehlsteuerungen werden im Folgenden weiter entwickelt und auf ihre rechtliche und praktische Haltbarkeit überprüft.

Kapitel 2: Zahlen und Fakten

A. Emissionen der Haushalte in Deutschland

Im Wesentlichen als Folge des Ausstoßes von Treibhausgasen ist die Temperatur im vergangenen Jahrhundert weltweit um durchschnittlich 0,7 °C gestiegen. Damit hat ein Klimawandel bereits begonnen.[1] Dieser wird zukünftig bei ungebremstem Ausstoß von Treibhausgasen jedoch noch dynamischer verlaufen, weil dann mit einer weiteren Erwärmung um 1,4 bis 5,8 °C bis zum Jahr 2100 zu rechnen ist. Ein solcher Temperaturanstieg wird zu unabsehbaren Folgen führen.[2] Der Ausstoß von Treibhausgasen muss deshalb reduziert werden. Eine solche Aufgabe wird dabei wegen des berechtigten Anspruchs der Entwicklungsländer auf eine wirtschaftliche Entwicklung insbesondere den Industriestaaten zukommen.

Nach heutigen Kenntnissen trägt das Kohlendioxid am meisten zur Verstärkung des klimagefährdenden Treibhauseffektes bei, der langfristig zu einer Temperaturerhöhung auf der Erde mit unabsehbaren Folgen führen kann.

Der größte CO_2-Emittent ist der Energiesektor. Die Emissionen der privaten Haushalte trugen zuletzt mit knapp 13 % und der Bereich Gewerbe, Handel, Dienstleistungen mit 6 % zu den gesamten CO_2-Emissionen bei.[3]

In der Bundesrepublik Deutschland beträgt das Verhältnis von Primärenergie[4], Endenergie[5] und Nutzenergie etwa 3:2:1, d. h. nur ein Drittel der Primärenergie und die Hälfte der Endenergie werden in Nutzenergie, also in Wärme, Licht und Kraft umgesetzt.[6] Dabei kommt dem Bereich der Raumwärme beson-

1 Vgl. hierzu auch Veröffentlichungen des Bundesumweltministeriums, Klimaschutz – die größte umweltpolitische Herausforderung der Menschheit, August 2005.

2 Vgl. hierzu Veröffentlichungen des Umweltbundesamtes, Die Zukunft in unseren Händen – 21 Thesen zur Klimaschutzpolitik des 21. Jahrhunderts, Oktober 2005.

3 Vgl. Ziesing, „CO_2-Emissionen in Deutschland 2006 – nach wie vor keine Trendwende in Sicht", in Energiewirtschaftliche Tagungsfragen 2007, S. 80, (83).

4 Unter Primärenergie versteht man diejenige Energiemenge, die in der Bedarfskette ursprünglich eingesetzt wird, z. B. Öl oder Gas aus der Quelle, vgl. Schiebel, „Vom Wärmeschutz zur Primärenergie – die neue Energieeinsparverordnung", in ZdW Bay 2002, S. 60, (61).

5 Unter Endenergie versteht man die Energie, die nach mehreren Schritten der Gewinnung, des Transports und der Umwandlung an der Grundstücksgrenze des Verbrauchers ankommt, vgl. Schiebel, „Vom Wärmeschutz zur Primärenergie – die neue Energieeinsparverordnung", in ZdW Bay 2002, S. 60, (61).

6 Vgl. BUND, BUND-Faktenblatt 06030, 4 f.

dere Bedeutung zu. Die Haushalte sind in Deutschland mit 77 % des Endenergieverbrauches für ihre Raumheizung beteiligt.

Insgesamt wird in Deutschland ca. ein Drittel des Nutzenergieverbrauches für die Raumwärme aufgewendet.[7] Größte Verbraucher sind dabei die privaten Haushalte. Energieeinsparung muss sich demnach zentral auch auf genau diesen Gebäudebereich konzentrieren.

B. Einflussfaktoren/Einsparpotenziale

Energie einsparen kann man zum einen dadurch, dass der Verbraucher sein Verbrauchsverhalten überdenkt und weniger Nutzenergie im Sinne von Raumwärme benötigt. Das Heiz- und Lüftungsverhalten wirkt sich direkt auf den Energieverbrauch und damit den Emissionsausstoß aus.

Darüber hinaus kann Energie jedoch auch durch eine gesteigerte Energieeffizienz eingespart werden. Energieeffizienz bedeutet in diesem Fall, dass bei gleichbleibendem Heizwärmebedarf – also gleichbleibendem Verbrauchsverhalten – der Heizenergiebedarf gesenkt wird. Während der Heizwärmebedarf die Wärme beschreibt, die dem beheizten Raum zugeführt werden muss, um seine innere Solltemperatur einzuhalten, beschreibt der Heizenergiebedarf die Energie, die dem Heizsystem zugeführt werden muss, um den Heizwärmebedarf einschließlich der Umwandlungsverluste zu decken. Der Heizenergiebedarf wird dabei von dem sogenannten Primärenergiebedarf als rechnerischer Größe beschrieben. Dieser betrachtet alle Energie-Einfluss-Faktoren eines Gebäudes wie z. B. die Qualität der Heizungsanlage und Gebäudehülle und den Energieträger. Die Einwirkung auf diese Faktoren kann direkt den Energiebedarf beeinflussen und sich emissionsreduzierend auswirken.

I. Bausubstanz, Energieträger, Anlagentechnik

Der Endenergiebedarf der Haushalte hängt zum Teil von ökologischen Gesichtspunkten schon bei der Neuerrichtung des Gebäudes ab. Dabei spielt zunächst die Gebäudeform eine entscheidende Rolle. Kompakt bauen bedeutet z. B. energiesparend zu bauen. Ein Gebäude ist kompakt, wenn die Außenfläche im Verhältnis zum Rauminhalt klein ist, also möglichst wenige Verschachtelungen, Gauben und Erker vorliegen. Das Verhältnis der Außenfläche zum Rauminhalt des

7 ASUE, Erdgas plus Erneuerbare Energien, 2005, 5.

Gebäudes bestimmt maßgebend den Energiebedarf. Um die Sonnenenergie zu nutzen, ist eine Gebäudeausrichtung nach Süden vorteilhaft. Große Fensterflächen nach Süden führen zu Wärmegewinnen und sparen Heizenergie.[8]

Darüber hinaus kommt auch der Gebäudehülle eine entscheidende Rolle zu. Die Raumwärme wird durch die Gebäudehülle an die kühlere Außenluft abgegeben. Eine Dämmung stellt diesem unerwünschten Energieabfluss einen Widerstand entgegen, so dass die Wärme länger im Haus bleibt. Mit Dämmmaßnahmen kann folglich nachhaltig Energie eingespart werden.[9] Auch Fenster spielen für den Wärmebedarf eine große Rolle. Sie sind heute fast durchgehend mit Wärmeschutzverglasungen ausgestattet, die in der Jahreswärmebilanz Energiegewinne erwirtschaften.

Die Einsparung von Energie kann bei der Planung einer Neuerrichtung sogar bis hin zum Standard eines sogenannten Passivhauses auf die Spitze getrieben werden. Das Passivhaus ist ein konsequent weiterentwickeltes Niedrigenergiehaus. Ein Passivhaus benötigt im Jahr bei üblicher Nutzung nicht mehr als etwa 1,5 l Öl oder 1,5 m^3 Erdgas (entspricht 15 kWh) pro Quadratmeter Wohnfläche und Jahr, während ein Neubau nach den Anforderungen der EnEV 2004 immer noch 6–10 l Öl pro Quadratmeter Wohnfläche verbraucht.[10]

Auch der gewählte Energieträger spielt eine große Rolle für den eigentlichen Energieverbrauch. So weist z. B. Erdgas unter fossilen Energieträgern bei der Verbrennung die günstigste CO_2-Bilanz auf. Bezogen auf den gleichen Energieeinsatz bildet es rund 25 % weniger Kohlendioxid als leichtes Heizöl und etwa 50 % weniger als Braunkohle.[11] Mitte der 90er Jahre hat Erdgas das Heizöl als Heizenergie Nr.1 in Deutschland abgelöst. Heute werden in Deutschland schon über 40 % der Wohnungen mit Erdgas beheizt. Im Neubau werden über zwei Drittel der Wohnungen mit einer Erdgasheizung ausgestattet.[12]

---

8 Vgl. hierzu dena, Bauen für die Zukunft, 2002, 5 f.

9 Bundesumweltamt und GdW, Energiemanagement in Wohnungsunternehmen, 2003, 34 f.

10 Der niedrige Heizenergieverbrauch wird zum einen durch eine starke Verringerung der Wärmeverluste als auch durch die Nutzung passiver Wärmequellen wie Sonne, Mensch, Haushaltsgeräte und die Wärme aus der Fortluft gewährleistet. Hierbei hilft insbesondere eine Lüftungsanlage mit hocheffizienter Wärmerückgewinnung. Die Abluft wird aus Küche, Bad und gegebenenfalls Räumen mit Geruchsbelästigung (Raucherzimmer) direkt abgesogen. Die darin enthaltene Wärme wird genutzt, um die frische Luft zu erwärmen, die den Wohn- und Schlafräumen zugeführt wird. Die darüber hinaus noch erforderliche Heizwärme lässt sich mit jedem traditionellen Heizsystem und jedem Energieträger zuführen; vgl. hierzu auch IG Passivhaus, Aktiv für mehr Behaglichkeit: Das Passivhaus, 6 ff.

11 Erdgas Information Haustechnik, Wärmeversorgung im Niedrigenergiehaus, 21.

12 Erdgas Information Haustechnik, Wärmeversorgung im Niedrigenergiehaus, 20.

Auch die gewählte Heizanlagentechnik selbst spielt eine Rolle. Zum einen gibt es gerade noch im Bestand die konventionelle Heizungstechnik, bei welcher die Heizungsanlage nur den Heizwert eines Brennstoffes verwerten kann. Durch moderne Brennwerttechnik besteht jedoch auch die Möglichkeit der Steigerung der Energieausnutzung. Dabei werden die Abgase bis unter den Wasserdampf-Taupunkt abgekühlt werden, so dass eine teilweise Nutzung der Kondensationswärme des bei der Verbrennung gebildeten Wasserdampfes im Abgas erfolgt.[13]

Auch die Überdimensionierung des Heizkessels hat oftmals schlechte Auswirkungen auf die Jahresenergiebilanz eines Gebäudes. Die Überdimensionierung bewirkt hohe Verluste, weil der Wärmeerzeuger dann nicht oft genug mit voller Auslastungen arbeiten kann. Bei alten Heizkesseln liegt oftmals nur eine 15 %-ige Auslastung und ein Nutzungsgrad in Höhe von deutlich unter 70 % vor.

Im Bestand verschlechtert sich die Auslastung eines Heizkessels darüber hinaus auch noch durch die Verminderung des Gebäudewärmebedarfes durch Wärmedämmmaßnahmen noch weiter. Erst durch den Einbau eines modernen Niedertemperatur- oder Brennwertkessels kann eine hohe Energieeinsparung von bis zu 40 % erreicht werden.

Verbindet man außerdem die Stromerzeugung mit der Wärmeerzeugung in Kraft-Wärme-Kopplungsanlagen (z. B. Blockheizkraftwerke), so können die CO_2-Emissionen gegenüber einem Niedertemperaturkessel fast halbiert werden. Mit zentralen und vollautomatischen Holzfeuerungsanlagen können emissionsarme erneuerbare Energiequellen eingesetzt werden. Zudem sind solche zentralen Nahwärmesysteme offen für Zukunftstechnologien, wie die Brennstoffzelle, solare Nahwärme, etc.

Sinnvoll ist heutzutage fast immer die an die Wärmeerzeugung gekoppelte zentrale Warmwasserbereitung. Sie ermöglicht auch die Integration einer thermischen Solaranlage, mit der zwischen 40 und 60 % des Warmwasserbedarfs eines Wohngebäudes gedeckt werden können.[14]

II. Energie-Monitoring und Verbrauchsverhalten

Um Energie einzusparen müssen dem Nutzer und Eigentümer der Immobilie erst einmal die Energieeinsparmöglichkeiten vor Augen geführt werden. Während dem Nutzer und Mieter sein Heizwärmebedarf vor Augen gehalten werden muss, sollte dem Eigentümer und Vermieter der Heizenergiebedarf aufgezeigt

13 Eickenhorst/Joos, Energieeinsparung in Gebäuden, 1999, 140.

14 Bundesumweltamt und GdW, Energiemanagement in Wohnungsunternehmen, 2003, 36.

werden. Damit kann direkt Einfluss auf das Heizungsverhalten und auf Modernisierungsinvestitionen genommen werden.

Die Einflussnahme auf das Verbrauchsverhalten der Nutzer hat eine ganz besondere Gewichtung im Niedrigenergiehaus. Je geringer der Energiebedarf der Immobilie desto größer ist nämlich auch der Einfluss der Nutzer. Schwankungen in den Energieverbrauchswerten sind zum einen auf den unterschiedlichen Anteil der inneren Wärmequellen (Menschen, Kochen, Geräte, Beleuchtung, usw.) zurückzuführen. Entscheidenden Einfluss hat aber auch der richtige Umgang mit der Lüftung. Durch Fenster, die längere Zeit (auch nachts) geöffnet sind, kann sich der Heizenergiebedarf mehr als verdoppeln. Der Einfluss des Verbrauchsverhaltens auf den Heizenergiebedarf sollte nicht unterschätzt werden, weil er zu Unterschieden von 200 % bis 400 % vom sparsamsten zum verbrausintensivsten Nutzer führen kann.[15]

Deshalb sollten die künftigen Bewohner von Niedrigenergiehäusern möglichst frühzeitige und intensiv über die veränderten Gegebenheiten bei Heizung und Lüftung informiert werden. Wenn die Nutzer nicht wissen, wie sie mit der Technik und den komplexem raumhygienischen Zusammenhängen umgehen sollen, sind ein erhöhter Energieverbrauch und ein schlechtes Raumklima praktisch vorprogrammiert.[16]

Um Einfluss auf das Verbrauchsverhalten der Nutzer zu erhalten, ist ein Energie-Monitoring unerlässlich. Das Verbrauchsverhalten der einzelnen Nutzer in einer speziellen Immobilie muss zunächst erfasst und schließlich aufgezeigt werden. Es findet also eine Bedarfskontrolle statt. Dabei ist eine laufende und prozessbegleitende Kontrolle der Betriebsprozesse bei der Raumwärme als auch eine nachträgliche Revision im Hinblick auf die Ordnungs- und Zweckmäßigkeit der Prozesse vonnöten.

Eine solche laufende Kontrolle kann mittels moderner Funksysteme[17] gewährleistet werden. Diese ermöglichen es, die Verbrauchsdaten der Nutzer ständig zu erfassen und zum Aufbau eines Datenpools weiterzuleiten. Aufgrund einer solchen Datenübertragung muss noch nicht einmal mehr die Immobilie selbst betreten werden.[18] Mit den gesammelten Daten sind dann extern Energieanalysen

---

15 Vgl. Schiebel, „Vom Wärmeschutz zur Primärenergie – Die neue Energieeinsparverordnung", in ZdW Bay 2002, S. 60, (65).

16 Erdgas Information Haustechnik, Wärmeversorgung im Niedrigenergiehaus, 19.

17 Oder auch Gebäudeautomations- und informationssysteme.

18 Vgl. hierzu Messerschmidt, Funksysteme: Sicherer elektronischer Transfer von Verbrauchsdaten, in Pöschk (Hrsg.), Energieeffizienz in Gebäuden, 2007, 245.

möglich, welche es ermöglichen, Energieeinsparpotenziale aufzuzeigen und in die weitere betriebliche Planung umzusetzen.

Die ständige Kontrolle kann zudem auch mit einer ständigen, nämlich stunden- und tagegenauen Einstellung der Anlage einhergehen, die der jeweiligen Außen- und Innentemperatur optimal angepasst wird und so die Energieeinsatzmenge auf das notwendige Minimum reduziert.

In der Praxis findet man ein solches Betriebscontrolling bis jetzt selten. Gängig ist bei Vermietungen bis jetzt nur der Anlagenwartungsvertrag, der sich darauf beschränkt, die Betriebsbereitschaft zu sichern, die Energieerzeugungsmenge zu ermitteln und mit der Energieeinsatzmenge zu vergleichen. Die einmalige Einstellung der Heizungsanlage durch den Schornsteinfeger ist immer noch vorherrschend.

Kapitel 3: Möglichkeiten zur Umsetzung des Emissionsziels

A. Modernisierung im Bestand

Für eine möglichst weitreichende Emissionsreduktion ist neben dem Einwirken auf das Verbrauchsverhalten des Einzelnen, eine effiziente Energieausschöpfung entscheidend. Der Heizenergiebedarf muss gesenkt werden. Dies gilt insbesondere für den Gebäudebestand im Gegensatz zur Neuerrichtung. Dabei spielen insbesondere technische Verbesserungen der Gebäudehülle und der Anlagentechnik und -betriebsführung die entscheidende Rolle.

Der Gebäudebestand verbraucht mit ca. 22 bis 28 l Heizöl pro Quadratmeter Wohnfläche im Jahr deutlich mehr an Energie als die in ihrem Energieverbrauch reglementierten Neubauten.[19] Hohe Verbrauchskennwerte des Bestandes resultieren oftmals daraus, dass der Bestand teilweise in Zeiten eines Energieüberflusses oder aber in Zeiten beschränkter technischer Möglichkeiten gebaut wurde.[20] Kommt es zu einer nachhaltigen Bestandsmodernisierung ist für den Gebäudebestand eine Energieeinsparung bis hin zu weniger als 10 l Heizöl pro Quadratmeter Wohnfläche im Jahr möglich.[21]

Mit einer vollständigen energetischen Sanierung des heutigen Bestandes ließen sich 60 % des derzeitigen Raumwärmebedarfs einsparen[22], was wiederum eine CO_2-Einsparung von 7 % der gesamten CO_2-Emissionen in Deutschland ausmachen würde.[23] Bezüglich der Neubauten wurden durch die Energieeinsparverordnung auch konsequenter Maßnahmen zur Emissionsreduktion vorgesehen als für den Gebäudebestand.

---

19 Niedrigenergiehäuser verbrauchen z. B. nur noch etwa 5 l Heizöl pro Quadratmeter Wohnfläche im Jahr.

20 Schiebel, „Vom Wärmeschutz zur Primärenergie – Die neue Energieeinsparverordnung", in ZdW Bay 2002, S. 60, (68).

21 Bundesumweltamt und GdW, Energiemanagement in Wohnungsunternehmen, 2003, 32.

22 Troge, Energiesparen in Wohnungen und Häusern – ein wichtiger Baustein für den Klimaschutz, in Pöschk (Hrsg.), Energieeffizienz in Gebäuden, 2007, 26, mit Verweis auf eine Analyse des Umweltbundesamtes.

23 Umweltbundesamt, Die Zukunft in unseren Händen, 2005.

Das größte Einsparpotenzial liegt also nicht in der Neuerrichtung sondern im Gebäudebestand[24], welcher aus rund 20 Millionen Mietwohnungen besteht. Insgesamt lebt mehr als die Hälfte der Bevölkerung zu Miete.[25] Das halbjährliche Neubauvolumen umfasst dagegen zurzeit nur 270.000 Wohnungen.[26] In erster Linie gilt es daher Energieeinsparmaßnahmen im Gebäudebestand voranzutreiben.

B. Outsourcing der Wärme- und Warmwasserlieferung

Eine effiziente Energieausschöpfung kann man auch durch ein Outsourcing der Wärme- und Warmwasserlieferung auf einen gewerblichen Dritten erreichen. Unter Outsourcing versteht man allgemein die Ausgliederung von zunächst vermietereigenen Leistungen. Damit wird die renditeorientierte Verwaltung der Mietsache erleichtert.

Auf Mieterseite begegnet man solchen Outsourcingmaßnahmen immer noch mit Skepsis, weil sich der Vermieter damit zusehendst seiner mietrechtlichen Vermieterpflichten entledigen kann. Schließt der Mieter mit dem gewerblichen Dritten eigene Verträge, so finden auch die mietrechtlichen Gewährleistungsrechte keine Anwendung mehr.[27]

I. Facility Management (Voll-contracting)

Das Outsourcing von Wärme- und Warmwasserlieferung ist auch Teil des sogenannten Facility Management, auch Voll-Contracting genannt. Darunter versteht man die Gesamtheit aller Leistungen zur Optimierung aller kostenrelevanten Vorgänge rund um eine Immobilie auf der Grundlage einer ganzheitlichen Betrachtung und Strategie.[28]

---

24 Vgl. hierzu auch Lippert, Energiewirtschaftsrecht, 2002, 704; Obernolte/Danner, Energiewirtschaftsrecht, 2000, Anh. VIII 132 a, 4.

25 Hacke/Lohmann, Akzeptanz energetischer Maßnahmen im Rahmen der nachhaltigen Modernisierung des Wohnungsbestandes, Institut Wohnen und Umwelt, 2006, 1, mit Verweis auf das Statistische Bundesamt 2005, 285.

26 Vgl. Umweltbundesamt, Berlin und GdW, Energiemanagement in Wohnungsunternehmen, 2003, und dort das Grußwort des Präsidenten des GdW, Lutz Freitag.

27 Eisenschmid, „Die Auslagerung von Vermieterleistungen", in WuM 1998, S. 449, (451).

28 Vgl. Baukammer Berlin, Facility Management, Sonderheft 2003, 7.

Ein Wirkungsbereich des Facility Management ist das technische Gebäudemanagement und die Energiebewirtschaftung[29], mit dem Ziel der Erhöhung der Wirtschaftlichkeit, der Werterhaltung und der Minimierung des Ressourceneinsatzes. Dem liegt die Lebenszyklusbetrachtung von Facility Management zugrunde, nach der nicht die Neuerrichtung sondern die Nutzungskosten des Bestandes den erheblichen Teil der Kosten einer Immobilie ausmachen.[30] Voraussetzung hierfür ist die Aufnahme aller Gebäudeinformationen zu einer Gesamtbetrachtung. Nur mit Hilfe dieser Gesamtbetrachtung erscheint es möglich, Synergieeffekte zu nutzen. Dies kann mit Hilfe von sogenannten Gebäudeautomationssystemen geleistet werden.[31]

1. Contracting im Bereich der Energieversorgung/Wohnungswirtschaft

Contracting ist ein Oberbegriff für verschiedene Arten von Energiedienstleistungen, die zur Umsetzung von Effizienzverbesserungen bei Energieumwandlung- und Energieverteilungsanlagen in generell allen Verbrauchsbereichen geeignet sind. Ziffer 3.1 der DIN 8930-5 legt dabei als Definition für das Contracting die „zeitlich und räumlich abgegrenzte Übertragung von Aufgaben der Energiebereitstellung und Energielieferung auf einen Dritten, der im eigenen Namen und auf eigene Rechnung handelt"[32] fest.

Unter den Contracting-Anbietern finden sich z. B. Gasversorgungsunternehmen, verschiedene Deutsche Energieagenturen, bei denen Versorgungsunternehmen und Banken Gesellschafter sind, Anlagenhersteller und Ingenieurbüros.[33]

Der Energienutzer selbst kauft vom Contractor nicht mehr Öl, Gas oder Strom, sondern die Nutzenergie, die er tatsächlich benötigt. Der sogenannte Contractor stellt dabei Betriebs- und Finanzierungsverfahren zur Verfügung mit dem Ziel der Energieeinsparung und Kostensenkung durch Modernisierung und Optimierung heizungstechnischer Anlagen.

---

29 Vgl. zu den anderen Wirkungsbereichen: Baukammer Berlin, Facility Management, Sonderheft 2003, 31.

30 Vgl. hierzu Baukammer Berlin, Facility Management, Sonderheft 2003, 42.

31 Vgl. hierzu Eickenhorst/Joos, Energieeinsparung in Gebäuden, 1999, 489f.; Bemmann/Schädlich, Contracing-Handbuch 2002, 2002, S. 58 f.

32 DIN Deutsches Institut für Normung e.V., Normenausschuss Kältetechnik (FN Kä), DIN 8930-5, Kälteanlagen und Wärmepumpen, Terminologie, Teil 5: Contracting, November 2003.

33 Bemmann/Schädlich, Contractig-Handbuch 2002, 2002, 16 ff.

Im Heizungsbereich werden immer noch zu hohe Raumtemperaturen während der Arbeitszeit (über 20 °C) und zu hohe Raumtemperaturen außerhalb der Arbeitszeit (über 15 °C) erlaubt sowie zu hohe Vorlauftemperaturen gefahren. Dies entspricht nicht dem tatsächlichen Bedarf an Raumwärme. Ein Grad Raumtemperatur mehr kostet ca. 6 % mehr Heizenergie. Grundvoraussetzung zur Ermittlung der Energieeinsparpotenziale in Gebäuden ist deshalb zunächst die Erarbeitung eines realistischen Bildes des aktuellen Zustandes (Istzustand), um Verbesserungsmöglichkeiten zu bestimmen und zu quantifizieren.[34]

Ein kontinuierliches Beobachten, Erfassen und Registrieren des Verbrauchs ist Voraussetzung für eine Sicherstellung der energiegünstigsten Betriebsweise der Anlagen. Die Automationsstationen liefern die anlagenbezogenen relevanten Daten, wie Störungs- und Wartungsmeldungen, für die vorbeugende Wartung. Hierzu zählen unter anderem Grenzwerte, Schalthäufigkeit, Betriebsstunden, Verschmutzungsgrad sowie Wirkungsgradermittlung. Die zentrale Aufbereitung und Ausgabe in der Leitebene bietet die Voraussetzungen zur schnellen Störungsbeseitigung und zum Organisieren rationeller Instandhaltungsvorgänge.[35] Damit kann eine klare Energie-Verantwortlichkeit ermittelt werden und eine verursacherorientierte Kostenzuordnung erfolgen. Ohne die laufende Kontrolle und daraus abgeleitete, gezielte Eingriffe ist ein unnötig erhöhter Energieverbrauch unausweichlich.[36] Erst nach einer solchen Ermittlung ist eine Feinabstimmung des Anlagenbetriebs möglich.

Für die energiegünstigste Betriebsweise einer Anlage ist des Weiteren eine fachgerechte Instandhaltung und Wartung der Anlagen und Anlagenteile notwendig, um einen optimalen Wirkungsgrad zu erreichen.

2. Contracting-Vertrag

Der Energielieferungsvertrag ist ein Kaufvertrag im Sinne des § 453 Abs. 1 BGB.[37] Damit sind auch Contracting-Verträge Kaufverträge über Energie im Sinne des § 453 Abs. 1 BGB, weil es ohne Bedeutung ist, ob die Heizungsanlage auf dem Grundstück des Kunden steht.

---

34 Vgl. hierzu auch Kap.2, B. II.

35 Eickenhorst/Joos, Energieeinsparung in Gebäuden, 1999, 492 f.

36 Eickenhorst/Joos, Energieeinsparung in Gebäuden, 1999, 494.

37 Beckmann, in Staudingers, Kommentar zum Bürgerlichen Gesetzbuch, § 453 BGB Rn. 52; vgl. BT-Drucks. 14/6040, S. 242.

Eine Ausnahme bildet hierbei der Energieeinspar-Contracting-Vertrag.[38] Für die ebenfalls enthaltene Lieferpflicht gilt Kaufrecht, die übernommene Einspargarantie ist dagegen als Leistung eigener Art anzusehen, die keinem gesetzlich geregelten Standardfall zuzuordnen ist.[39]

Wärmelieferungsverträge werden regelmäßig unter Verwendung allgemeinen Versorgungsbedingungen[40] abgeschlossen. Diese vorformulierten Geschäftsbedingungen müssen sich zum Schutz der Endverbraucher inhaltlich an dem engen Regelungsrahmen der AVBFernwärmeV[41] messen lassen, der auch die wesentlichen Sachfragen wie z. B. die Zulässigkeit eines zeitlich unbegrenzten Ausschlusses der ordentlichen Kündigung bestimmt. Eine zwingende Anwendung der Vorschriften sieht § 1 Abs. 1 AVBFernwärmeV dann vor, wenn „Fernwärmeversorgungsunternehmen für den Anschluss an die Fernwärmeversorgung und für die Versorgung mit Fernwärme Vertragsmuster oder Vertragsbestimmungen verwenden, die für eine Vielzahl von Verträgen vorformuliert sind." Nach dem BGH-Urteil vom 25.10.1989[42] gilt die AVBFernwärmeV immer dann, wenn ein eigenständiger gewerblicher Lieferant von Wärme aus einer nicht im Eigentum des Gebäudeeigentümers stehende Heizungsanlage von einem Dritten eigenständig Wärme produziert wird.

3. Contracting-Modelle

Durch die DIN 8930 Teil 5 (11/03) werden die Begrifflichkeiten der verschiedenen Contracting-Arten eindeutig festgelegt.

a) Energieliefer-Contracting[43]

Beim Energieliefer-Contracting wird die Energieerzeugungsanlage vom Contractor auf eigenes Risiko entweder geplant, finanziert und errichtet oder aber eine vorhandene Energieerzeugungsanlage übernommen. Daneben ist der Contractor

---

38 Vgl. hierzu Kap.3, B. I. 3. b).

39 Bemmann/Schädlich, Contracting-Handbuch 2002, 2002, 172.

40 Allgemeine Geschäftsbedingungen werden im Energieversorgungsbereich häufig nur als „Versorgungsbedingungen" bezeichnet.

41 Allgemeine Bedingungen für die Versorgung mit Fernwärme, vom 20.6.1980, BGBl. I S. 742, geändert durch die Verordnung zur Änderung der energiesparrechtlichen Vorschriften vom 19.1.1989, BGBl. I S. 112 und durch den Einigungsvertrag vom 31.8.1990, BGBl. II S. 889.

42 BGH, Urteil vom 25.10.1989 – VIII ZR 229/88 = WuM 1990, S. 33–36.

43 Auch als „Anlagen-Contracting" bezeichnet.

für Wartung, Instandsetzung und Betriebsführung der Anlage verantwortlich. Insgesamt wird also eine Optimierung der Energie- und Gebäudetechnik durchgeführt. Es finden durch den Contractor ein Energieeinkauf und ein Nutzenergieverkauf statt.[44]

Die Vergütung besteht aus einem Entgelt für die bezogene Nutzenergiemenge (Arbeitspreis), für die Vorhaltung der Energieerzeugungsanlage (Grundpreis) sowie die Abrechnung (Messpreis), wobei die Vergütung unabhängig von etwaigen Energieeinsparungen ist.[45]

Das Energieliefer-Contracting ist das Modell, welches in der Praxis mit ca. 87 bis 90 % am häufigsten anzutreffen ist.[46]

b) Einspar-Contracting[47]

Die Leistungen bei Energieliefer-Contracting und dem Einspar-Contracting sind grundsätzlich die gleichen. Beim Einspar-Contracting kommt allerdings über diese Leistungen hinaus noch eine garantierte Verbesserung im Sinne einer Energieeinsparung, der Wirtschaftlichkeit, des Gebäudesubstanzwertes oder der Gebäudekonditionierung hinzu.[48]

Leitgedanke dieser Variante ist die garantierte Verbesserung insbesondere im Hinblick auf Wirtschaftlichkeit, Energieeinsparung, Gebäudesubstanzwert sowie Gebäudekonditionierung.[49]

Diese Verbesserung spiegelt sich auch in der Vergütung des Contractors wieder. Grundlage der Vergütung sind die eingesparten Energiekosten gegenüber dem Verbrauch vor der Optimierungsmaßnahme. Der Contractor erhält für die gelieferte Nutzenergie einen Wärmepreis, der sich an der erzielten Einsparung orientiert. Die Kostenbelastung des Gebäudeeigentümers bleibt also gleich oder reduziert sich.[50] In Abhängigkeit von der Verteilung der Energiekosteneinsparung lässt sich das Einspar-Contracting noch mal differenzieren in das Laufzeitmodell und das Beteiligungsmodell.

---

44 Vgl. Hack, Energie-Contracting, 2003, 5.

45 ASUE, Contracting in der kommunalen und industriellen Energieversorgung, 2005, 5.

46 ASUE, Contracting in der kommunalen und industriellen Energieversorgung, 2005, 5; Bemmann/Schädlich, Contracting-Handbuch 2002, 2002, 26.

47 Auch als „Performance-Contracting" bezeichnet.

48 So Innovativ:nrw, Ein Leitfaden zur Projektabwicklungsform Contracting, 9.

49 So Innovativ:nrw, Ein Leitfaden zur Projektabwicklungsform Contracting, 9.

50 Hack, Energie-Contracting, 2003, 7; siehe aber auch Bemmann/Schädlich, Contracting-Handbuch 2002, 2002, 27.

Bei ersterem führt der Contracting-Nehmer die eingesparten Energiekosten an den Contractor ab. Dieser nutzt diese zur Refinanzierung der von ihm übernommenen Investitionen. Der Contracting-Nehmer profitiert finanziell erst nach Ablauf des Vertrages von den Einsparungen.[51]

Beim Beteiligungsmodell dagegen profitiert der Contracting-Nehmer gleich von der Energieeinsparung. Auch in diesem Fall müssen sich jedoch die Aufwendungen des Contractors aus der Contracting-Rate amortisieren, so dass die sofortige Einsparungsbeteiligung häufig eine längere Vertragslaufzeit bedeutet.[52]

Das Einspar-Contracting ist damit insbesondere bei vorgesehenen Rationalisierungsinvestitionen eine Strategie zur wirtschaftlichen Erschließung verbrauchs- und kostenspieliger Energieeinsparpotenziale im Gebäudebestand.[53]

c) Finanzierungs-Contracting[54]

Beim sogenannten Finanzierungs-Contracting besteht die Leistung des Contractors in der Finanzierung der Investitionen und der Optimierung der Investitionskosten für Einrichtungen und Anlagen. Der Anlagenbetrieb und das damit verbundene Risiko verbleiben beim Contractingnehmer. Die Vergütung richtet sich nach dem vereinbarten Preis für die Betriebsführung.[55]

d) Technisches Anlagenmanagement[56]

Beim Technischen Anlagenmanagement geht es nur um die Optimierung der Betriebskosten von Energieanlagen und die Betriebsführung selbst, um einen wirtschaftlichen und umweltschonenden Betrieb sicherzustellen und zu erhalten. Dabei übernimmt der Contractor die Verantwortung für die Betriebsführung der Anlage. Die Vergütung richtet sich nach dem vereinbarten Preis für die Finanzierung.[57]

---

51 Bemmann/Schädlich, Contracting-Handbuch 2002, 2002, 30; vgl. auch Ahlers, Energieeinsparcontracting, 2000, 11; Hess. Ministerium für Umwelt, Contracting Leitfaden für öffentliche Liegenschaften, 2003, 30.

52 Hess. Ministerium für Umwelt, Contracting Leitfaden für öffentliche Liegenschaften, 2003, 31; Bemmann/Schädlich, Contracting-Handbuch 2002, 2002, 31.

53 Hess. Ministerium für Umwelt, Contracting Leitfaden für öffentliche Liegenschaften, 2000, 16.

54 Auch als „Anlagenbau-Leasing“ bezeichnet.

55 ASUE, Contracting in der kommunalen und industriellen Energieversorgung, 2005, 5.

56 Auch als „Betriebsführungs-Contracting“ bezeichnet.

57 ASUE, Contracting in der kommunalen und industriellen Energieversorgung, 2005, 5.

II. Contracting im Mietverhältnis

1. Fullcontracting

Das sogenannte Fullcontracting zeichnet sich dadurch aus, dass der Vermieter den Mieter vertraglich verpflichtet, mit einem Contractor einen Wärmelieferungsvertrag abzuschließen. Bei diesem Contracting-Modell sind daher die Vertragsebenen zwischen dem Vermieter und Contractor, dem Contractor und Mieter und dem Vermieter und Mieter zu unterscheiden.

Im Vertragsverhältnis zwischen Vermieter und Contractor schließt der Vermieter mit dem Contractor regelmäßig einen sogenannten Investitionsvertrag.[58] Dieser sieht vor, dass der Contractor eine bestehende Heizungsanlage innerhalb der Wirtschaftseinheit modernisiert bzw. durch eine neue, moderne Anlage ersetzt.

Darüber hinaus verpflichtet sich der Contractor, die Anlage in Betrieb zu halten, insbesondere die Instandsetzungs- und Wartungsmaßnahmen vorzunehmen. Der Vermieter muss hierfür nichts bezahlen, sondern sich lediglich gegenüber dem Contractor verpflichten, durch entsprechende vertragliche Vereinbarungen mit den Mietern dafür Sorge zu tragen, dass diese die Wärme von dem Contractor abnehmen.

Der Wärmelieferungsvertrag selbst wird zwischen Wärmelieferant und Mieter abgeschlossen. Der Contractor liefert direkt an den Mieter und rechnet mit ihm ab.[59] Für die Abrechnung gilt die Heizkostenverordnung. Allerdings zahlt der Mieter gegenüber dem Contractor nicht mehr die reinen Heiz- und Wartungskosten nach § 7 Abs. 2 HeizkV[60], sondern ein Wärmepreis nach § 7 Abs. 4 HeizkV. Dieser Preis richtet sich nach den vertraglichen Bestimmungen sowie den in den Vertrag einbezogenen Allgemeinen Geschäftsbedingungen und ist von den Nutzern hinzunehmen.[61] Dieser Preis enthält dann u. a. auch Unternehmergewinne, Kapitalkosten, Abschreibungen, Rücklagen für Instandsetzungen, Modernisierungen usw.[62]

---

58 Eisenschmid, „Die Auslagerung von Vermieterleistungen", in WuM 1998, S. 449, (450).

59 Eisenschmid, „Die Auslagerung von Vermieterleistungen", in WuM 1998, S. 449 (451).

60 Verordnung über die verbrauchsabhängige Abrechnung der Heiz- und Warmwasserkosten (Heizkostenverordnung) vom 23.2.1981, BGBl. I, S. 261 und i.d.F. der Bekanntmachung vom 20.1.1989, BGBl. I, S. 115.

61 Lammel, Heizkostenverordnung, Kommentar, § 7 HeizkV Rn. 82.

62 Wüstefeld, „Wärmedirektservice – Chancen und Risiken (nicht nur) für Mieter", in WuM 1996, S. 736, (737).

Fullcontracting scheint für den Vermieter auf den ersten Blick die attraktivere Lösung zu sein, da er mit der Wärmeversorgung kaum mehr etwas zu tun hat. Dennoch wird diese Vertragsgestaltung in der Praxis selten gewählt. Wie bereits erwähnt, ist der Wärmelieferungsvertrag ein Kaufvertrag im Sinne des § 453 BGB. Ohne Abschluss eines Wärmelieferungsvertrages ist regelmäßig der Vermieter zur Beheizung der Mietsache verpflichtet. Hierfür besteht auch eine mietrechtliche Garantiehaftung durch den Vermieter, welche beim Wärmelieferungsvertrag zwischen Contractor und Mieter eben nicht besteht. Beim Fullcontracting entledigt sich der Vermieter seiner mietvertraglichen Verpflichtungen[63], was sich für den Mieter aufgrund der nicht mehr anwendbaren mietrechtlichen Vorschriften nachteilig auswirkt. Insbesondere finden keine mietrechtlichen Schutzvorschriften, wie z. B. zur Duldung der Modernisierung bei Heizungserneuerung, die mietrechtliche Ausschlussfrist bei der Betriebskostenabrechnung mehr Anwendung. Nach § 33 AVBFernwärmeV[64] kann der Contractor dem Mieter auch mit Liefersperre drohen, was dem Vermieter nicht möglich ist.

Von der Rechtsprechung wurde auch noch nicht über die Frage entschieden, ob dem Mieter überhaupt durch formularvertragliche Klauseln der direkte Vertragsschluss mit dem Contractor aufgedrängt werden kann.[65]

2. Betreibermodell

Im Gegensatz zum Fullcontracting wird der Wärmelieferungsvertrag hier zwischen Vermieter und Contractor abgeschlossen. Dem Vermieter wird vom Contractor ein Wärmepreis in Rechnung gestellt. Die mietvertragliche Verpflichtung des Vermieters zur Beheizung der Mietsache bleibt unverändert bestehen.[66]

---

63 So z. B. Wüstefeld, „Wärmedirektservice – Chancen und Risiken (nicht nur) für Mieter", in WuM 1996, S. 736, (738); a. A. Eisenschmid, „Die Auslagerung von Vermieterleistungen", in WuM 1998, S. 449, (452).

64 Allgemeine Bedingungen für die Versorgung mit Fernwärme, vom 20.6.1980, BGBl. I, S. 742, geändert durch die Verordnung zur Änderung der energiesparrechtlichen Vorschriften vom 19.1.1989, BGBl. I, S. 112 und durch den Einigungsvertrag vom 31.8.1990, BGBl. II, S. 889.

65 Vgl. hierzu Kap. 4., B. II. 5. a).

66 Eisenschmid, „Die Auslagerung von Vermieterleistungen", in WuM 1998, S. 449, (450).

III. Energieeinsparpotenzial

Beim Wärmecontracting werden die Verbrauchskosten auf die Investition verlagert, was sich jedoch spätestens wenn sich die Investitionskosten amortisiert haben als wirtschaftlich und ökologisch günstiger erweist. Allerdings bedarf es hierfür einer Vorfinanzierung der Investitionskosten. Da die potenziellen Contracting-Nehmer in der Regel nicht bereit oder in der Lage sind, die Risiken einer Kostenverlagerung zu tragen, bestehen derzeit beim Wärmecontracting bereits hohe und ungenutzte energetische Einsparpotenziale[67], welche in vielen Gebäuden brach liegen.

Im Jahre 2002 wurde das Energieeinsparpotenzial Schätzungen zufolge auf rund 30–65 TWh im Bereich Mehrfamilienhäuser und auf 1–2,8 TWh im Bereich Ein- und Zweifamilienhäuser angesiedelt.[68]

Dieses Einsparpotenzial dürfte sich jedoch noch erhöht haben, weil das Wärmecontracting auch großen Einfluss auf die Technikentwicklung nimmt. In der Regel werden beim Wärmecontracting schon frühzeitig alte und unwirtschaftlich arbeitende Heizungsanlagen durch neue hocheffiziente und besonders sparsame Techniken ersetzt. Die Weiterentwicklung solcher „Best-Practice"-Techniken wird dadurch beschleunigt.

Erfahrungen zeigen, dass die Anwendung von Contracting bis zu 30 % von Brennstoffeinsparungen geführt haben.[69] Das Energieeinsparpotenzial wird durch die Verwendung von regenerativen Energien noch einmal deutlich erhöht.

Wärmecontracting ist schon deshalb für alle Beteiligten notwendigerweise wirtschaftlich, weil sie sonst für die Beteiligten nicht interessant wären und nicht freiwillig umgesetzt würden. Von der Wirtschaftlichkeit des Potenzials gehen deshalb im Allgemeinen auch Contracting- Studien aus.[70]

IV. Vorteile für den Contracting-Nehmer

Auf der einen Seite will der Contractor selbstverständlich auch einen Gewinn erzielen. Auch hat er bei der Kalkulation des Wärmepreises ein aufgrund des

---

67 Arbeitskreis Contracting, Handbuch Contracting, 1997, 23.

68 Bemmann/Schädlich, Contracting-Handbuch 2002, 2002, S. 72, (73).

69 Verband für Wärmelieferung e.V., VfW-Jahrbuch Energielieferung 1999, 1999, 8.

70 Bemmann/Schädlich, Contracting-Handbuch 2002, 2002, 3, mit Verweis auf Lovins/Hennicke, Voller Energie, 1999, 144.

höheren Kapitaleinsatzes größeres Bonitätsrisiko und ein Beschäftigungsrisiko aufgrund von temperaturabhängigen Verbrauchsschwankungen und Änderungen des Wärmebedarfs des Kunden mit einzukalkulieren.[71]

Auf der anderen Seite stehen aber zahlreiche Vorteile des Contracting, welche dem Contracting-Nehmer zugute kommen.

Im Gegensatz zu klassischen Formen der Fremdfinanzierung entledigt sich der Contracting-Nehmer seiner Investitionskosten, wodurch vorhandene Liquiditätspotenziale erhalten bleiben und für andere Modernisierungsmaßnahmen genutzt werden können.[72] Durch die energetische Modernisierung und einen überdurchschnittlichen Service ist auch mit einer besseren Vermietbarkeit der Mietsache zu rechnen.

Darüber hinaus hat der Contracting-Nehmer nur noch einen Ansprechpartner, da der Contractor neben Planung, Betrieb und Instandhaltung auch für die Koordinierung und Abwicklung zuständig ist. Daneben kann es zu einer Entlastung des Contracting-Nehmers bei Übernahme der Abrechnung von Wärme- bzw. Energiekosten durch den Contractor kommen.[73]

Beim Wärmecontracting unterliegt der Contractor einem Einsparungsanreiz, der sich auch zugunsten des Contracting-Nehmers auswirkt. Der Contractor möchte die Wärme möglichst effizient erzeugen, denn der Contracting-Nehmer zahlt einen vertraglich festgelegten Wärmepreis für die gelieferte Wärmemenge. Es ist dabei ohne Einfluss auf den Preis, welche Brennstoffmenge er einsetzt, um die gelieferte Wärme zu erzeugen. Der Contractor, der in eine besonders sparsame Technik investiert, kann die von ihm zu liefernde Wärmemenge mit einem geringeren Brennstoffeinsatz produzieren. Je optimaler er die Wärme produziert, desto besser ist sein eigenes wirtschaftliches Ergebnis, woraus sich ein Einsparungsanreiz ergibt.[74] Dieser wird auch dauerhaft bestehen bleiben, was den Contractor veranlasst, die Anlage so zu pflegen und zu warten, dass sie stets optimal läuft.

Dieser Einsparungsanreiz des Contractors wirkt sich unmittelbar zugunsten des Contracting-Nehmers aus, weil sich seine Kosten für die Bereitstellung von Wärme und Warmwasser reduzieren. Kosten wie die Planung einer Heizungsanlage, die Finanzierung und die Unterhaltung als auch die kalkulatorischen und rechnerischen Kosten der Abschreibung fallen dem Contractor zur Last.

---

71 ASUE, Wärmelieferung, 2005, 11.

72 Vgl. hierzu Hess. Ministerium für Umwelt, Contracting Leitfaden für öffentliche Liegenschaften, 2003, 91.

73 Vgl. Innovativ: nrw, Ein Leitfaden zur Projektabwicklungsform Contracting, 4.

74 Vgl. hierzu Bemmann/Schädlich, Contracting-Handbuch 2002, 2002, 70.

Dabei kann der Contractor Synergieeffekte und Kostenvorteile als Gewerbetreibender nutzen. Im Gegensatz zum Contracting-Nehmer kann der Contractor auch ein professionelles Energiemanagement bieten. Durch den Einsatz von umweltschonenden und wirtschaftlichen Technologien, die aufgrund des fachspezifischen Know-hows zur Verfügung stehen, werden auch technische und wirtschaftliche Risiken reduziert. Insgesamt setzen die gestiegenen Anforderungen ans Wärmemanagement einen hohen technischen Sachverstand voraus, der bei dem Gebäudeeigentümer größtenteils nicht mehr vorhanden sein dürfte.

Die Energieeinsparungen kommen beim Einspar-Contracting direkt dem Contracting-Nehmer zugute. Aber auch für das Energieliefercontracting ist damit zu rechnen, dass sich die Einsparungen aufgrund des stärker werdenden Wettbewerbs beim vertraglich festgelegten Wärmepreis immer mehr bemerkbar machen. Ein wachsendes Interesse ist neben den noch klassischen Feldern der Großprojekte nunmehr auch im unteren und mittleren Leistungsbereich bis 50 kW (Ein- und Zweifamilienhäuser, kleinere Mehrfamilienhäuser und Kleingewerbe) zu verzeichnen. Ursache ist vor allem der wachsende Erneuerungsbedarf bei Heizungsanlagen – ausgelöst durch die gesetzlichen Verschärfungen und die Überalterung des Anlagenbestandes.[75]

75 ASUE, Contracting in der kommunalen und industriellen Energieversorgung, 2005, 20.

Kapitel 4: Rechtliche Rahmenbedingungen

A. Völkerrechtliche und europarechtliche Rahmenbedingungen

I. Klimarahmenkonvention und Kyoto-Protokoll

Allseits wird mittlerweile erkannt, dass Klimaschutz letztlich nur global erfolgreich zu betreiben ist. Als erster internationaler Vertrag verpflichtet die Klimarahmenkonvention (UNFCCC)[76] die Staatengemeinschaft den Klimawandel zu verhindern. Sie wurde auf der UN-Konferenz von Rio de Janeiro 1992 von 154 Staaten und der EG angenommen und trat 1994 in Kraft. Sie ist bisher von 189 Staaten ratifiziert worden.[77]

Die in der Klimarahmenkonvention vorgesehene jährlich stattfindende Vertragsstaatenkonferenz verabschiedete 1997 das Protokoll zum Rahmenübereinkommen über Klimaänderungen (Kyoto-Protokoll).[78] Das Protokoll legt als einziger internationaler Rahmen verbindlich fest, dass die Treibhausgasemissionen in den Industrieländern des Anhangs I in der Periode 2008–2012 um insgesamt mindestens 5 % gegenüber 1990 zu senken sind (Art. 3 Kyoto-Protokoll).

Die Klimarechtsrahmenkonvention als auch das Kyoto-Protokoll sind als internationale Verträge Teil des Völkerrechts. Als eigenständige Rechtsquellenlehre sieht das Völkerrecht völkerrechtliche Verträge, das Völkergewohnheitsrecht und die allgemeinen Völkerrechtsgrundsätze als Rechtsquellen des Völkerrechts an, vgl. Art. 38 Abs. 1 des Statuts des Internationalen Gerichtshofes.

Als Völkerrecht erzeugen die völkerrechtlichen Verträge aber nicht unmittelbar Rechte und Pflichten für deutsche Bürger.[79] Hierfür bedarf es zunächst einer innerstaatlichen Geltungsanordnung durch Ratifikationsgesetz („Transformationstheorie“, vgl. auch Art. 59 Abs. 2 GG)[80]. Das Kyoto-Protokoll wurde deshalb am 31.5.2002 von der Bundesrepublik Deutschland ratifiziert[81] und trat am

---

76 Deutscher Text in: BMU, Umweltpolitik, UN-Konferenz - Dokumente

77 Vgl. die weitergehenden Ausführungen hierzu unter *http://www.bmu.de/klimaschutz/internationale_klimapolitik/doc/37650.php*, Stand vom 1.11.2007.

78 Kyoto-Protokoll to the United Nations Framework Convention on Climate Change FCCC/CP/1997/L.7/Add. 1, 10.12.1997; vgl. auch Anlage zum Gesetz vom 27.4.2002, BGBl. II, S. 966.

79 Eine Ausnahme gilt hier nur für Völkergewohnheitsrecht, Art. 25 GG.

80 Vogel, Juristische Methodik, 1998, 42f.; vgl. hierzu auch ausführlich Schweitzer, Staatsrecht III, 2004, Rn. 424 ff.

81 Gesetz vom 27.4.2002, BGBl. II, S. 966.

16.2.2005 in Kraft, nachdem 55 Vertragsparteien der Klimarahmenkonvention das Protokoll ratifiziert hatten.[82]

II. Klimaschutz in Europa

Auch die Politik der EU ist auf langfristige Energieversorgungssicherheit und Klimaschutz ausgerichtet. Zwar besteht immer noch kein einheitliches Gesamtkonzept, jedoch befassen sich mehrere Grünbücher[83] und Richtlinien[84] mit dem Klimaschutz und der CO_2-Einsparung. Auch wurde im März 2000 das Europäische Programm zur Klimaänderung (ECCP) auf den Weg gebracht. In dessen Rahmen kam es zu Fortschrittsberichten, nach denen es zu Initiativen wie den Rechtsvorschriften zur Förderung von Biokraftstoffen im Straßenverkehr sowie über die Energieeffizienz von Gebäuden[85] kam.

Darüber hinaus hat im März 2007 die Tagung des Europäischen Rates eine CO_2-Minderung von 20 % bzw. von 30 %, wenn sich andere Industriestaaten beteiligen, beschlossen. Dies wiederholt damit zum Teil Ziele des 2006 veröffentlichten Grünbuchs zur Energiepolitik[86] und den Ende 2006 beschlossenen „Aktionsplan für Energieeffizienz", der konkrete Maßnahmevorschläge benennt und nach dem das wirtschaftliche Potenzial von 20 % Energieeinsparung bis 2020 ausgeschöpft werden soll.[87]

82 Vgl. hierzu Schwintowski, „Das Wirtschaftlichkeitsgebot – die Rechtspflicht des Vermieters zur optimalen Wärmeversorgung", in WuM 2006, S. 115, (116).

83 Zuletzt „Anpassung an den Klimawandel in Europa – Optionen für Maßnahmen der EU", 2007.

84 Ausführlich hierzu Vogler, „Herausforderung Energieeffizienz", in ZdW Bay 2007, S. 368, (368).

85 Vgl. hierzu die Ausführungen Kap.4, B. I. 3.

86 „Eine europäische Strategie für nachhaltige, wettbewerbsfähige und sichere Energie", 2006.

87 Vgl. Vogler, „Herausforderung Energieeffizienz", in ZdW Bay 2007, S. 368, (368); Piebalgs, Europäische Energiepolitik, in Pöschk (Piebalgs), Energieeffizienz in Gebäuden, 17.

1. Europa und das Kyoto-Protokoll

Die Klimarahmenkonvention und das dazugehörige Kyoto-Protokoll sind aber als sogenannte gemischte Verträge[88] sowohl unter Beteiligung von der EG als auch deren Mitgliedstaaten zustande gekommen.[89] Die EU selbst hat das Kyoto-Protokoll am 31.5.2002 ratifiziert, welches ihr eine Minderungsverpflichtung der Treibhausgasemissionen von 8 % gegenüber 1990 auferlegt. Dabei haben sich die Mitgliedstaaten auf eine für jedes Land unterschiedliche Lastentragung (burden sharing) geeinigt. Deutschland muss danach seine Treibhausgasemissionen um 21 % gegenüber 1990 reduzieren.

Die EG-Umweltaußenkompetenz für den Abschluss solcher völkerrechtlicher Verträge wird dabei aus Art. 176 Abs. 4 EG entwickelt, aus welcher sich bereits eine umfangreiche Abkommenspraxis der Gemeinschaft in allen Bereichen des Umweltschutzes ergeben hat.[90] Nach den Art. 174–176 EG, welche als Kompetenzgrundlage für eine Umweltpolitik insgesamt angesehen werden können, sind die Ziele der europäischen Umweltpolitik die Umwelt zu erhalten, zu schützen und ihre Qualität zu verbessern, zum Schutze der menschlichen Gesundheit beizutragen und eine umsichtige und rationelle Verwendung der natürlichen Ressourcen zu gewährleisten, ferner die Förderung von Maßnahmen auf internationaler Ebene zur Bewältigung regionaler oder globaler Umweltprobleme, vgl. Art. 174 Abs. 1 EG.

Als rechtlicher Orientierungsrahmen sind die in Art. 174 Abs. 2 EG aufgelisteten Grundsätze der gemeinsamen Umweltpolitik heranzuziehen. Dies sind das Prinzip des hohen Schutzniveaus nach Abs. 2, Unterabs.1 Satz 1, das Vorsorge- und Vorbeugeprinzip nach Abs. 2, Unterabs.1 Satz 2, das Ursprungsprinzip und das Verursacherprinzip nach Abs. 2, Unterabs.1 Satz 2.

Während der Umweltschutz als Gemeinschaftsaufgabe allgemein in Art. 2, Art. 3 Abs. 1 lit. 1 EG genannt wird, liefert einen wesentlichen Beitrag zum europarechtlichen Umweltschutz auch die sogenannte Querschnittsklausel des Art. 6 EG[91], welcher durch den Vertrag von Amsterdam in den Grundsatzteil des Ver-

---

88 In der Praxis kommt es vor, dass ein völkerrechtlicher Vertrag Bereiche betrifft, die nur teilweise in die Kompetenz der Gemeinschaften fallen. Für die übrigen Teile liegt die Komptenz bei den Mitgliedstaaten. Um Auseinandersetzungen zu vermeiden, werden in solchen Fällen die Verträge von der Gemeinschaft und den Mitgliedstaaten abgeschlossen (gemischte Abkommen), vgl. Schweitzer, Staatsrecht III, 2004, Rn. 416.

89 ABL. 1993, L 33/11 bzw. Abl. 2002, L 130/1.

90 Oppermann, Europarecht, 2005, § 29 Rn. 48.

91 Vgl. hierzu Geiger, EUV/EGV, Kommentar, 2004, Art. 6 EG Rn. 1, 2.

trages mitaufgenommen wurde.[92] Nach der sogenannten Querschnittsklausel muss die Durchführung der Gemeinschaftspolitiken die Erfordernisse des Umweltschutzes insbesondere zur Förderung einer nachhaltigen Entwicklung einbeziehen. Die Gemeinschaftspolitiken werden in der Regel durch die Mitgliedstaaten vollzogen. Um ein Leerlaufen der sogenannten Querschnittsklausel zu vermeiden, muss diese Pflicht auch für die Mitgliedstaaten gelten.[93] Danach sind auch die deutschen Behörden und Gerichte an diese Pflicht im Anwendungsbereich des Gemeinschaftsrechtes gebunden.

Für die Verpflichtung von solchen umweltrechtlichen internationalen Verträgen regelt Art. 300 Abs. 7 EG, dass solche Verträge für die Gemeinschaft selbst und ihre Mitgliedstaaten verpflichtend sind. Für die Mitgliedstaaten bedeutet dies jedoch nur eine gemeinschaftsrechtliche nicht jedoch eine völkerrechtliche Pflicht zur Durchführung der Abkommen.[94] Damit haben die Gemeinschaftsabkommen in den Rechtsordnungen der Mitgliedstaaten auch teil am Vorrang des Gemeinschaftsrechtes und an seiner eventuellen unmittelbaren Geltung.[95]

2. Europarecht – Bundesrecht

Über diesen Vorrang des Gemeinschaftsrechtes vor nationalem Recht ist man sich in Wissenschaft als auch in europäischer und nationaler Rechtsprechung aller Mitgliedstaaten einig. Während der EuGH einen Vorrang des Gemeinschaftsrechts kraft eigenständiger Rechtsordnung vertritt[96], geht das BVerfG von einem Vorrang des Gemeinschaftsrechtes kraft verfassungsrechtlicher Ermächtigung aus. Im Solange II- Beschluss erkennt das BVerfG das Vorrangprinzip an und verzichtet solange auf eine Prüfung der Konformität des sekundären Gemeinschaftsrechts mit den deutschen Grundrechten, solange die EG nicht die wesentlichen Strukturen des GG aushöhlt und an dem inzwischen erreichten europäischen Grundrechtsstandard festhält.[97] Die Integrationsermächtigung ist dabei in Art. 24 Abs. 1 GG zu finden. Eine schrankenlose Übertragung von Ho-

92 Diese war zuvor schon in Art. 174 Abs.2, Unterabs. 1 Satz 3 EG zu finden.

93 Callies, in Callies/Ruffert, EUV/EGV, Kommentar, 2007, Art. 6 EG Rn. 12.

94 Geiger, EUV/EGV, Kommentar, 2004, Art.300 EG Rn. 26; vgl. auch Schmalenbach, in Callies/Ruffert, EUV/EGV, 2007, Art.300 EG Rn. 56.

95 Streinz, Europarecht, 1999, § 10 III Rn. 606.

96 Vgl. hierzu Schweitzer, Staatsrecht III, 2004, Rn. 70ff.; Oppermann, Europarecht, 2005, § 7 Rn. 3, mit den entsprechenden Nachweisen aus der europarechtlichen Rechtsprechung.

97 Oppermann, Europarecht, 2005, § 7 Rn. 6.

heitsrechten ist aber auch nicht durch Art. 24 Abs. 1 GG gerechtfertigt. Die Schranken sind nunmehr in Art. 23 Abs. 1 GG[98] festgelegt.

Der Anwendungsvorrang des Gemeinschaftsrechtes fordert, dass nationales Recht, welches gegen Gemeinschaftsrecht verstößt, ohne weiteres außer Acht gelassen wird. Damit postuliert das Gemeinschaftsrecht in der verbindlichen Auslegung durch den EuGH ein Prüfungs- und Verwerfungsrecht für nationale Gerichte und Verwaltungsbehörden und damit eine Kompetenz, die diesen in Deutschland nach nationalem Recht nicht zukommt.[99]

B. Nationale Rahmenbedingungen

Mit dem nationalen Klimaschutzprogramm der Bundesregierung aus dem Jahre 2000[100] hatte sich die Bundesrepublik Deutschland bereits verpflichtet über die Vorgaben des Kyoto-Protokolls hinaus die Treibhausgasemissionen von 1990 bis 2005 um 25 % zu senken. Dieses ursprüngliche Ziel hat man allerdings verfehlt, weil die energie- und prozessbedingten CO_2-Emissionen in Deutschland im Jahr 2006 temperaturbereinigt nur um 15 % niedriger waren als 1990.[101]

Mit dem nationalen Klimaschutzprogramm aus dem Jahre 2005 wurde eine Reduzierung der Treibhausgasemissionen im Zeitraum 2008 bis 2012 um 21 % gegenüber 1990 festgelegt. Nunmehr wurde mit der Regierungserklärung vom 26.4.2007 festgelegt, die Treibhausgasemissionen bis zum Jahre 2020 um 40 % gegenüber 1990 zu reduzieren. Dabei wurde für den Sektor Haushalt als Ziel die Einsparung von 120 Mio. t/Jahr definiert. Auch bekennt man sich zu der Herausforderung, die globale Erwärmung nicht über 2 °C gegenüber dem vorindustriellen Zeitalter ansteigen zu lassen.

---

98 Art. 23 Abs. 1 GG: „Zur Verwirklichung eines vereinten Europas wirkt die Bundesrepublik Deutschland bei der Entwicklung der Europäischen Union mit, die demokratischen, rechtsstaatlichen, sozialen und föderativen Grundsätzen und dem Grundsatz der Subsidiarität verpflichtet ist und einem diesem Grundgesetz im wesentlichen vergleichbaren Grundrechtsschutz gewährleistet. Der Bund kann hierzu durch Gesetz mit Zustimmung des Bundesrates Hoheitsrechte übertragen. Für die Begründung der Europäischen Union sowie für Änderungen ihrer vertraglichen Grundlagen und vergleichbare Regelungen, durch die dieses Grundgesetz seinem Inhalt nach geändert oder ergänzt wird oder solche Änderungen oder Ergänzungen ermöglicht werden, gilt Art. 79 Abs. 2 und 3."

99 Streinz, Europarecht, 1999, § 3 VII Rn. 223.

100 BT-Drucks. 14/4729.

101 Vgl. Ziesing, CO_2-Emissionen in Deutschland 2006 – nach wie vor keine Trendwende in Sicht, in Energiewirtschaftliche Tagesfragen 2007, S. 80, (84).

I. Öffentlich-rechtliche Rahmenbedingungen

1. Energieeinsparungsgesetz[102]

Das EnEG[103] wurde 1976 zur Reduzierung der Abhängigkeit der Bundesrepublik Deutschland von importierten Energieträgern beschlossen. Es kam unter dem Eindruck der Öl-Krise zustande, die Anfang der siebziger Jahre die Industrienationen schockierte. Damit ist das EnEG zunächst ein Gesetz zur Reduzierung der Abhängigkeit der Bundesrepublik Deutschland von importierten Energieträgern gewesen.

In §§ 1 und 2 EnEG ist das Energieeinsparungsziel kodifiziert. Mit dem EnEG wird die Bundesregierung ermächtigt, Anforderungen an Gebäudeausstattung und -technik in Form von Rechtsverordnungen zu stellen, die für erhöhte Treibhausgasemissionen verantwortlich sind. Die Landesregierung ist dagegen ermächtigt, durch Rechtsverordnung die Überwachung der o. g. Rechtsverordnungen zu regeln.

Das EnEG dient auch der Umsetzung der EG-Richtlinie über die Gesamtenergieeffizienz von Gebäuden.[104] Obwohl inzwischen deshalb auch beim EnEG der Umweltschutzgedanke in den Vordergrund oder zumindest zu einem gleichberechtigten Leitziel getreten ist[105], enthält das Energieeinsparungsgesetz als Bestandteil des „Rechts der Wirtschaft" in seinem § 5 Abs. 1 das „Wirtschaftlichkeitsgebot". Dadurch wird das Ziel des Energieeinsparungsgesetzes der Reduzierung von Treibhausgasen begrenzt. Nach dem Wirtschaftlichkeitsgebot müssen die Anforderungen der aufgrund des EnEG erlassenen Verordnungen zum einen wirtschaftlich vertretbar sein und zum anderen nach dem Stand der Technik erfüllbar sein.[106] Anforderungen gelten als wirtschaftlich vertretbar, wenn generell die erforderlichen Aufwendungen innerhalb der üblichen Nutzungsdauer durch die eintretenden Einsparungen erwirtschaftet werden können Damit ist die Verordnungsermächtigung des Energieeinsparungsgesetzes in doppelter Weise wirksam begrenzt.

---

102 Gesetz zur Einsparung von Energie in Gebäuden (Energieeinsparungsgesetz-EnEG) vom 22.7.1976 (BGBl. I, S. 1873), zuletzt geändert durch Gesetz vom 1.9.2005 (BGBl. I, S. 2684).

103 Gesetz zur Einsparung von Energie in Gebäuden (Energieeinsparungsgesetz-EnEG) vom 22.7.1976 (BGBl. I, S. 1873), zuletzt geändert durch Gesetz vom 1.9.2005 (BGBl. I, S. 2684).

104 Vgl. die Ausführungen unter Kap. 4, B. I. 3.

105 So zumindest Lippert, Energiewirtschaftsrecht, 2002, 702.

106 Eickenhorst/Joos, Energieeinsparung in Gebäueden, 1999, 14.

Auf Grundlage dieses Gesetzes wurden die Wärmeschutzverordnung (außer Kraft)[107], die Heizungsanlagen-Verordnung (außer Kraft)[108], die Heizkostenverordnung[109], das Schornsteinfegergesetz[110] sowie die Energieeinsparverordnung[111] erlassen.[112]

2. Energieeinsparverordnung[113]

Im Zuge der EU-Klimapolitik ist eine Reihe von Richtlinien mit dem Ziel einer Reduktion der Treibhausgasemissionen ergangen.

Die EnEV ist am 1.2.2002 auf der Grundlage der §§ 1 Abs .2, 2 Abs. 2 und 3, 3 Abs. 2 und 4–6 des EnEG vom 22.7.1976[114] in Kraft getreten.

Mit ihr setzt die Bundesrepublik Deutschland europäische Richtlinien in nationales Recht um. Das Ziel der Richtlinie ist dabei verbindlich. Die Form und die Mittel, mit welchen dieses Ziel umgesetzt werden soll, bleibt allerdings den Mitgliedstaaten überlassen[115], wobei diese jedoch so zu wählen sind, dass die praktische Wirksamkeit der Richtlinie am besten gewährleistet wird, Art. 249 Abs. 3 EGV.[116]

Primärrechtlich ergibt sich die Umsetzungspflicht aus Art. 10 Abs. 1 EGV. Die Richtlinien haben nur ausnahmsweise eine unmittelbare Wirkung, welche voraussetzt, dass die Richtlinie hinreichend genau formuliert ist, ohne Umset-

107 Verordnung über einen energiesparenden Wärmeschutz bei Gebäuden (Wärmeschutzverordnung) vom 26.8.1994, BGBl. I, S. 2121.

108 Verordnung über energiesparende Anforderungen an heizungstechnische Anlagen und Brauchwasseranlagen (Heizungsanlagen-Verordnung) vom 22.3.2981, BGBl. I, S. 613.

109 Verordnung über die verbrauchsabhängige Abrechnung der Heiz- und Warmwasserkosten (Heizkostenverordnung) vom 23.2.1981, BGBl. I, S. 261 und i.d.F. der Bekanntmachung vom 20.1.1989, BGBl. I, S. 115.

110 Gesetz über das Schornsteinfegerwesen (Schornsteinfegergesetz) vom 10.8.1998, BGBl. I, 2071, zuletzt geändert durch Gesetz vom 27.4.2002, BGBl. I, S. 1467.

111 Verordnung über energiesparenden Wärmeschutz und energiesparende Anlagentechnik bei Gebäuden (Energieeinsparverordnung) vom 1.2.2002, BGBl. I, S. 3085, zuletzt geändert durch Gesetz vom 24.7.2007, BGBl. I, S. 1519.

112 Aus *http://www.bbr.bund.de/bauwesen/energie/eneg.htm.*

113 Im folgendenden „EnEV".

114 §§ 4 und 5 wurden durch Art. 1 des Gesetzes vom 20.6.1980 geändert.

115 Sogenannte gestufte Verbindlichkeit.

116 Vgl. hierzu Streinz, Europarecht, 1999, § 5 Rn. 384 ff.

zungsspielraum für den nationalen Gesetzgeber Rechte abgeleitet werden können („Self-executing"-charakter der Richtlinie) und die zur Zielerreichung festgesetzte Frist abgelaufen ist. Eine solche unmittelbare Wirkung gilt aber selbst bei Vorliegen dieser Voraussetzungen nicht für den Bürger belastende Richtlinien. Auswirkungen kann die Richtlinie nur aufgrund der Verpflichtung zur richtlinienkonformen Auslegung haben.[117]

Mit der EnEV setzt die Bundesrepublik Deutschland die europäische Richtlinie 93/76/EWG des Rates vom 13.9.1993 zur Begrenzung der Kohlendioxidemissionen durch eine effiziente Energienutzung –SAVE–[118] sowie die Richtlinie 92/42/EWG des Rates vom 21.5.1992 über die Wirkungsgrade von mit flüssigen oder gasförmigen Brennstoffen beschichteten neuen Warmwasserheizkesseln[119] als auch die Richtlinie über die Gesamtenergieeffizienz von Gebäuden[120] um. Der Gesetzgeber hat mit ihr Mindeststandards zur Senkung des Energieverbrauchs im Neubau und Gebäudebestand festgelegt.[121] Die EnEV vereint zudem Wärmeschutzverordnung[122] und Heizungsanlagenverordnung[123] und damit auch Gebäude- und Anlagentechnik. Sie berücksichtigt die Verbesserung des baulichen Wärmschutzes und die Erhöhung der anlagentechnischen Effizienz als die beiden wichtigsten Wege zur Senkung des Energieverbrauchs bei der Gebäudeheizung. Beide Faktoren beeinflussen letztendlich den Energiebedarf des Gebäudes. Innerhalb gewisser Grenzen lässt sich so eine energetisch schlechtere Gebäudehülle durch eine bessere Heizungstechnik ausgleichen und umgekehrt. Dabei geht die EnEV allerdings weit über eine Zusammenführung der bisher gültigen Vorschriften hinaus. Die EnEV begrenzt nicht mehr wie zuvor die Heizungsanlageverordnung den zulässigen Heizwärmebedarf[124] sondern stellt vielmehr auf den Primärenergiebedarf für Heizung und Trinkwassererwärmung ab. Unter Primärenergie versteht man die in der Natur vorkommenden Energiequellen in ihrer ursprünglichen Form: Dazu gehören Kohle-, Erdöl-, Erdgas- und Uranvor-

---

117 Vgl. Streinz, Europarecht, 1999, § 5 II Rn. 405.

118 Abl. EG Nr. L 237 S. 28.

119 Abl. EG Nr. L 167 S. 17, L 195 S. 32.

120 Abl. EG Nr. L 1 S. 65.

121 Vgl. zu den energetischen Ansätzen der Verordnung Lippert, Energiewirtschaftsrecht 2002, 706 f.

122 Verordnung über einen energiesparenden Wärmeschutz bei Gebäuden (Wärmeschutzverordnung) vom 26.8.1994, BGBl. I, S. 2121, außer Kraft.

123 Verordnung über energiesparende Anforderungen an heizungstechnische Anlagen und Brauchwasseranlagen (Heizungsanlagen-Verordnung) vom 22.3.1981, BGBl. I; S. 613, außer Kraft.

124 Wärme, die von den Heizkörpern abgegeben werden muss.

kommen, aber auch Sonnenstrahlung, Windkraft, Erdwärme, Gezeitenenergie und Biomasse.[125] Den Energieträgern wird ein bestimmter Primärenergiekennwert zugeschrieben.[126] Der Primärenergiebedarf erfasst neben Wärmeverlusten zusätzlich den Wärmebedarf für Warmwasser, die Umwandlungsverluste der Heizungsanlage und die Verluste der Bereitstellung der Energie auf dem Weg zum Haus.[127] Dieser ist mit dem Primärenergiekennwert zu multiplizieren, woraus sich dann der Primärenergiekennwert ergibt. Die Energieverluste durch die Gewinnung, die Aufbereitung und den Transport von Energieträgern beschreibt der Primärenergiefaktor.[128]

Der Vollzug der EnEV fällt in den Zuständigkeitsbereich der einzelnen Bundesländer. Diese können eigenständig nähere Regelungen für die Umsetzung und Kontrolle der Anforderungen der Energieeinsparverordnung erlassen. Grundsätzlich besteht jedoch für die Länder keine Verpflichtung, solche Bestimmungen festzusetzen.

Die Anforderungen der EnEV gelten allerdings unabhängig davon, ob das jeweilige Bundesland Regelungen zur Durchführung erlassen hat oder nicht.

Die Mehrzahl der Bundesländer hat zwischenzeitlich Umsetzungsrecht geschaffen und unterschiedliche Vollzugsmuster entworfen, insbesondere was die zuständigen Stellen für die Überwachung der einzelnen Anforderungen der EnEV angeht. In einigen Bundesländern wurden bereits Durchführungsverordnungen eingeführt, in anderen sollen die Durchführungsbestimmungen im Rahmen einer Novellierung der jeweiligen Bauordnung eingebunden werden. Daneben gibt es Länder, die bisher keine Regelung getroffen haben oder lediglich die Zuständigkeiten in einem Erlass formuliert haben. Die Regelungen sind teilweise sehr unterschiedlich in Tiefe und Inhalt. Geregelt werden beispielsweise neben den Zuständigkeiten auch die Kontrolle der Nachrüstvorschriften und der Ausführung als auch Ordnungswidrigkeiten.

---

125 Davon zu unterscheiden sind die Sekundärenergien. Zum Beispiel ist Strom eine Sekundärenergie, da er aus der Umwandlung von Primärenergien (z. B. Kohle) oder auch aus anderen Sekundärenergien (z. B. Heizöl oder Erdgas in aufbereiteter Form) gewonnen wird.

126 Die EnEV räumt den erneuerbaren Primärenergien dabei einen Sonderstatus ein: Sofern sie den größten Teil des Heizenergiebedarfs (70 Prozent) decken, gilt die Begrenzung des Jahres-Primärenergiebedarfs nicht. In den Genuss derselben Regelung kommen Gebäude, die zu mindestens 70 Prozent mit Fern- oder Nahwärme aus Kraft-Wärme-Kopplung (KWK) versorgt werden.

127 Zur Berechnung des Primärenergiewertes vgl. ASUE, EnEV Checkliste für Architekten und Planer, 2002.

128 dena, Bauen für die Zukunft, 4.

3. Umsetzung der EU-Richtlinie über die Gesamtenergieeffizienz von Gebäuden

Das große Energie-Einsparpotenzial im Gebäudebereich wird auch auf europäischer Ebene gesehen. Aus diesem Grunde wurde im Jahr 2002 eine Richtlinie verabschiedet, die das Vorgehen der Mitgliedstaaten vereinheitlichen soll.

Die „Richtlinie 2002/91/EG des Europäischen Parlaments und des Rates vom 16.12.2002 über die Gesamtenergieeffizienz von Gebäuden“ wurde am 4.1.2003 im Amtsblatt der EU veröffentlicht. Kernpunkte der Richtlinie sind die Festlegung von Kriterien zur gesamtheitlichen Beurteilung der Energieeffizienz von Gebäuden, die Verpflichtung zur Anwendung von Mindeststandards für neue und bestehende Gebäude, die Inspektion und Effizienzkontrollen bei Heizkesseln und Klimaanlagen, die Festlegung und regelmäßige Aktualisierung von Mindestnormen für den Energiebedarf und die Verfügbarkeit von Energieausweisen.[129]

Die Richtlinie war von allen Mitgliedsstaaten bis spätestens 4.1.2006 in nationale Rechtsvorschriften umzusetzen. Deutschland hatte mit der Einführung der EnEV im Jahr 2002 viele dieser Vorgaben schon erfüllt. Mit der neuen EnEV werden nunmehr alle Vorgaben erfüllt.

4. Umsetzung der EU-Energiedienstleistungsrichtlinie

Die „Richtlinie 2006/32/EG des Europäischen Parlaments und des Rates über Endenergieeffizienz und Energiedienstleistungen und zur Aufhebung der Richtlinie 93/76/EWG des Rates“ – kurz Energiedienstleistungsrichtlinie – ist am 27.4.2006 im Amtsblatt der Europäischen Union veröffentlicht worden.[130] Eine nationale Umsetzung hat bis zum 17.5.2008 zu erfolgen. Umwelttechnische Fragen stehen bei der Richtlinie im Vordergrund. Die Mitgliedstaaten sollen danach Ihren Energieverbrauch (oder aber die Energieeffizienz) in neun Jahren um insgesamt 9 % durch Energiedienstleistungen und Energieeffizienzmaßnahmen senken. Dies beinhaltet ebenfalls den Gebäudesektor. Es handelt sich jedoch nur um einen rechtlich unverbindlichen Richtwert ohne Rechtsverbindlichkeit. Daneben gibt die Richtlinie aber auch verpflichtende Maßnahmen zur Erreichung

---

129 Hegner, Bundesministerium für Verkehr, Bau- und Wohnungswesen Berlin, „Die EU-Richtlinie – Gesamtenergieeffizienz von Gebäuden“ Einführung von Energieausweisen im Gebäudebestand in Deutschland.

130 ABl. EU Nr. L 114, S. 64 ff.

des Richtlinienwertes auf. Eine Verpflichtung der Mitgliedstaaten besteht z. B. darin, der Kommission in regelmäßigen Abständen Energieeffizienz-Aktionspläne vorzulegen und günstige Rahmenbedingungen für einen Markt für Energiedienstleistungen zu schaffen.

Die Richtlinie fordert parallel zum begonnenen Emissionshandel effizienzsteigernde Maßnahmen durch Energiedienstleistungen insbesondere bei den privaten Haushalten. In den Anwendungsbereich der Richtlinie fallen deshalb Anbieter von Energieeffizienzmaßnahmen, Energieverteiler, Verteilernetzbetreiber, Energieeinzelhandelsunternehmen und Endkunden, welche bisher noch nicht vom Emissionshandel betroffen sind. Energieeffizienzsteigerung durch Energiedienstleistungen bedeutet aber gleichzeitig auch die Einführung und Stärkung von Wärmemanagementsystemen.[131] Dabei soll insbesondere die Angebotsseite der Energiedienstleistungen gestärkt und gleichzeitig der Verbrauch durch Anreizschaffung auf Angebotsseite gesenkt werden.[132] Es ist die Endverbrauchsseite welche durch ihr Verbrauchsverhalten und ihre Wahl des geeigneten Energiedienstleisters wesentlich auf einer Verbesserung der Energienutzung hinwirken kann. Beides rückt die Richtlinie in den Vordergrund.[133]

II. Zivilrechtliche Rahmenbedingungen

1. Modernisierung und Instandsetzung, § 554 BGB

Nach § 554 BGB hat der Mieter Erhaltungs- und Modernisierungsmaßnahmen zu dulden. Der § 554 BGB wurde im Rahmen der Mietrechtsreform[134] zugunsten ökologischer Zielsetzungen erweitert (§ 554 BGB entspricht § 541b BGB a. F.). So wurde die Mitteilung der beabsichtigten Modernisierung erleichtert. Des Weiteren hat sich die Frist der Mitteilung um einen Monat auf drei Monate vorher verlängert. Dies sind Änderungen, die im Rahmen einer ökologischen Bewertung jedoch keine entscheidende Rolle spielen. Unter Umweltgesichtspunkten ist vor allem darauf hinzuweisen, dass sich die Duldungspflicht des Mieters auf alle Maßnahmen zur Einsparung von Energie erweitert, und nicht nur – wie bisher

131 So auch Schwintowski, „Das Wirtschaftlichkeitsgebot – die Rechtspflicht des Vermieters zur optimalen Wärmeversorgung", in WuM 2006, S. 115, (116).

132 Deutscher Bundestag, Wissenschaftliche Dienste, Nr. 21/06 (30.3.2006).

133 Vgl. im Weiteren die Ausführungen unter Kap. 4., B. I. 3.

134 Mietrechtsreformgesetz vom 19.6.2001, BGBl. I, S. 1149.

– auf Heizenergie begrenzt ist. Neu ist also die Erweiterung des Energiebegriffes.

a) Duldungsverpflichtung des Mieters

§ 554 BGB unterscheidet zwischen Modernisierungs- und Instandhaltungsmaßnahmen.

Der Mieter hat nach § 554 Abs. 2 BGB Maßnahmen zur Verbesserung der Mietsache, zur Schaffung neuen Wohnraums und zur Einsparung von Energie oder Wasser zu dulden. Diese Maßnahmen sind unter dem Begriff der Modernisierungsmaßnahmen zusammenzufassen. Nicht geduldet werden müssen sogenannten Luxusmodernisierungen. Maßstab bei der Abgrenzung von normaler und Luxusmodernisierung ist der Standard, der bei zwei Dritteln aller vergleichbaren Gebäude in der Region üblich ist.[135]

Bei der Duldungspflicht von Maßnahmen zur Einsparung von Energie oder Wasser ist es zweitrangig, ob sich darüber hinaus auch eine finanzielle Entlastung des Mieters ergibt. Daraus folgt, dass bereits die Umstellung auf umweltfreundliche Energien eine Modernisierungsmaßnahme im Sinne von § 554 Abs.2 BGB darstellt, selbst wenn sie zu keiner Kosteneinsparung oder sogar zu einer gewissen finanziellen Mehrbelastung des Mieters führt. Ein Vorteil muss damit für den Vermieter gerade nicht verbunden sein.[136]

Auch der Abschluss eines Wärmecontracting-Vertrages stellt eine Modernisierung im Sinne von. § 554 Abs. 2 BGB dar, wenn damit gleichzeitig eine Energieeinsparung einhergeht.[137]

Allerdings ist die Duldungspflicht bei Modernisierungsmaßnahmen an einige gesetzliche Voraussetzungen geknüpft. So hat der Vermieter dem Mieter spätestens drei Monate vor Beginn der Maßnahme deren Art sowie voraussichtlichen Umfang und Beginn, voraussichtliche Dauer und die zu erwartende Mieterhöhung in Textform mitzuteilen, vgl. § 554 Abs. 3 Satz 1 BGB. Der Mieter hat dagegen ein Sonderkündigungsrecht nach § 554 Abs. 3 Satz 2 BGB.

Anders ist dies bei Instandsetzungs- und Instandhaltungsmaßnahmen nach § 554 Abs. 1 BGB. Während bei der Instandhaltung ein ordnungs- und vertragsgemäßer Zustand der Mietsache aufrechterhalten wird, muss bei der Instandset-

---

135 BGH, Urteil vom 19.2.1992 – VIII ARZ 5/91 = WuM 1992, S. 181; Emmert, in Hannemann/Wiek/Emmert, Handbuch des Mietrechts, 2006, § 12 Rn. 306.

136 Schmid, in Schmid, Kommentar Mietrecht, 2006, § 554 Abs. 21; Emmerich, in Staudingers, Kommentar zum Bürgerlichen Gesetzbuch, 2005, § 554 Rn. 20.

137 Lammel, Wohnraummietrecht, 2007, § 554 BGB Rn. 50; Hannemann, in Hannemann/Wiek/Emmert, Hnadbuch des Mietrechts, 2006, § 19 Rn. 16.

zung ein ordnungs- und vertragswidriger Zustand erst noch beseitigt werden.[138] Diese hat der Mieter nach § 554 Abs.1 BGB zu dulden. Zwar ist bei diesen Maßnahmen eine Ankündigung nach § 554 BGB nicht gesetzlich normiert worden. Eine solche ergibt sich jedoch aus Treu und Glauben, § 242 BGB.[139] Der Vermieter muss den Mieter rechtzeitig über die Art, den voraussichtlichen Umfang und Beginn sowie die voraussichtlichen Dauer der Maßnahmen informieren, allerdings nicht in derselben Genauigkeit wie für Modernisierungsmaßnahmen vorgeschrieben.[140]

aa) Duldungsverpflichtung bei gesetzlich vorgeschriebenen Maßnahmen am Beispiel der EnEV

Bei gesetzlich vorgeschriebenen Maßnahmen muss nicht zwischen Modernisierungs- und Instandhaltungsmaßnahmen unterschieden werden. Denn gesetzlich vorgeschriebene Maßnahmen muss der Mieter in jedem Fall dulden, weil der Vermieter sonst seine gesetzlichen Verpflichtungen – im Falle der EnEV z. B. zur Nachrüstung von Heizkesseln gemäß § 10[141] – nicht erfüllen könnte. Eine Duldungspflicht ist demnach auch nicht an die strengen Ankündigungsvoraussetzungen des § 554 Abs. 2 BGB geknüpft. Dies gilt selbst für den Fall, dass es sich bei der gesetzlich vorgeschriebenen Maßnahme gleichzeitig um eine Modernisierungsmaßnahme gemäß § 554 BGB handelt, wie dies z. B. bei der Nachrüstung der Heizungsanlage wegen der Festlegung neuer Abgaswerte oder aber der Verpflichtung zur Erneuerung des Heizkessels der Fall sein kann. Denn die Duldungspflicht des Mieters ist für bauliche Maßnahmen, die der Vermieter aufgrund von Umständen durchführen muss, die er nicht zu vertreten hat, in § 554 BGB nicht geregelt.[142] Mit der Ausklammerung dieser Maßnahme aus § 554 BGB sollte der Widerspruch des Mieters gegen Maßnahmen verhindert werden, zu denen der Vermieter nach öffentlichem Recht gezwungen ist. Dies ist im Übrigen nur dann zu gewährleisten, wenn man die Maßnahme nicht künstlich in

138 Emmerich, in Emmerich/Sonnenschein, Miete, Kommentar, 2007, § 535 BGB Rn. 14; Weidenkaff, in Palandt, Bürgerliches Gesetzbuch, Kommenar, 2007, § 535 BGB Rn. 38.

139 Schmid, in Schmid, Mietrecht, 2007, § 554 BGB Rn. 11; Eisenschmid, in Schmidt-Futterer, Mietrecht, Groß-Kommentar, 2007, § 554 BGB Rn. 35.

140 Vgl. z. B. LG Göttingen, Urteil vom 8.11.1989 – 5S 104/89 = WuM 1990, S. 205; AG Aachen, Urt. vom 2.7.1985 – 12 C 16/85 = WuM 1986, S. 87.

141 Nach § 10 EnEV müssen z. B. Heizkessel, die vor dem 1.10.1978 eingebaut wurden, bis zum 31.12.2008 außer Betrieb genommen werden.

142 Begr. RegE BT-Drucks. 14/4553 S. 49; Schilling, in MünchKomm, BGB, 2001, § 554 BGB Rn. 6; Emmerich, in Staudingers, Kommentar zum Bürgerlichen Gesetzbuch, 2005, § 554 BGB Rn. 2; Ehlert, in Bamberger/Roth, Kommentar zum Bürgerlichen Gesetzbuch, 2007, § 554 BGB Rn. 3.

eine ankündigungspflichtige Energieeinsparungsmaßnahme und eine gesetzlich vorgeschriebene und deshalb nicht ankündigungspflichtige Maßnahme aufspaltet.[143]

bb) Duldungsverpflichtung bei Erfüllung der „bedingten Anforderungen" der EnEV

Handelt es sich dagegen um „bedingte Anforderungen"[144] nach der EnEV, d. h. um Anforderungen, die erst dann erfüllt werden müssen, wenn der Vermieter ohnehin bestimmte Änderungen am Gebäude vornehmen will, ist zu unterscheiden zwischen Erhaltungsmaßnahmen im Sinne des § 554 Abs. 1 BGB und Modernisierungsmaßnahmen im Sinne des § 554 Abs. 2 BGB.

Wie bereits oben dargelegt ist bei Erhaltungsmaßnahmen zwar die Ankündigung zur Erhaltung der Mietsache nicht im Gesetz vorgeschrieben, dennoch aber die Ankündigung von Instandsetzungs- und Instandhaltungsmaßnahmen notwendig, allerdings nicht in den strengen Ausmaßen des § 554 Abs. 2 BGB.[145] Die Ankündigung ist lediglich zur Durchsetzung des Duldungsanspruches (§ 554 Abs. 1 BGB) gegen den Willen des Mieters notwendig. Auf die Ankündigung kommt es nicht mehr an, wenn der Mieter die Maßnahme sowieso duldet.

Bei den Modernisierungsmaßnahmen sind dagegen die strengen Voraussetzungen des § 554 Abs. 2 BGB an die Ankündigung der Maßnahmen einzuhalten. Auch insoweit kann die Maßnahme nicht in eine freiwillige und eine sich anschließende gesetzlich erzwungene Maßnahme zur Erfüllung der bedingten Anforderungen aufgespaltet werden. Der erste hier wesentliche Schritt ist der freiwillige Entschluss zur Modernisierung. Erst daran schließen sich die gesetzlich verpflichtenden Folgemaßnahmen an. Der Schwerpunkt dieser Maßnahmen liegt deshalb auf der – ankündigungspflichtigen – Modernisierungsmaßnahme, so dass eine Aufspaltung in eine ankündigungspflichtige und eine nicht ankündigungspflichtige Maßnahme unterbleibt.[146]

b) Umlage der Kosten

Bei durchgeführten Modernisierungsmaßnahmen als auch bei anderen baulichen Maßnahmen, die nicht vom Vermieter zu vertreten sind, hat der Vermie-

---

143 Kinne, "Mietrechtliche Konsequenzen der Energieeinsparverordnung", in ZMR 2004, S. 397, (398).

144 Dies sind z. B. die Änderungspflichten nach § 9 EnEV, wonach Änderungen im Sinne der Anlage 3 Nr. 1 bis 6 z. B. so ausgeführt werden müssen, dass die jeweiligen Höchstwerte des Jahres-Primärenergiebedarfs nicht um mehr als 40 % überschritten werden.

145 Vgl. Fn. 140.

146 Vgl. Kinne, „Mietrechtliche Konsequenzen der Energieeinsparverordnung", in ZMR 2004, S. 397, (398).

ter die Möglichkeit einer Mieterhöhung, vgl. § 559 Abs. 1 BGB. Zu vertreten hat der Vermieter Maßnahmen, zu denen er vertraglich verpflichtet war. Nicht dagegen zu vertreten hat er Maßnahmen, zu denen er gesetzlich verpflichtet war. Dies gilt nur dann nicht, wenn es sich bei diesen gesetzlich angeordneten Maßnahmen auch gleichzeitig um Instandhaltungs- oder Instandsetzungsmaßnahmen handelt[147], weil die Instandhaltungs- und Instandsetzungspflicht schon von vornherein eine mietvertragliche Pflicht ist.

Bei den Modernisierungsmaßnahmen setzt dies eine ordnungsgemäße Ankündigung der Maßnahmen oder aber die tatsächliche Duldung der Maßnahmen voraus.[148]

aa) Kostenumlage bei gesetzlich vorgeschriebenen Maßnahmen am Beispiel der EnEV

Wie bereits dargelegt sind die gesetzlich verpflichtenden Maßnahmen grundsätzlich nicht vom Vermieter zu vertreten, so dass demnach eine Mieterhöhungsmöglichkeit nach § 559 BGB gegeben ist. Dies gilt allerdings nur für Modernisierungs- nicht aber für Instandsetzungs- und Instandhaltungsmaßnahmen gemäß § 554 Abs. 1 BGB.

Maßnahmen, die nur zur Erhaltung der Mietsache durchgeführt werden, können demnach nicht auf den Mieter umgelegt werden, auch wenn sie gesetzlich vorgeschrieben waren. Der Vermieter kann sich nämlich nicht darauf berufen, dass er zu der Maßnahme öffentlich-rechtlich verpflichtet wird, wenn diese nur der Erhaltung der Mietsache dient. Es verbleibt trotz der öffentlich-rechtlichen Verpflichtung dabei, dass der Vermieter die Erhaltungsmaßnahme mietrechtlich zu vertreten hat, weil er letztendlich nur den ursprünglich vertragsgemäßen Zustand durch die Erhaltungsmaßnahme herstellt.

Gesetzlich vorgeschriebene Modernisierungsmaßnahmen können dagegen in gleicher Weise wie gesetzlich nicht vorgeschriebene Modernisierungsmaßnahmen zu einer Mieterhöhung nach § 559 Abs. 1 BGB führen. Der Unterschied liegt lediglich darin, dass bei gesetzlich vorgeschriebenen Modernisierungsmaßnahmen auch nicht die Anforderungen an die Ankündigung nach § 554 Abs. 2 BGB vorliegen müssen, und demnach die ordnungsgemäße Ankündigung auch im Rahmen der Mieterhöhung nach § 559 Abs. 1 BGB keine Voraussetzung sein kann.

---

147 Emmerich, in Emmerich/Sonnenschein, Miete, Kommentar, 2007, § 559 BGB Rn. 17; Emmerich, in Staudingers, Kommentar zum Bürgerlichen Gesetzbuch, 2005, § 559 BGB Rn. 36 m.w.N.

148 Börstinghaus, in Schmidt-Futterer, Mietrecht, Groß-Kommentar, 2007, § 559 BGB Rn. 16; Rieke, in Schmid, Mietrecht, Kommentar, 2006, § 559 BGB Rn. 10.

bb) Kostenumlage bei Erfüllung der „bedingten Anforderungen“ der EnEV

Bei den Erhaltungsmaßnahmen ergibt sich bezüglich der Kostenumlage kein Unterschied zu den gesetzlich vorgeschriebenen Maßnahmen. Auch wenn die Erhaltungsmaßnahme eine „bedingte Anforderung“ nach der EnEV nach sich zieht, hat sie der Vermieter wegen seiner vertraglichen Verpflichtung zu vertreten. Auch hier gilt wieder, dass der Vermieter gesetzlich zur Erhaltung der Mietsache nach § 535 Abs. 1 Satz 2 BGB verpflichtet ist. Eine Aufspaltung der Erhaltungsmaßnahme in einen zur Mieterhöhung führenden Teil (Energieeinsparung durch Erfüllung der bedingten Anforderungen) und einen nicht umlegbaren Kostenanteil (bloße Erhaltungsmaßnahme) ist ebenso wenig gerechtfertigt wie die Aufspaltung der Ankündigung, weil es sich letztendlich um eine einheitliche Maßnahme handelt.[149]

Bei den Modernisierungsmaßnahmen dagegen können auch die durch die Erfüllung der „bedingten Anforderungen“ entstehenden Kosten ebenfalls als Energieeinsparkosten umgelegt werden. Denn der Vermieter muss diese Anforderungen erfüllen, er hat sie demnach nicht zu vertreten im Sinne des § 559 Abs. 1 BGB.[150]

2. Mietspiegel

Nach § 558 c Abs. 1 BGB sind Mietspiegel Übersichten über die ortsübliche Vergleichsmiete, welche von der Gemeinde oder von Interessenvertretern der Vermieter und der Mieter gemeinsam erstellt oder anerkannt worden sind. Die ortsübliche Vergleichsmiete wird wiederum gebildet aus den üblichen lokalen Entgelten für Wohnraum vergleichbarer Art, Größe, Ausstattung, Beschaffenheit und Lage, vgl. § 558 Abs. 2 BGB.

Das Hauptanwendungsfeld für Mietspiegel ist das gesetzliche Mieterhöhungsverfahren, mit dem der Vermieter die Zustimmung des Mieters zu einer Erhöhung der vereinbarten Miete bis zur ortsüblichen Vergleichsmiete verlangen kann, § 558 a BGB. Darüber hinaus können Mietspiegel auch im Rahmen der Prüfung von Mietpreisüberhöhungen nach § 5 Wirtschaftsstrafgesetz und Mietwucher nach § 291 Strafgesetzbuch Bedeutung haben.

Außerdem stellt der Mietspiegel oftmals eine Entscheidungshilfe beim Abschluss von Mietverträgen und bei einvernehmlichen Mieterhöhungen dar.

---

149 Kinne, „Mietrechtliche Konsequenzen der Energieeinsparverordnung, in ZMR 2004, S. 397, (400).

150 Vgl. hierzu auch Börstinghaus, in Schmidt-Futterer, Mietrecht, Groß-Kommentar, 2007, § 559 BGB Rn. 86 f.; Rieke, in Schmid, Mietrecht, Kommentar, 2006, § 559 BGB Rn. 24.

a) Qualifizierter Mietspiegel

Das Gesetz unterscheidet seit der Mietrechtsreform im Jahre 2001[151] einfache und qualifizierte Mietspiegel. An den qualifizierten Mietspiegel werden im Gegensatz zum einfachen Mietspiegel hinsichtlich der Erstellungsmethode und dem Erstellungszeitraum bestimmte gesetzliche Anforderungen gemäß § 558 d BGB gestellt und daran eine bestimmte Rechtsfolge geknüpft.

Der qualifizierte Mietspiegel muss nach anerkannten wissenschaftlichen Grundsätzen erstellt sein, von der Gemeinde oder von Interessenvertretern der Vermieter und Mieter anerkannt worden sein, im Abstand von zwei Jahren an die Marktentwicklung angepasst und nach vier Jahren neu erstellt werden.

Neben den Grundsätzen der Gültigkeit, der Zuverlässigkeit und der Repräsentativität der Datenerhebung muss die Auswertung der erhobenen Daten den Regeln der statistischen Wissenschaft entsprechen.[152]

Die Datenauswertung wird in erster Linie mittels der Tabellen- und Regressionsmethode durchgeführt[153]. Bei der Regressionsmethode geht man davon aus, dass sich die Miete einer Wohnung aus der Bewertung ihrer Wohnwertmerkmale (z. B. Wohnungsgröße, Baualter, etc.) ergibt. Dieser Zusammenhang wird durch ein multivariables statistisches Verfahren in einer mathematischen Gleichung beschrieben. Das Zusammenwirken aller Merkmale ergibt die abzubildende Miete. Bei der Tabellenmethode dagegen wird der Wohnungsmarkt in typischen Kategorien von Wohnungen unterteilt. Die Kategorien werden durch Kombination von Wohnwertmerkmalen (z. B. kleine Wohnung mit ältester Baujahrsklasse, schlechter Ausstattung und in schlechter Wohnlage) bestimmt und in einem Mietspiegelfeld abgebildet. Für jeden der Wohnungstypen wird die mittlere Miete berechnet (Vergleichsmiete).[154]

An einen solchen qualifizierten Mietspiegel knüpft das Gesetz die Vermutungswirkung und die Mitteilungsverpflichtung. So wird im gerichtlichen Verfahren widerleglich vermutet, dass die im qualifizierten Mietspiegel bezeichneten Entgelte die ortsübliche Vergleichsmiete wiedergeben (Vermutungswirkung, § 558 d Abs. 3 BGB). Darüber hinaus sind die im qualifizierten Mietspiegel enthaltenen Angaben für eine bestimmte Wohnung im Mieterhöhungsverfahren

---

151 Mietrechtsreformgesetz vom 19.6.2001, BGBl. I, S. 1149.

152 Vgl. Begr zum RegE BT-Drucks 14/4553, 36, 57; Emmerich, in Staudingers, Kommentar zum Bürgerlichen Gesetzbuch, 2005, § 558 d BGB Rn. 7.

153 Vgl. zu den beiden Methoden z. B. Klein/Martin, „Tabellenmethode versus Regressionsmethode bei der Erstellung von Mietspiegeln“, in WuM 1994, S. 513 ff.; Clar, „Tabellen- versus Regressionsmethode bei der Mietspiegelerstellung – Andante?“, in WuM 1992, S. 662 ff.

154 Vgl. hierzu Cromm/Giegler, Mietspiegel in Deutschland, 2006, 95 f.

des Vermieters zwingend anzugeben (Mitteilungsverpflichtung, § 558 a Abs. 3 BGB).

Mit der Einführung des qualifizierten Mietspiegels und den an seine Erstellung und Aktualisierung geknüpften Voraussetzungen soll nach den Gesetzesmaterialien zu § 558 d BGB sichergestellt werden, dass ein realistisches und zeitnahes Abbild des Wohnungsmarktes dargestellt wird[155] und eine Befriedungsfunktion entfaltet werden kann.[156]

Das in der Regierungsbegründung zu § 558 d BGB erwähnte Ziel der Darstellung eines realistischen Abbilds des Wohnungsmarktes entspricht der oftmals anzutreffenden Auffassung, dass mit dem qualifizierten Mietspiegel ein Instrument zur Erhöhung der Markttransparenz geschaffen wurde. Dabei wird jedoch übersehen, dass das Vergleichsmietensystem immer nur einen Mietzins ermittelt, der sich an einem ideal funktionierenden Mietmarkt herausgebildet hätte. Die darin verzeichneten Mieten geben nicht die Marktmiete im strengen Sinne wieder. Teilweise wird die Auffassung vertreten, dass man lediglich eine Vermutung über die ortsübliche Vergleichsmiete darstelle[157] aber niemals das tatsächliche Mietgefüge. Das ortsübliche Vergleichsmietensystem enthält zwar empirische Werte, im Vordergrund stehen jedoch die normativen Elemente. Die ortsübliche Vergleichsmiete muss deshalb in erster Linie als normative angesehen werden, weil der Gesetzgeber die Wohnwertmerkmale in § 558 Abs. 2 BGB verbindlich festlegt.[158]

Dem steht jedoch letztlich aber nicht entgegen, dass der qualifizierte Mietspiegel wichtige und den Mietvertragsparteien leicht zugängliche Informationen liefert, die zum einen Einfluss auf den Mietvertragsabschluss als auch auf die Höhe der vereinbarten Miete hat.[159] Im hochkomplexen Wohnungsmarkt ist gerade eine solche Information der Mietvertragsparteien dringend erforderlich.

b) Ökologischer Mietspiegel

Während der Begriff des qualifizierten Mietspiegels ein dem Gesetz immanenter Begriff ist, findet sich die Begrifflichkeit des „ökologischen Mietspiegels" nicht im Gesetz wieder. Als „ökologischer Mietspiegel" wird schlagwortartig ein Mietspiegel bezeichnet, welcher das Kriterium der „wärmetechnischen Beschaffen-

155 Vgl. Begründung zum RegE BT-Drucks. 14/4553.

156 Vgl. Stellungnahme des Bundesrates BT-Drucks. 14/4553 Anlage 2.

157 Vgl. Cromm/Giegler, Mietspiegel in Deutschland, 2006, 107.

158 So auch Kofner, „Die Formation der deutschen Wohnungspolitik nach dem zweiten Weltkrieg – Teil II", in DWW 2003, S. 284, (293).

159 So wohl auch Cromm/Giegler, S. 107.

heit" eines Gebäudes berücksichtigt.[160] Dabei wird unter „wärmetechnischer Beschaffenheit" der Energieaufwand verstanden, welcher für die Beheizung des Gebäudes und für die Warmwasserbereitung benötigt wird. Dabei spielen insbesondere die Wärmedämmung des Gebäudes, die Effizienz der Heizungsanlage und der eingesetzte Energieträger eine Rolle.[161]

aa) Wohnwertmerkmal der „wärmetechnischen Beschaffenheit"

§ 558 Abs. 2 BGB bestimmt, dass die ortsübliche Vergleichsmiete aus den üblichen Entgelten gebildet wird, die in der Gemeinde oder einer vergleichbaren Gemeinde für Wohnraum vergleichbarer Art, Größe, Ausstattung, Beschaffenheit und Lage in den letzten vier Jahren vereinbart oder geändert worden sind. Demnach sind sowohl für die Mietpreisbildung als auch für die Ermittlung der Vergleichsmiete nur die dort aufgeführten fünf Wohnwertmerkmale maßgeblich.[162]

Zu dem Wohnwertmerkmal der Ausstattung gehören die dem Mieter vom Vermieter zur ständigen Nutzung bzw. Verfügung gestellten Dinge. Besonders zu berücksichtigen ist dabei auch die Beheizungsart.[163]

Bei dem Wohnwertmerkmal der Beschaffenheit ist neben dem Zuschnitt der Wohnung auch die Bauweise und der Zustand insbesondere der Instandhaltungsgrad gemeint[164]. Der Gesetzgeber hat ausdrücklich den energetischen Zustand eines Hauses nicht zu einem eigenen Wohnwertmerkmal deklariert.[165] Nach der Gesetzesbegründung soll über die Wohnwertmerkmale „Ausstattung und Beschaffenheit" der energetische Zustand des Hauses auch bei der Bildung der Vergleichsmiete berücksichtigt werden. Im Interesse der Förderung energiesparender Investitionen sei dies „auf jeden Fall wünschenswert".[166]

---

160 Knissel u. a., Vereinfachte Entwicklung von Primärenergiekennwerten, 2006, 2.

161 Knissel/Alles, Ökologischer Mietspiegel, 2003, A2-1.

162 Both, in Herrlein/Kandelhard, Mietrecht, Kommentar, 2007, § 558 Rn. 43; Börstinghaus, in Schmidt-Futterer, Mietrecht, Groß-Kommentar, 2007, § 558 Rn. 49.

163 Vgl. Rieke, in Schmid, Mietrecht, Kommentar, 2006, § 558 BGB Rn. 21; Börstinghaus, in Schmidt-Futterer, Mietrecht, Groß-Kommentar, 2007, § 558 BGB Rn. 66.

164 Emmerich, in Staudingers, Kommentar zum Bürgerlichen Gesetzbuch, 2005, § 558 BGB Rn. 35; Börstinghaus, in Blank/Börstinghaus, Miete, Kommentar, 2004, § 558 Rn. 30; Börstinghaus, in Schmidt-Futterer, Mietrecht, Groß-Kommentar, 2007, § 558 Rn. 77; Sternel, Mietrecht, 1988, Rn. 595.

165 BT-Drucks. 14/4553 = NZM 2000, S. 812 ff.

166 So ausdrücklich die Gesetzesbegründung BT-Drucks. 14/4553 = NZM 2000, S. 812 ff.; abgedruckt auch bei Börstinghaus/Eisenschmid, Arbeitskommentar Neues Mietrecht, 2001, 266 ff.

Die vom Gesetzgeber gewünschte Berücksichtigung des energetischen Zustandes oder der wärmetechnischen Beschaffenheit erfordert zunächst eine Operationalisierung über den Primärenergiekennwert und den Wärmestatus des Gebäudes (und damit Energiebedarfskennziffern), da die Begrifflichkeiten als solche abstrakt sind.[167] Neben dem ausdrücklichen „Wunsch“ des Gesetzgebers erscheint aber eine Berücksichtigung vielmehr zwingend. Die Mietspiegelerstellung setzt ja gerade die Vergleichbarkeit der im Mietspiegel aufgeführten Wohnungen voraus. Eine solche Vergleichbarkeit der Wohnungen nach den im Gesetz genannten Wohnwertmerkmalen liegt dann vor, wenn die im Gesetz genannten Wohnwertmerkmale in wesentlichen Punkten übereinstimmen[168], wobei eine überwiegende Übereinstimmung der Wohnwertmerkmale ausreichend ist.[169] Liegen größere Abweichungen vor, so ist der durch die fünf Wohnwertmerkmale standardisierte Vergleichswert durch Zu- und Abschläge zu berichtigen.[170]

Das Merkmal der Beschaffenheit wird traditionell über das Baualter bzw. verschiedenen Baualtersklassen erfasst. Es besteht aber die dringende Vermutung, dass durch jahrzehntelange Modernisierungstätigkeiten die ursprünglichen baualtersspezifischen Wohnwertmerkmale immer mehr verwischen.[171] Die modernisierungsbedingten Veränderungen werden nicht ausreichend erfasst. Das Baualter kann überhaupt nicht mehr sinnvoll die Beschaffenheit der Wohnung charakterisieren. Altbau bedeutet zunehmend nicht mehr nur schlechte Ausstattung oder Substandard, insbesondere dann, wenn umfangreich modernisiert wurde.[172] Der energetische Zustand eines Hauses kann dabei unabhängig vom Baualter erfasst werden oder aber Modernisierungsmaßnahmen finden Eingang in die Baualtersklassifizierung oder die Einordnung des modernisierten Wohnraums in eine bestimmte Baualtersklasse.[173] Des Weiteren fordert der Gesetzgeber ja gerade eine Anpassung an die Marktentwicklung. Ein Mietspiegel muss dieser Entwicklung Rechnung tragen.

---

167 Vgl. hierzu im einzelnen Knissel/Alles, Ökologischer Mietspiegel, 2003, 6.

168 AG Mainz, Urteil vom 28.9.1972 – 10 C 215/72 = WuM 1972, S. 197.

169 AG Köln, Urteil vom 13.11.1986 – 208 C 481/86 = WuM 1988, S. 60; Börstinghaus, in Blank/Börstinghaus, Miete, Kommentar, 2004, § 558 Rn. 21.

170 Lammel, Wohnraummietrecht, 2007, § 558 BGB Rn. 52; Emmerich, in Staudingers, Kommentar zum Bürgerlichen Gesetzbuch, 2005, § 558 BGB Rn. 29.

171 Alles/Dauwe-Arnold, Das Mietspiegelmerkmal Beschaffenheit, 1998, 1.

172 Alles, Die ortsüblichen Vergleichsmieten in Frankfurt a.M., 2001, 26.

173 Vgl. insbesondere zu letzterem: Börstinghaus/Clar, Mietspiegel Erstellung und Anwendung, 1997, 62.

Zwar ist die wärmetechnische Beschaffenheit eines Gebäudes nicht als ein gesetzliches Wohnwertmerkmal bestimmt worden. Nach der Gesetzesbegründung soll aber über die Wohnwertmerkmale „Ausstattung" und „Beschaffenheit" der energetische Zustand eines Hauses bei der Bildung der Vergleichsmiete berücksichtigt werden. Der Gesetzgeber betont dabei auch noch mal, dass die Förderung energieeinsparender Investitionen sogar „sehr wünschenswert" sei.[174]

Voraussetzung für die Berücksichtigung in einem Mietspiegel ist jedoch, dass die wärmetechnische Beschaffenheit einen Einfluss auch die Nettomiete hat. Ein von der Deutschen Bundesstiftung Umwelt und der Stadt Darmstadt finanziertes Forschungsvorhaben des Instituts Wohnen und Umwelt, Darmstadt, gelangte zu dem Ergebnis, dass für eine schlechte „wärmetechnische Beschaffenheit" kein signifikanter Einfluss auf die Nettomiete festgestellt werden kann. Eine gute „wärmetechnische Beschaffenheit" dagegen macht sich jedoch in einer höheren Vergleichsmiete durchaus bemerkbar.[175] Eine Verbesserung der „wärmetechnischen Beschaffenheit" eines Gebäudes schlägt sich also auch in einer höheren ortsüblichen Vergleichsmiete nieder, so dass die Berücksichtigung der „wärmetechnischen Beschaffenheit" bei dem Wohnwertmerkmal der Beschaffenheit möglich und mietrechtskonform ist.

bb) Vorteile des ökologischen Mietspiegels

Wie bereits unter Kap. 4, B. II. 2. b) aa) dargestellt, ist bei einer guten „wärmetechnischen Beschaffenheit" ein Einfluss auf die Nettomiete gegeben, der sich in einer höheren Vergleichsmiete niederschlägt. Eine Berücksichtigung des Wohnwertmerkmals der „wärmetechnischen Beschaffenheit" ist aus diesem Grunde schon realistischer und näher am tatsächlichen Mietwohnungsmarkt als ein gänzliches Fehlen des Merkmals im Mietspiegel.

Die Berücksichtigung der „wärmetechnischen Beschaffenheit" führt auch zu einer „gerechteren" Vergleichsmiete. Zu bedenken ist, dass die Miethöhevorschriften, welche mittlerweile in den §§ 557 ff. BGB angesiedelt sind, ursprünglich – wie wohl auch heute noch – ein Sozialmodell im Sinne des Art. 14 Abs. 1 Satz 2 GG darstellen sollen, welches die zwei diametralen Positionen von Ver-

174 Regierungsbegründung BT-Drucks. 14/4553 = NZM 2000, S. 812 ff.; die gesamte BT-Drucks. 14/4553 ist abgedruckt auch bei Börstinghaus/Eisenschmid, Arbeitskommentar Neues Mietrecht, 2001, 266 ff.

175 Knissel/Alles, Ökologischer Mietspiegel, 2003, 5, in deren Forschungsvorhaben festgestellt wurde, dass die monatliche Nettomiete bei einer guten wärmetechnischen Beschaffenheit um 0,37 €/m² höher liegt.

mieter- und Mieterseite zu einem Ausgleich bringt.[176] Die Sozialpflichtigkeit des Eigentums rechtfertigt aber noch keine künstliche Verschiebung zulasten einiger Vermieter und Mieter und zugunsten einiger Vermieter und Mieter, wie man sie zurzeit noch vorfindet.

Die Einführung der ortsüblichen Vergleichsmiete zielte darauf, die Interessen von Vermieter und Mieter, und damit dem Interesse auf Erzielung einer möglichst hohen Miete und dem Interesse nur die ursprünglich vereinbarte Miete zu zahlen, in einen Ausgleich zu bringen.[177] Eine solche sozialgerechte Eigentumsordnung erfordert aber die Berücksichtigung der „wärmetechnischen Beschaffenheit" im Mietspiegel: Bei energiesparenden Modernisierungsmaßnahmen führt deren 11 %-ige Umlage auf die individuelle Nettomiete zu einer mittelbaren Erhöhung der durchschnittlichen Gesamtnettomiete in der zeitlich darauf folgenden Mietspiegelerhebung. Mieter von nicht wärmegedämmten Wohnungen zahlen dann aber eine überhöhte Vergleichsmiete wegen des durch die 11 %-Umlage nach oben gezogenen Gesamtdurchschnitts (und hohe Heizkosten), während die Mieter modernisierter Wohnungen aufgrund der gleichzeitig nivellierenden Wirkung des Mittelwertes eine dem besseren Wohnwert entsprechend in der Tendenz unterbewertete Vergleichsmiete zahlen.[178]

Darüber hinaus kommt es zu einem Trittbrettfahrereffekt, weil auch Vermieter, die keine energetische Modernisierung durchgeführt haben, von dem Anstieg der Vergleichsmiete durch zusätzliche Mieteinnahmen durch die 11 %-Umlage profitieren. Dies bedeutet gleichzeitig, dass die energiebedingte Mieterhöhung durch den Anstieg der Vergleichsmiete „aufgezehrt" wird, also von Jahr zu Jahr geringer wird.[179]

Richtig ist, dass das Vergleichsmietensystem dem Vermieter gerade nicht die Miete zuerkennen soll, die im Falle eines Neuabschlusses des Mietvertrages zu erzielen gewesen wäre eine.[180] Dem Vermieter soll lediglich für die eingeschränkte Kündigungsmöglichkeit des Vermieters ein Ausgleich in Form eines angemesseneren, an der Marktentwicklung orientierten Ertrages gewährt werden.[181] Mieterhöhungen in bestehenden Mietverhältnissen sollten gerade auf die

---

176 BVerfGE 25, 112, 117; Börstinghaus, in Schmidt-Futterer, Miete, Groß-Kommentar, 2007, vor §§ 557–557 b BGB Rn. 12.

177 Börstinghaus, in Blank/Börstinghaus, Miete, Kommentar, 2004, § 557 BGB Rn. 6.

178 Vgl. Knissel u. a., Mietrechtliche Möglichkeiten zur Umsetzung von Energiesparmaßnahmen im Gebäudebestand, 2001, 70.

179 Vgl. hierzu ausführlich und anschaulich Knissel/Alles, Ökologischer Mietspiegel, 2003, 38.

180 Schach, in Kinne/Schach/Bieber, Miet- und Mietprozessrecht, 2005, § 558 BGB Rn. 1.

181 Börstinghaus, in Schmidt-Futterer, Mietrecht, Groß-Kommentar, vor §§ 557–557 b BGB Rn. 13.

ortsüblichen Entgelte für vergleichbare Wohnungen in der Gemeinde begrenzt und dem Vermieter kein Anspruch auf die Miete einräumt werden, die er für den Fall der Neuvermietung erzielen könnte. Dies rechtfertigt aber noch keine Gleichbehandlung von Ungleichem und damit einen Grundrechtseingriff in Art. 3 Abs. 1 GG. Die durch Art. 3 Abs. 1 GG gewährte Rechtssetzungsgleichheit ist beeinträchtigt. Dem Gesetzgeber ist es nicht gestattet, „wesentlich Ungleiches willkürlich gleich zu behandeln".[182] Ein Verstoß gegen Art. 3 Abs. 1 GG liegt jedoch nur dann vor, wenn die Verschiedenheit der gleich geregelten Sachverhalte so bedeutsam ist, dass ihre Gleichbehandlung mit einer am Gerechtigkeitsgedanken orientierten Betrachtungsweise unerträglich erscheint.[183] Man kann darüber streiten, ob hier vorliegend die äußersten Grenzen noch gewahrt sind.

Wie schon dargelegt stellen die Miethöhevorschriften Inhalts- und Schrankenbestimmungen des grundrechtlich gewährleisteten Eigentums dar. Die verfassungsrechtliche Rechtfertigung der Inhaltsbestimmung, welche grundsätzlich erst mal eine Beeinträchtigung des Art. 14 GG ist[184], setzt eine verhältnismäßige Regelung durch Gesetz voraus. Im Rahmen der Verhältnismäßigkeit bedarf die Sozialpflichtigkeit des Eigentums gemäß Art. 14 Abs. 2 GG einer besonderen Prüfung. Aber auch die Eignung für den angestrebten Zweck, die Notwendigkeit und Angemessenheit des Gesetzes sind bei der Prüfung der Verhältnismäßigkeit zu berücksichtigen.[185] Es ist jedoch – auch im besonderen Hinblick auf die Sozialpflichtigkeit des Eigentums – nicht notwendig, eine Ungleichbehandlung der Vermieter bzw. Mieter zu rechtfertigen. Durch die Einführung der „wärmetechnischen Beschaffenheit" kann die Vergleichsmiete auch weiterhin unterhalb der Marktmiete liegen, stellt aber ein ausgewogeneres Verhältnis zum einen zwischen Vermieter und Mieter als auch unterhalb der Vermieter und Mieter her. Der Mietspiegel als Instrument des Vergleichsmietensystems dient auch und insbesondere der Aufrechterhaltung der Wirtschaftlichkeit des Hauseigentums durch marktorientierte Mieterhöhungen.[186] Verfassungsrechtlich gerechtfertigt ist das durch die Miethöhevorschriften eingeführte Sozialmodell deshalb erst mit der verbindlichen Berücksichtigung der „wärmetechnischen Beschaffenheit" im Mietspiegel.

---

182 Vgl. BVerfGE 49, 148, 165.

183 Vgl. BVerfGE, 55, 261, 269.

184 Vgl. hierzu BVerfGE 58, 300, 330, wonach jede Inhalts- und Schrankenbestimmung eine Beeinträchtigung von Art. 14 GG ist, die nicht eine Enteignung ist.

185 BVerfGE 74, 203, 214.

186 Cromm/Giegler, Mietspiegel in Deutschland, 2006, 69.

In jedem Falle aber führt eine Berücksichtigung zu einer marktorientierteren Betrachtungsweise, die eine allzu politische Sichtweise verhindert und trotzdem oder gerade deswegen viel mehr dem vom Gesetzgeber angestrebten Sozialmodell gerecht wird.

Darüber hinausgehend wird das durch die Miethöhevorschriften der §§ 557 ff. BGB dargestellte Sozialmodell auch der Staatszielbestimmung des Art. 20 a GG nicht gerecht. Im Sozialmodell Berücksichtigung finden zum einen die Interessen des Vermieters mit seiner grundsätzlichen Verfügungsbefugnis über sein Eigentum, und auf der anderen Seite der Mieter mit seinem existentiellen Bedarf an Wohnraum. Eine solche diametrale Betrachtungsweise berücksichtigt aber nicht hinreichend Umweltschutzinteressen im Sinne des Art. 20 a GG, welche nicht nur dem Einzelnen sondern auch der Allgemeinheit dienlich sind. Aufgrund der Staatszielbestimmung des Art. 20 a GG[187] verbietet sich auch im Mietrecht eine bloße zweiseitige Betrachtungsweise, welche Umweltschutzgesichtspunkte völlig ausblendet. Die Aufnahme der „wärmetechnischen Beschaffenheit" aber führt zu einer unter Umweltschutzgesichtspunkten realistischeren Abbildung des Wohnungsmarktes. Darüber hinaus hat der Mietspiegel, welcher die „wärmetechnische Beschaffenheit" berücksichtigt auch wieder seinerseits Einfluss auf die Abhängigkeit zwischen der wärmetechnischen Beschaffenheit und den Nettomieten. Da der Mietspiegel auch bei den Mietpreisverhandlungen bei Neuvermietungen eine wichtige Rolle spielt, die „wärmetechnische Beschaffenheit" damit also auch bei der Neuvermietung immer wichtiger wird, ist von einer stetigen Zunahme der Abhängigkeit der ortsüblichen Vergleichsmiete von der „wärmetechnischen Beschaffenheit" zu rechnen. Der ökologische Mietspiegel entfaltet damit eine Anreizwirkung für vermieterseitige Energieeinsparmaßnahmen. Der ökologische Mietspiegel ist damit ein Instrument der Förderung einer ökologischen Gebäudemodernisierung. Dies kommt einer politisch gewünschten Lenkung gleich und wird auch der Staatszielbestimmung des Art. 20 a GG gerecht.

Zudem wird mit der Einführung der Energieausweise durch die EnEV auch mehr Transparenz bezüglich der „wärmetechnischen Beschaffenheit" als Einflussfaktor für die Heizkosten des Mieters geschaffen. Damit dürfte auch eine Akzeptanz der Öffentlichkeit einhergehen.

Wird die wärmetechnische Beschaffenheit dagegen nicht im Mietspiegel berücksichtigt, so entfällt nicht nur die oben beschriebene Anreizwirkung für Energiesparmaßnahmen durch den Vermieter, sondern solche Energiesparmaßnahmen werden vielmehr darüber hinaus gehemmt. Ohne den ökologischen

---

187 Vgl. zu Art. 20 a GG die weitergehenden Ausführungen unter Kap.6, D. II. 3. b).

Mietspiegel stellen sich die derzeitigen Rahmenbedingungen für Energiesparmaßnahmen in Mietwohngebäuden als unbefriedigend dar. Weder ist die Rentabilität für den Vermieter gegeben, noch kann die Warmmietenneutralität für den Mieter in den ersten Jahren gesichert werden. Nur die Einstellung der „wärmetechnischen Beschaffenheit" wird dem Rentabilitätsinteresse des Vermieters gerecht, welcher in die energetische Gebäudemodernisierung investiert.

3. Nebenkosten

a) Grundmodell der Miete

Nach § 535 Abs. 1 Satz 3 BGB hat der Vermieter die auf der Mietsache ruhenden Lasten zu tragen. Sämtliche öffentlich- und privatrechtlichen Lasten, die den Vermieter als Eigentümer oder dinglich Berechtigten treffen, sind nach dem Gesetz demnach Bestandteil der Miete.[188] Diese gesetzliche Regelung ist allerdings nicht zwingend, sondern eingeschränkt vertraglich abdingbar. § 556 BGB bestimmt, dass eine Abweichung von § 535 Abs. 1 Satz 3 BGB einer besonderen Vereinbarung bedarf, falls die Betriebskosten im Sinne des § 19 Abs. 2 WoFG[189] auf den Mieter abgewälzt werden sollen.[190] Liegt eine solche vertragliche Regelung nicht vor, so verbleibt es jedoch bei der sogenannten Bruttomiete.

Lediglich wenn Heizkosten nach der Heizkostenverordnung[191] verbrauchsabhängig abgerechnet werden müssen, gilt etwas anderes: Diese verbrauchsabhängigen Kosten kommen zur Miete hinzu, wenn zwei oder mehr Wohnungen von einer Heizungsanlage versorgt werden. Nach § 2 HeizkV haben die Vorschriften der HeizkV grundsätzlich Vorrang vor rechtsgeschäftlichen Bestimmungen. Da § 2 HeizkV kein Verbotsgesetz im Sinne des § 134 BGB ist, werden entgegenstehende vertragliche Abreden lediglich von den Vorschriften der HeizkV überlagert.[192] Insbesondere Warmmietverträge, bei denen die Heizkosten in der Miete enthalten sind, aber auch Heizkostenpauschalen, bei denen der Mieter jeden Monat einen bestimmten Betrag zahlt, über den aber nicht gesondert abgerechnet

188 So auch Eisenschmid, in Schmidt-Futterer, Mietrecht, Groß-Kommentar, 2007, § 535 BGB Rn. 569.

189 Wohnraumförderungsgesetz.

190 Emmerich, in Staudingers, Kommentar zum Bürgerlichen Gesetzbuch, 2005, § 535 BGB Rn. 63.

191 Im Folgenden „HeizkV".

192 So zumindest die h. M., vgl. v. Seldeneck, Betriebskosten im Mietrecht, 1999, Rn. 1117 ff. m.w.N.; OLG Düsseldorf, Urteil vom 26.9.2002 – 10 U 170/01 = ZMR 2003, S. 109–111; LG Berlin, Urteil vom 16.05.1991 – 307 S 374/90 = WuM 1995, S. 192 f.; Schmid, Handbuch der Mietnebenkosten, 2007, Rn. 6079; a. A. Langenberg, in Schmidt-Futterer, Mietrecht, Groß-Kommentar, 2007, § 556 BGB Rn. 14.

wird, sind unzulässig. Sinn und Zweck hinter diesem Zwang ist, dass man mit der Abrechnung nach Verbrauch den eigenen Energieverbrauch und die hierfür entstehenden Kosten vor Augen führen will und den Sparsamen mit niedrigen Kosten belohnen will.[193] Sind die Heizkosten aber in der Miete enthalten oder werden sie pauschal bezahlt, besteht kaum Anreiz zu sparen.

b) Verbrauchsabhängige Nebenkostenabrechnung, § 556 a BGB

Wurde vertraglich vereinbart, dass der Mieter Betriebskosten im Sinne des § 19 Abs. 2 des WoFG[194] trägt, so sind die entstandenen Betriebskosten vom Vermieter auf die einzelnen Wohnungen zu verteilen. Hierbei finden die gesetzlichen Regelungen zum Umlageschlüssel gemäß § 556a BGB Anwendung.

aa) Flächenschlüssel als Grundsatz, § 556 a Abs. 1 Satz 1 BGB

Grundsätzlich gilt für den Verteilerschlüssel zunächst die vertragliche Vereinbarung der Parteien, § 556 a Abs. 1 Satz 1, 1. Halbsatz BGB, was sich im Übrigen auch schon aus § 556 a Abs. 3 BGB ergibt, nach welchem nur eine vom Abs. 2 abweichende Vereinbarung unzulässig ist.

Ist im Mietvertrag dagegen kein Verteilerschlüssel bestimmt, so hat die Umlage „nach dem Anteil der Wohnfläche" zu erfolgen, § 556 a Abs. 1 Satz 1 BGB.

bb) Umlage nach Verbrauch oder Verursachung, § 556 a Abs. 1 Satz 2 BGB

Kosten, die von einem erfassten Verbrauch abhängen, sind vom Flächenmaßstab ausgenommen. Sie muss der Vermieter auch verbrauchsabhängig umlegen. Hiervon ausgenommen sind nur die Heizkosten, für die ein Umlageschlüssel gesetzlich vorschrieben ist.

Durch die verbrauchsabhängige Abrechnung wird das Verursacherprinzip umgesetzt. Dies wiederum gewährleistet eine gerechte Kostenverteilung und wird eine Kosten- und Energieeinsparung durch den Mieter fördern.[195]

Einerseits ist die Möglichkeit der Parteien hier etwas anderes zu vereinbaren, nicht wie in § 556 a Abs. 1 Satz 1 BGB aufgeführt, andererseits § 556 a Abs. 1 Satz 2 BGB nicht in § 556 a Abs. 3 BGB genannt, nach welchem eine zum Nachteil von § 556 a Abs. 2 BGB abweichende Vereinbarung unwirksam ist. Danach

---

193 Lammel, Heizkostenverordnung, 2004, § 1 Rn. 1.

194 Wohnraumförderungsgesetz.

195 So auch Schmid, Mietrecht, Kommenar, 2006, § 556 a BGB Rn. 5, der aber auch darauf hinweist, dass der Verwaltungsaufwand für eine verbrauchsabhängige Abrechnung nicht zu hoch sein sollte, weil eine Abrechnung auch immer noch praktikabel sein muss und der Mieter letztendlich mit dem überhöhten Verwaltungsaufwand belastet wird.

sind zumindest nach § 556 a Abs. 3 BGB die Bestimmungen in § 556 a Abs. 1 BGB nicht zwingend ausgestaltet. Eine vertragliche Vereinbarung kann daher auch zu Lasten des Mieters von der gesetzlichen Regelung abweichen.[196] Darüber hinaus kann sich die anderweitige vertragliche Bestimmung auch darauf beschränken, dass der Vermieter ein einseitiges Bestimmungsrecht erhält. In diesem Falle sind die Bestimmungen der §§ 315, 316 BGB zu beachten.[197] Teilweise wird trotz der Möglichkeit einer solchen abweichenden vertraglichen Vereinbarung auf die in § 556a Abs.1 Satz 2 BGB liegende Wertung des Gesetzes abgestellt. Danach könne ein anderer als der in § 556a Abs.1 Satz 2 BGB genannte Umlageschlüssel keine gerechte Verteilung im Sinne des § 315 BGB darstellen.[198] Trotz der fehlenden Einbeziehung in § 556a Abs. 3 BGB wird die Umlage nach Verbrauch oder Verursachung im Sinne des § 556a Abs. 1 Satz 2 BGB deshalb teilweise als faktisch zwingend angesehen.[199]

Die Umlage nach Verbrauch oder Verursachung ist jedenfalls nur dann zulässig, wenn die jeweiligen technischen Voraussetzungen für eine gleichmäßige Behandlung der Mieter erfüllt sind. Ganz überwiegend werden Ansprüche des Mieters aus der Bestimmung nicht hergeleitet.[200] § 556 a Abs. 2 BGB begründet keine Pflicht solche technischen Einrichtungen für die Umlage nach Verbrauch oder Verursachung erst zu beschaffen.[201] Vielmehr soll nur für den Fall von vorhandenen Einrichtungen sichergestellt sein, dass dann auch verbrauchsabhängig abgerechnet wird.

---

196 Weitemeyer, in Staudingers, Kommentar zum Bürgerlichen Gesetzbuch, 2005, § 556 a BGB Rn. 8.

197 BGH, Urteil vom 20.1.1993 – VIII ZR 10/92 = ZMR 1993, S. 263; Schmid, Handbuch der Mietnebenkosten, 2007, Rn. 4076, 4081; Weitemeyer, in Staudingers, Kommentar zum Bürgerlichen Gesetzbuch, 2005, § 556 a BGB Rn. 9.

198 Langenberg, „Betriebskostenrecht der Wohnraummiete im BGB n.F.“, in NZM 2001, S. 783, (790).

199 Langenberg, in Schmidt-Futterer, Mietrecht, Groß-Kommentar, 2007, § 556 a BGB Rn. 81; Kinne, in Kinne/Schach/Bieber, Miete und Mietprozessrecht, 2005, § 556 a BGB Rn. 4; a. A. Jendrek, in Erman, Bürgerliches Gesetzbuch, Kommentar, Band I, 2004, § 556 a BGB Rn. 4; Schmid, in MünchKomm, BGB, 2001, § 556 a BGB Rn. 30.

200 Langenberg, in Schmidt-Futterer, Mietrecht, Groß-Kommentar, 2007, § 556 a BGB Rn. 82; Börstinghaus/Eisenschmid, Arbeitskommentar Neues Mietrecht, 2001, 223; Both, in Herrlein/Kandelhard, Mietrecht, Kommentar, 2007, § 556 a BGB Rn. 11.

201 Insbesondere für den Neubau kann sich jedoch eine Verpflichtung auf Einbau eines Wasserzählers aus dem jeweiligen Landesbaurecht ergeben

cc) Nachträgliche Umlage nach Verbrauch oder Verursachung, § 556 a Abs. 2 BGB

Mit § 556 a Abs. 2 BGB ist der Vermieter berechtigt, in die Mietstruktur einseitig einzugreifen, um eine Umlage nach Verbrauch oder Verursachung zu erreichen. Der Vermieter kann damit von der Bruttokaltmiete auf die Nettokaltmiete nebst Betriebskostenvorauszahlungen umsteigen.[202]

Das Änderungsrecht nach § 556 a Abs. 2 BGB besteht allerdings nur insoweit, als dass der Verteilerschlüssel in eine verbrauchsabhängige Verteilung abgeändert wird, was wiederum entsprechende technische Einrichtungen für die Verbrauchserfassung voraussetzt.[203] So reicht z. B. ein Wechsel vom Verteilerschlüssel der Wohnfläche zu dem der Personenzahl nicht aus. Das Ziel des Gesetzes die Ressourcen zu schonen, kann so nicht erreicht werden.[204] Weder sind hier besondere wirtschaftliche Gründe für eine solche Änderung gegeben noch ist der geänderte Verteilerschlüssel gerechter als der bisherige.[205] Die Auslegung des § 556 a Abs. 2 BGB hat hier am Gesetzeszweck orientiert zu erfolgen. Die bezweckte Ressourcenschonung verbietet es aber gerade einseitig in die Mietstruktur einzugreifen, wenn der Verteilerschlüssel nur in einen nicht verbrauchsabhängigen geändert wird.[206]

Das in § 556 a Abs. 2 BGB eingeräumte Änderungsrecht bedeutet weiterhin keine Änderungspflicht des Vermieters.[207] Zunächst einmal ergibt sich eine solche Verpflichtung nicht aus dem Wortlaut der Vorschrift. Darüber hinaus wird eine solche Verpflichtung zur rückwirkenden Änderung schon aus Vertrauensgesichtspunkten und wegen Unzumutbarkeit für den Vermieter ausgeschlossen.[208] Auch für die Zukunft wird von einer Änderungspflicht nach §§ 242, 315 BGB nur dann ausgegangen, wenn der bisherige Maßstab als grob unbillig anzu-

---

202 Weitemeyer, in Staudingers, Kommentar zum Bürgerlichen Gesetzbuch, 2005, § 556 a BGB Rn. 43; Kinne, in Kinne/Schach/Bieber, Miet- und Mietprozessrecht, 2005, § 556 a BGB Rn. 9.

203 Schmid, in MünchKomm, BGB, 2001, § 556 a BGB Rn. 36.

204 Langenberg, in Schmidt-Futterer, Mietercht, Groß-Kommentar, 2007, § 556 a BGB Rn. 131; Ehlert, in Bamberger/Roth, Kommentar zum Bürgerlichen Gesetzbuch, 2007, § 556 a BGB Rn. 14.

205 Vgl. hierzu Lützenkirchen/Jennißen, Betriebskostenpraxis, 2002, Rn. 393 m.w.N.; Weitemeyer, in Staudingers, Kommentar zum Bürgerlichen Gesetzbuch, 2005, § 556 a BGB Rn.1.

206 So auch Langenberg, in Schmidt-Futterer, Mietrecht, Groß-Kommentar, 2007, § 556 a BGB Rn. 131; Ehlert, in Bamberger/Roth, Kommentar zum Bürgerlichen Gesetzbuch, 2007, § 556 a BGB Rn. 14.

207 So auch Lützenkirchen/Jennißen, Betriebskostenpraxis, 2002, Rn. 392.

208 Vgl. Schmid, Handbuch der Mietnebenkosten, 2007, Rn. 4118 m.w.N.

sehen und dabei auch noch evident ist.[209] Bei der Beurteilung dieser groben Unbilligkeit wird aber ganz überwiegend lediglich auf die Interessenlage des Mieters abgestellt. Nicht berücksichtigt werden dagegen Gesichtspunkte des Umweltschutzes, welcher in jedem Fall eine Pflicht des Vermieters verbrauchsabhängig abzurechnen gebieten würde.[210] Trotz der Sinn- und Zweckgebung des § 556 a BGB eine verbrauchsabhängige Abrechnung im Hinblick auf Umweltschutzgesichtspunkte zu fördern, hat dies in der Rechsprechung bisher noch keine bedeutende Beachtung gefunden.

4. Wirtschaftlichkeitsgebot

Das Wirtschaftlichkeitsgebot für freifinanzierten Wohnraum findet eine ausdrückliche gesetzliche Erwähnung in § 556 Abs. 3 BGB und § 560 Abs. 5 BGB.

Vor dem Mietrechtsreformgesetz vom 19.6.2001[211] war das Wirtschaftlichkeitsgebot allerdings nur für preisgebundenen Wohnraum in den §§ 20 Abs. 1 Satz 2 NMV[212], § 24 Abs. 2 II. BV[213] verankert. Schon damals aber wurde von der Rechtsprechung das Wirtschaftlichkeitsgebot auch für den Bereich des freifinanzierten Wohnraums angewendet.[214] Hierbei wurden unterschiedliche dogmatische Ansätze wie z. B. der Grundsatz von Treu und Glauben oder der Treuhandgedanke zur Begründung herangezogen.[215] Teilweise wurde das Wirtschaftlichkeitsgebot auch als eine inhaltliche Ausgestaltung des Grundsatzes zur gegenseitigen Rücksichtnahme verstanden und deshalb insbesondere ein Rückgriff auf die Generalklausel des § 242 BGB abgelehnt. Als immanenter Bestandteil jedes Schuldverhältnisses müssen danach beide Parteien darauf achten, dass die jeweiligen Interessen der anderen Vertragspartei in zumutbarer Weise berück-

---

209 So z.B LG Mannheim, Urteil vom 27.1.1999 – 4 S 141/98 = NZM 1999, S. 365–367; Schmid, Mietrecht, Kommentar, 2006, § 556 a BGB Rn. 144 ff.

210 Vgl. auch Schmid, Handbuch der Mietnebenkosten, 2007, Rn. 4120.

211 BGBl. I, S. 1149.

212 Neubaumieten Verordnung 1970 in der Fassung vom 12.10.1990, BGBl. I, S. 2203, zuletzt geändert durch Verordnung vom 13.7.1992, BGBl. I, S. 1250.

213 Verordnung über wohnungswirtschaftliche Berechnungen (Zweite Berechnungsverordnung) in der Fassung vom 12.10.1990, BGBl. I, S. 2178, zuletzt geändert durch Gesetz vom 13.9.2001, BGBl. I, S. 2376.

214 Lützenkirchen/Jennißen, Betriebskostenpraxis, 2002, Rn. 287 m.w.N.

215 Vgl. Schmid, Handbuch der Mietnebenkosten, 2007, Rn. 1054; Langenberg, Betriebskostenrecht der Wohn- und Geschäftsraummiete, 2002, G Rn. 11.

sichtigt werden.[216] Dieser Theorienstreit blieb aber zumindest für die grundsätzliche Frage der Anwendung des Wirtschaftlichkeitsgebotes auch im freifinanzierten Wohnraum im Ergebnis ohne Bedeutung.[217]

Darüber hinaus wurde das Wirtschaftlichkeitsgebot nicht nur im Betriebskostenrecht angewendet, sondern erstmals mit dem Rechtsentscheid des OLG Karlsruhe auch von der Rechtsprechung als allgemeiner Rechtsgrundsatz eingestuft und angewendet.[218] Der Rechtsentscheid bezog sich auf die Durchführung von baulichen Maßnahmen zur Einsparung von Heizenergie durch den Vermieter. Dem Vermieter wurde auferlegt, das Gebot der Wirtschaftlichkeit und dabei insbesondere das Verhältnis zwischen einzusparenden Heizkosten und Mietzinserhöhung zu beachten. Damit wurde erstmals das Wirtschaftlichkeitsgebot auch außerhalb des Betriebskostenrechtes als allgemeiner Rechtsgrundsatz herangezogen.

Mit dem Mietrechtsreformgesetz vom 19.6.2001[219] wurde dann das Wirtschaftlichkeitsgebot in den §§ 556 Abs. 3 Satz 1, 560 Abs. 5 BGB nunmehr auch für preisfreien Wohnraum gesetzlich geregelt. Dabei bezieht sich die gesetzliche Normierung nach dem Gesetzeswortlaut jedoch nur auf die Beachtung des Wirtschaftlichkeitsgebotes bei der Abrechnung über die Betriebskosten, § 556 Abs. 3 Satz 1, 2. Halbsatz BGB und bei der Veränderung von Betriebskosten, § 560 Abs. 5 BGB.

Dies bedeutet jedoch nicht, dass der Vermieter im Übrigen das Wirtschaftlichkeitsgebot nicht beachten muss. Bereits bei der Verursachung der Betriebskosten muss der Vermieter sorgfältig und sparsam vorgehen. Dies wird zum Teil aus § 241 Abs. 2 BGB als Nebenpflicht des Vertrages abgeleitet.[220] Teilweise wird eine solche Pflicht aber auch aus den §§ 556 Abs. 3 Satz 1, 560 Abs. 5 BGB entnommen.[221]

Aber wie schon vor dem Mietrechtsreformgesetz vom 19.6.2001 muss das Wirtschaftlichkeitsgebot als allgemeiner Rechtsgrundsatz auch über das Be-

---

216 So zumindest Klas, „Das Gebot der Wirtschaftlichkeit bei der Berechnung von Nebenkosten", in ZMR 1995, S. 5, (5).

217 So auch v. Seldeneck, „Das Wirtschaftlichkeitsgebot beim Ansatz von Betriebskosten", in ZMR 2002, S. 393, (394).

218 Erstmals mit dem Rechtsentscheid des OLG Karlsruhe vom 20.9.1984 – 9 ReMiet 6/83 = ZMR 1984, S. 412 f.; vgl. hierzu auch Eisenschmid, in PiG, Band 65, 2002, 148.

219 BGBl. I, S. 1149.

220 Emmert, „Wirtschaftlichkeitsgebot und Betriebskostenspiegel", in WuM 2002, S. 467, (467); wohl auch Langenberg, Betriebskostenrecht der Wohn- und Geschäftsraummiete, 2002, G7.

221 Langenberg, in Schmidt-Futterer, Mietrecht, Groß-Kommentar, 2007, § 560 BGB Rn. 73.

triebskostenrecht hinaus Anwendung finden.[222] Schon alleine das dem § 242 BGB zu entnehmende Gebot der Rücksichtnahme und der Vertragstreue gebietet es, die vermietete Wohnung in einem wirtschaftlich gebotenen Zustand zu erhalten aber auch nicht auf Kosten des Mieters unangemessene Ausgaben zu tätigen.[223]

Darüber hinaus ist der verfassungsrechtlich normierten Sozialpflichtigkeit des Eigentums die Pflicht zu entnehmen, in allen Teilbereichen der Bewirtschaftung das Wirtschaftlichkeitsgebot zu beachten[224].

Auch nach dem Mietrechtsreformgesetz vom 19.6.2001[225] gibt es keine gesetzlich verankerte Definition des Wirtschaftlichkeitsgebotes. Darüber hinaus hat sich auch weder in Literatur noch in Rechtsprechung eine einheitliche Typisierung der einzelnen Anwendungsfälle herausgebildet.[226] Jedoch wird vielfach eine Anlehnung an den für preisgebundenen Wohnraum geltenden § 20 Abs. 1 Satz 2 NMVO 1970, § 24 Abs. 2, II. BV vorgenommen.[227] Danach darf der Vermieter nur solche Kosten in Ansatz bringen, die bei gewissenhafter Abwägung aller Umstände und bei ordentlicher Geschäftsführung gerechtfertigt sind.[228] Grundsätzlich hat der Vermieter dabei nach dem Maßstab eines vernünftigen Wohnungsvermieters stets im Hinblick auf seine Mieter im Sinne eines vertretbaren Kosten-Nutzenverhältnisses zu agieren.[229] Dabei müssen insbesondere unnötige, unzweckmäßige oder überhöhte Aufwendungen vermieden werden, wenn sie schon bei einer ordentlichen Bewirtschaftung des Gebäudes gar nicht erst anfal-

222 So auch Langenberg, Betriebskostenrecht der Wohn- und Geschäftsraummiete, 2002, G Rn. 8 ff.

223 Schmid, in Schmid, Mietrecht, 2006, vor § 556 BGB Rn. 13.

224 So auch Eisenschmid, in PiG, Band 65, 2002, 150.

225 BGBl. I, S. 1149.

226 V. Seldeneck, „Das Wirtschaftlichkeitsgebot beim Ansatz von Betriebskosten“, in ZMR 2002, S. 393, (393).

227 Vgl. hierzu Emmert, „Wirtschaftlichkeitsgebot und Betriebskostenspiegel“, in WuM 2002, S. 467, (467); wohl auch Langenberg, Betriebskostenrecht der Wohn- und Geschäftsraummiete, 2002, G 6; v. Seldeneck, „Das Wirtschaftlichkeitsgebot beim Ansatz von Betriebskosten“, in ZMR 2002, S. 393, (393); Schmid, Handbuch der Mietnebenkosten, 2007, Rn. 1053.

228 So auch Schmid, in Schmid, Mietrecht, Kommentar, 2006, vor § 556 BGB Rn. 11.

229 Rechtsentscheid des OLG Karlsruhe vom 20.9.1984 – 9 ReMiet 6/83 = ZMR 1984, S. 412, (413); außerdem AG Köln, Urteil vom 5.1.1999 – 217 C 57/98 = WuM 1999, S. 221 (222); Schmid, Mietrecht, Kommentar, 2006, vor § 556 Rn.14.

len würden.[230] Grundsätzlich wird dem Vermieter allerdings dabei ein Ermessensspielraum eingeräumt.[231]

Bei der gewissenhaften Abwägung aller Umstände werden zunächst die Interessen der Mieter und der Vermieter gegeneinander abgewogen. Jede kostenverursachende Maßnahme des Vermieters, soll auch in einem objektiv vertretbaren Verhältnis zu den Vorteilen des Mieters stehen.[232]

In Literatur und Rechtsprechung wird nur sehr selten darauf hingewiesen, dass darüber hinaus jedoch auch die Belange der Allgemeinheit, insbesondere des Umweltschutzes, zu berücksichtigen sind[233]. Teilweise wird eine solche Berücksichtigung auch davon abhängig gemacht, dass der Gesetzgeber in diesem Bereich bereits entsprechende Rechtsvorschriften im Sinne des Umweltschutzes erlassen haben muss. So hat das LG Neubrandenburg in einem Urteil vom 9.11.2000[234] z. B. die politische Zielrichtung einer öffentlich-rechtlichen Satzung zur Einführung der Biotonne zur Vermeidung von Restmüll mit in seine Interessenabwägung einbezogen. Auch ein Urteil des LG Frankfurt/O. vom 18.12.1998[235] beruft sich bei seiner Überprüfung eines Verstoßes gegen das Wirtschaftlichkeitsgebot auf die HeizkV. Ein Vermieter hatte nach einer Gebäudemodernisierung durch Einbau einer zentralen Heizungsanlage auf gewerbliche Wärmelieferung umgestellt, was das Gericht letztendlich für zulässig hielt. Dabei wurde herausgestellt, dass die bei einer eigenen Bewirtschaftung der Heizungsanlagen durch die Beklagte angefallenen und nach § 7 Abs. 2 HeizkV umlagefähigen Heizkosten als Vergleichsmaßstab für eine Beurteilung der Frage der ordnungsgemäßen Wirtschaftsführung im Grundsatz ungeeignet sind. Vielmehr seien aufgrund der vom Verordnungsgeber gewollten Gleichstellung der §§ 7 Abs. 2 und 7 Abs. 4 HeizkV die erzielten Wärmelieferungskonditionen mit denjenigen von anderen ortsansässigen Drittanbietern zu vergleichen. Gerade im Hinblick

---

230 Emmert, „Wirtschaftlichkeitsgebot und Betriebskostenspiegel", in WuM 2002, S. 467, (467); Langenberg, Betriebskostenrecht der Wohn- und Geschäftsraummiete, 2002, G6.

231 So zumindest die h. M.: Schmid, in Schmid, Mietrecht, Kommentar, 2006, vor § 556 BGB Rn. 15; Langenberg, in Schmidt-Futterer, Mietrecht, Groß-Kommentar, 2007, § 560 BGB Rn. 75; Sternel, Mietrecht, 1988, Rn. 345; OLG Celle, Urteil vom 16.12.1998 – 2 U 23/98 = ZMR 1999, S. 238, (239) mit Verweis auf § 315 BGB.

232 Klas, „Das Gebot der Wirtschaftlichkeit bei der Berechnung von Nebenkosten", in ZMR 1995, S. 5, (6); so schon das OLG Karlsruhe, Beschluss vom 20.9.1984, 9 ReMiet 6/83 = WuM 1985, S. 17, (18).

233 So aber LG Frankfurt/O., Urteil vom 18.12.1998 – 16 S 185/98 = WuM 1999, S. 403, (404); LG Neubrandenburg, Urteil vom 9.11.2000 – 1 S 116/00 = WuM 2001, S. 130; Schmid, in Schmid, Mietrecht, Kommentar, 2006, vor § 556 BGB Rn. 40.

234 LG Neubrandenburg, Urteil vom 9.11.2000 – 1 S 116/00 = WuM 2001, S. 130.

235 LG Frankfurt/O., Urteil vom 18.12.1998 – 16 S 185/98 = WuM 1999, S. 403, (404).

auf die Unterschiede im Bereich des Umweltschutzes sei eine Gegenüberstellung der Kosten weder tragfähig noch sachgerecht.[236]

Insbesondere am Beispiel der HeizkV wird deutlich, dass der Gesetzgeber die Energieeinsparbereitschaft und damit den Umweltschutz durch das Verursacherprinzip bei der Kostentragung fördern möchte.[237] Eine darüber hinausgehende Berücksichtigung von Umweltschutzgesichtspunkten bei der Abwägung im Rahmen des Wirtschaftlichkeitsgebotes wird jedoch noch weitestgehend abgelehnt.[238]

Bei der Auslegung des Wirtschaftlichkeitsgebotes ist jedoch zu beachten, dass der Gesetzgeber ihn mit der Mietrechtsreform lediglich in §§ 556, 560 BGB ausdrücklich aufgenommen und zunächst damit hervorgehoben hat, nichts Neues schaffen zu wollen. Nach den Gesetzesmaterialien zu § 556 Abs. 3 Satz 1 BGB soll jedoch die Erwähnung des Wirtschaftlichkeitsgrundsatzes lediglich eine klarstellende Funktion im Bezug auf die bestehende Rechtsprechung haben.[239] Hintergrund für die Klarstellung ist dabei die erkannte Notwendigkeit eines sparsamen Umgangs mit den Energieressourcen und den immer stärker steigenden Betriebskosten. Eine Änderung der bisherigen Rechtslage wurde gerade nicht angestrebt, vielmehr sollte ein Stück Rechtskontinuität gewahrt werden.

Die Mietrechtsreform bietet jedoch Anlass zu überprüfen, ob nicht auch der Umfang des Wirtschaftlichkeitsgebotes nunmehr sogar weiter auszulegen ist. Die aus dem Mietrechtsreformgesetz ablesbare Tendenz, Energieeinsparmaßnahmen zu fördern, muss als Innovationsschub auch für andere Bereiche des Mietrechts Bedeutung erlangen. Die Auslegung des Wirtschaftlichkeitsgrundsatzes kann hiervor keinen Halt machen.[240]

Wird der Wirtschaftlichkeitsgrundsatz verletzt, so werden hinsichtlich der Folgen für den Mieter unterschiedliche Ansichten vertreten. Zum Teil wird bei einer Belastung des Mieters mit unwirtschaftlichen Kosten von einer Vertragspflichtverletzung im Sinne des § 280 Abs. 1 BGB ausgegangen, die den Vermieter

236 Im Ergebnis und unter Berufung auf die HeizkV auch das LG Chemnitz, Urteil vom 1.11.1999 – 12 S 2013/99 = ZMR 2000, S. 94, (95).

237 Schmid, „Energiecontracting von Zentralheizung auf Fernwärme", in NZM 2000, S. 25, (26).

238 Anders aber Schmid, „Energiecontracting von Zentralheizung auf Fernwärme", in NZM 2000, S. 25, (26), der davon ausgeht, dass bei der Beurteilung der Erforderlichkeit und Angemessenheit von Ausgaben immer auch Umweltgesichtspunkte zu berücksichtigen sind.

239 Bericht des Rechtsausschusses, BT-Drucks. 14/5663.

240 Vgl. hierzu die Ausführungen im Kap.6, D. II „Anspruch auf optimale Wärmeversorgung".

zum Schadensersatz verpflichten soll. Der Schadensersatzanspruch geht dabei auf Freihaltung von den unnötigen Kosten.[241]

Nach anderer Auffassung stehen dem Mieter Minderungs- und Schadensersatzansprüche nach §§ 536, 536 a BGB zu. Dies wird insbesondere beim Betrieb von unwirtschaftlichen Anlagen und Einrichtungen vertreten, die als ein Mangel der Mietsache eingestuft werden.[242] Die Begründungen, mit welcher Vertreter dieser Auffassung zu der Annahme eines Mangels im Sinne des § 536 Abs. 1 BGB gelangen, sind jedoch sehr unterschiedlich. So wird teilweise angenommen, ein Fehler liege auch dann vor, wenn die Mietsache zwar technisch uneingeschränkt nutzbar, aber mit erhöhten Unkosten verbunden sei.[243] Ein solcher weiter Fehlerbegriff des § 536 Abs. 1 BGB wird teilweise jedoch mit der Begründung abgelehnt, dass die Abweichung der Ist- von der Sollbeschaffenheit hier eben nicht die technische Gebrauchsmöglichkeit sondern nur die wirtschaftlichen Folgen aus dem Gebrauch beträfen, was im Ergebnis abzulehnen sei.[244] Die bloße Unwirtschaftlichkeit der Mietsache könne kein Mangel sein, weil dadurch alleine noch keine Gebrauchsbeeinträchtigung vorläge. Teilweise wird dann aber vertreten, dass auch bei der Beurteilung der Gebrauchstauglichkeit der Aspekt der Wirtschaftlichkeit nicht ausgeklammert werden könne, so dass zumeist bei unwirtschaftlich arbeitenden Anlagen ein Mangel im Sinne des § 536 Abs. 1 BGB angenommen wird.[245]

Auf die bloß technische Gebrauchsmöglichkeit kann es aber schon aufgrund des subjektiven Fehlerbegriffs des § 536 BGB nicht ankommen. Vielmehr ist auch die in § 536 BGB erwähnte Gebrauchsmöglichkeit eine vertraglich be-

---

241 Langenberg, in Schmidt-Futterer, Mietrecht, Groß-Kommentar, 2007, § 560 BGB Rn. 114; ebenso im Ergebnis Klas, „Das Gebot der Wirtschaftlichkeit bei der Berechnugn von Nebenkosten", in ZMR 1995, S. 5, (6); Lützenkirchen/Jennißen, Betriebskostenpraxis, 2002, Rn. 292.

242 , LG Waldshut-Tiengen, Urteil vom 28.12.1990 – 1 S 57/90 = WuM 1991, S. 479–481; LG Berlin, Urteil vom 13.11.1995 – 67 S 262/95 = WuM 1996, S. 156, (157); vgl. außerdem Langenberg, in Schmidt-Futterer, Mietrecht, Groß-Kommentar, 2007, § 560 BGB Rn. 115.

243 So zumindest OLG Hamm, Urteil vom 27.1.1987 – 7 U 167/85 = ZMR 1987, S. 300–302 für den Fall einer überdimensionierten Heizungsanlage; dagegen OLG Düsseldorf, MDR 1983, S. 229 unter Zuhilfenahme der Grundsätze von Treu und Glauben bei einer überdimensionierten Heizungsanlage.

244 Langenberg,, in Schmidt-Futterer, Mietrecht, Groß-Kommentar, 2007, § 560 BGB Rn. 115.

245 So zumindest LG Waldshut-Tiengen, Urteil vom 28.12.1990 – 1 S 57/90 = WuM 1991, S. 479–481, die nicht wegen der hohen Heizkosten, sondern wegen einem nicht ausreichendem bautechnischen Standard von einem Mangel bei einer ungewöhnlich schlechten Wärmedämmung ausgegangen sind; ähnlich LG Berlin, Urteil vom 13.11.1995 – 67 S 262/95 = WuM 1996, S. 156 f., die bei einer wegen hohem Bedienungsaufwand extrem unwirtschaftlichen Anlage zur Warmwasserbereitung von einem Mangel ausgegangen sind; vgl. außerdem Langenberg, in Schmidt-Futterer, Mietrecht, Groß-Kommentar, 2007, § 560 BGB Rn. 115.

stimmte, so dass wiederum Bezug zu nehmen ist auf die vertraglich vereinbarte Gebrauchsmöglichkeit. Was allerdings diesbezüglich vertraglich vereinbart ist und in welchem Umfang bedarf der Auslegung. Bei dieser Auslegung ist aber das Wirtschaftlichkeitsgebot heranzuziehen, das als allgemeiner Grundsatz über die Betriebskosten selbst hinausgehen muss.[246]

Geht man aber danach von einem Mangel der Mietsache aus, so ist im Falle eines geltend gemachten Schadensersatzanspruches kein Verschulden erforderlich, wie dies eben im Fall einer angenommenen mietvertraglichen Nebenpflichtverletzung und damit einer positiven Vertragsverletzung der Fall wäre. Darüber hinaus kann im Falle eines angenommenen Mangels der Mietsache auch auf einen Anspruch des Mieters auf Beseitigung eben dieses Mangels geschlossen werden.[247]

5. Wärmecontracting im Mietverhältnis

a) Fullcontracting

aa) Bei Neuabschluss

Bei dem Neuabschluss eines Mietvertrages steht es den Vertragsparteien frei, die Leistungspflichten zu bestimmen. Damit liegen auch die Vereinbarung der Art der Wärmeversorgung und die Kostentragung grundsätzlich in der Dispositionsfreiheit der Vertragsparteien.[248] Individualvertraglich ist deshalb die Vereinbarung des Fullcontracting – auch mit einem bestimmten Contractor – möglich. Allerdings ist umstritten, ob der Mieter formularvertraglich zum Fullcontracting mit Verweis auf eine bestimmte Contractingfirma verpflichtet werden kann, oder ob darin eine unzulässige unangemessene Benachteiligung des Mieters liegt.

Teilweise wird eine solche formularvertragliche Auferlegung des Fullcontracting bereits deshalb abgelehnt, weil es sich um eine überraschende Klausel im Sinne des § 305 c BGB handeln soll. Der Mieter gehe nämlich grundsätzlich da-

---

246 Vgl. zu der legislativen Rechtfertigung aber dieser Einbeziehung des Wirtschaftlichkeitsgebotes in die Auslegung die Ausführungen in Kap.6, D.

247 Vgl hierzu die Ausführungen im Kap. 6, D. „mietereigener Anspruch auf optimale Wärmeversorgung".

248 So auch Langenberg, „Zur Umlage der Wärmelieferungskosten beim Nahwärme-Contracting", in WuM 2004, S. 375, (376).

von aus, dass der Vermieter – und nicht ein Dritter – die Heizungsanlage betreibe.[249]

Auch ist daran zu denken, dass der Mieter unangemessen im Sinne des § 307 Abs. 1 BGB benachteiligt werden könnte.

Eine Inhaltskontrolle gemäß §§ 307 bis 309 BGB kann aber dann nicht stattfinden, wenn die Klausel den Leistungsinhalt selbst festlegt. Einer Inhaltskontrolle entzogen sind Leistungsbeschreibungen, die Art, Güte und Umfang der Hauptleistung unmittelbar festlegen und Preisvereinbarungen, soweit sie Art und Umfang der Vergütung unmittelbar regeln.[250]

Die Bestimmung, dass der Mieter die benötigte Wärme direkt bei einem Contractor zu beziehen hat, stellt eine solche Regelung des Leistungsinhaltes dar. Nach der Rechtsprechung des BGH findet jedoch ausnahmsweise eine Inhaltskontrolle dann statt, wenn die fragliche Klausel das Hauptleistungsversprechen einschränkt, verändert, ausgestaltet oder aushöhlt.[251]

Eine unangemessene Benachteiligung im Sinne des § 307 Abs. 1 BGB wird darin gesehen, dass sich der Vermieter von jeglicher Gewährleistung bei Schlechtlieferung oder vollständigem Ausfall des Betreibers (z. B. Insolvenz) freizeichne. Es erscheine ungerechtfertigt, dass der Vermieter dem Mieter Vorgaben macht, für mögliche Folgen dieser Vorgaben wie z. B. Leistungsstörungen, Mängel, Insolvenz aber nicht einstehen will.[252]

Richtigerweise verbleibt es bei der mietvertraglichen Gewährleistung des Vermieters, so dass auch nicht von einer unangemessenen Benachteiligung auszugehen ist. Dies zeigt sich schon daran, dass der Vermieter nach wie vor Sorge für die Beheizung der Mietsache tragen will. Wenn dem Mieter ein bestimmter Vertragspartner aufgezwungen wird, dann zeigt dies gerade, dass der Vermieter die Wohnung nicht unbeheizt vermieten will. Leistungsgegenstand ist daher die Zurverfügungstellung einer beheizten Wohnung. Deshalb ist er auch weiterhin gemäß §§ 535, 536 BGB verpflichtet.[253] Mit der verbindlichen Auswahl eines

249 So z. B. Eisenschmid, „Die Auslagerung von Vermieterleistungen", in WuM 1998, S. 449, (451).

250 Vgl. BGH, Urteil vom 23.6.1993 – IV ZR 13592 = NJW 1993, S. 2369–2371; BGH, Beschluss vom 24.9.1998 – III ZR 219/97 = NJW 1999, S. 864, (865); BGH, Urteil vom 18.4.2002 – III ZR 199/01 = NJW 2002, S. 2386–2388; Heinrichs, in Palandt, Bürgerliches Gesetzbuch, Kommentar, 2007, § 307 Rn. 54 ff.

251 BGH, Urteil vom 9.5.2001 – IV ZR 121/00 = NJW 2001, S. 2014–2019, wonach Klauseln, die das Hauptleistungsversprechen einschränken, verändern, ausgestalten oder modifizieren, der Inhaltkontrolle unterliegen.

252 Derleder, „Die mietrechtlichen Voraussetzungen des Wärmecontracting", in NZM 2003, S. 737, (745).

253 Eisenschmid, „Die Auslagerung von Vermieterleistungen", in WuM 1998, S. 449, (452).

Wärmelieferanten akzeptiert der Vermieter gerade prinzipiell seine Verantwortlichkeit für die Beheizung und Warmwasserversorgung.[254]

Anders ist dies nur dann, wenn eine Vermieterfreizeichnung formularmäßig festgeschrieben ist. Es wird dann übereinstimmend von einer unangemessenen Benachteiligung ausgegangen.

bb) Im laufenden Mietverhältnis

Sind die Mieträume mit einer Sammelheizung ausgestattet, dann ist der Vermieter verpflichtet, die Versorgung mit Wärme und Warmwasser zu gewährleisten. Er muss die Gesamtanlage in ordnungsgemäßem Zustand halten. Es handelt sich nicht um eine duldungspflichtige Modernisierungsmaßnahme. Der Vermieter darf sich während der Dauer des Mietverhältnisses nicht durch eine einseitige Maßnahme seiner vertraglichen Beheizungspflicht entledigen[255], also z. B. durch Fullcontracting. Ein entsprechendes Umgestaltungsrecht, wie es dem Vermieter nach § 4 Abs. 5 MHG[256] hinsichtlich der Versorgung mit Wasser, der Entwässerung und der Müllabfuhr eingeräumt worden war, gibt es aktuell gerade nicht mehr. Darüber hinaus hat der Gesetzgeber ein solches Umgestaltungsrecht bei der Anerkennung der Wärmelieferungsabrechnung in der Novelle zur HeizkV 1989 gerade nicht gewährt.[257]

Teilweise beruft man sich auf die vertragsändernde Wirkung des § 554 BGB nach welcher der Abschluss des Vertrages mit einem Drittbetreiber duldungspflichtig sei. Dieses Argument überzeugt jedoch nicht, da sich die vertragsändernde Wirkung des § 554 BGB allein im Vertragsverhältnis zwischen Mieter und Vermieter vollzieht und nicht etwa eine Zustimmungserklärung des Mieters fingiert werden bzw. der Mieter zum Abschluss vertraglich bindender Erklärungen verpflichtet werden kann.[258]

Demnach ist die Umstellung auf Fullcontracting während eines laufenden Mietverhältnisses lediglich mit entsprechender vertraglicher Vereinbarung zwischen Mieter und Vermieter möglich.

---

254 Derleder, „Die mietrechtlichen Voraussetzungen und Folgen des Outsourcing hinsichtlich der Wärmelieferung des Wohnraumvermieters", in WuM 2000, S. 3, (5).

255 Schmidt, „Wärme- und Warmwasserlieferung", in ZMR 1998, S. 733, (733).

256 Nach § 4 Abs. 5 MHG konnte der Vermieter durch einseitige Erklärung den Mieter auf die Direktabrechnung mit dem Leistungserbringer verweisen, vgl. hierzu Beuermann/Blümmel, Kommentar § 556 a BGB, S. 121.

257 Siehe weiter Derleder, „Die mietrechtlichen Voraussetzungen und Folgen des Outsourcing hinsichtlich der Wärmelieferung des Wohnraumvermieters", in WuM 2000, S. 3, (4).

258 Eisenschmid, „Die Auslagerung von Vermieterleistungen", in WuM 1998, S. 449, (451).

b) Betreiber-Modell

aa) Bei Neuabschluss

Neben dem Vertragsabschluss selbst ist auch die Kostenumlage unproblematisch, weil mietvertraglich vereinbart werden kann, dass gemäß § 7 Abs. 3 und Abs. 4 HeizkV auch die Kosten der Wärmelieferung (Fernwärme) und des Betriebs einer hauseigenen Heizungsanlage umgelegt werden.[259]

bb) Im laufenden Mietverhältnis

Nach der aktuellen BGH-Rechtsprechung bedarf es während der Laufzeit eines Mietvertrages beim Wechsel vom Eigenbetrieb einer Heizungsanlage auf das Wärmecontracting einer Zustimmung des Mieters, wenn eine ausdrückliche Regelung im Mietvertrag fehlt und dem Mieter dadurch zusätzliche Kosten auferlegt werden sollen.[260]

Zum Wärmecontracting, bzw. der Umstellung vom Eigenbetrieb der Heizungsanlage auf das Wärmecontracting hatte sich der BGH erstmals mit Urteil vom 16.7.2003[261] geäußert. Damals entschied er zugunsten einer Umstellung auf das Wärmecontracting und der entsprechenden Kostenumlegung auch ohne Zustimmung des Mieters. Der Entscheidung lag jedoch eine Ausnahmesituation insofern zugrunde, als dass die zeitlich und auf die neuen Bundesländer regional beschränkte Vorschrift des § 14 Abs. 1 MHG Anwendung fand.

Die Möglichkeit einer Umstellung außerhalb der Anwendung dieser Vorschrift war jedoch in der Literatur und Rechtsprechung vor als auch nach dieser Entscheidung noch heftig umstritten.[262]

Ausgangspunkt der Überlegung war jedoch stets der Vertragsinhalt selbst, auf welchen abgestellt wurde. Oftmals bürdet der Mietvertrag dem Vermieter lediglich die Pflicht zur Versorgung mit Wärme auf, eine bestimmte Versorgungsart ist meist gar nicht festgelegt.

Teilweise wurde von einer konkludenten Festlegung auf eine bestimmte Wärmeversorgungsart ausgegangen. Begründet wurde dies für den Fall der eigenbetriebenen Anlage durch eine Präzisierung des Mietvertrages auf die Eigenversor-

259 So auch Eisenschmid, „Die Auslagerung von Vermieterleistungen", in WuM 1998, S. 449, (450); BGH, Urteil vom 13.06.2007 – VIII ZR 78/06

260 So zuletzt BGH, Urteil vom 22.2.2006 – VIII ZR 362/04; BGH, Urteil vom 15.3.2006 – VIII ZR 153/05.

261 BGH, Urteil vom 16.7.2003 – VIII ZR 286/02.

262 Vgl. hierzu auch BGH, Urteil vom 6.4.2005 – VIII ZR 54/04, welches in seiner Begründung die sich konträr gegenüber stehenden Meinungen bzgl. einer Umlegungsmöglichkeit auf den Mieter durch die entsprechende Darlegung von Nachweisen aus Literatur und Rechtsprechung aufzeigt.

gung[263], wenn der Vermieter über längere Zeit nur die Betriebskosten der Eigenversorgung abgerechnet hatte. Für all diejenigen Mietverträge, die keine entsprechende Umstellung auf Fremdbezug ausdrücklich vorsehen, wurde schließlich auch vom BGH mit Urteil vom 6.4.2005 geschlussfolgert[264], dass keine Umstellung zulässig bzw. dass eine solche von der Zustimmung des Mieters oder aber von einem gesetzlichen Gestaltungsrecht abhängig sei.

Vor dieser ablehnenden BGH-Rechtsprechung wurde teilweise trotz einer angenommenen Präzisierung von einem Umstellungsrecht des Vermieters auf Wärmecontracting ausgegangen. Während im Außenverhältnis zum Contractor eine Übertragung stattfinden könne, bliebe der Vermieter gegenüber seinen Mietern zur Wärmeversorgung im Innenverhältnis verpflichtet. Im Innenverhältnis könnten deshalb auch nur die mietvertraglich vereinbarten Betriebskosten – hier die nach § 7 Abs. 2 HeizkV umlagefähigen Kosten – auf den Mieter umlegt werden[265]. Zumindest die Umstellung auf den Fremdbezug selbst war bereits nach dieser Ansicht zulässig.

Gegen die Annahme einer Präzisierung selbst und damit die Bindung an die bei Mietvertragsabschluss vorliegende Art der Beheizung wurde jedoch die Erwähnung der Wärme- und Warmwasserlieferungskosten im Mietvertrag angeführt. Der in aller Regel schriftlich abgeschlossene Mietvertrag hat die Vermutung der Richtigkeit und Vollständigkeit für sich[266]. Auch eine ständige Versorgung durch eine vom Vermieter betriebene zentrale Heizungsanlage führe nicht zu einer vertraglichen Bindung. Ein konkludenter Erklärungswille der Mietparteien zur Vertragsänderung setze nämlich voraus, dass der Vermieter erkennbar vom Mietvertrag abweicht. Tatsächlich stelle es sich jedoch so dar, dass der Vermieter lediglich seine vertragliche Pflicht zur Beheizung und Warmwasserlieferung erfüllt, vertragsgemäß abgerechnet wird und der Mieter pflichtgemäß seine Heizkostenabrechnung bezahlt. Es liege dagegen kein Erklärungswillen

263 Pfeiffer, „Der Wärmedirektservice – ein lohnendes Konzept für die Wohnwirtschaft?", in ZdW Bay 1996, S. 90, (93).

264 BGH, Urteil vom 6.4.2005 – VIII ZR 54/04, der Entscheidung zugrunde lag eine mietvertragliche Klausel, wonach dem Vermieter das Recht eingeräumt wurde jederzeit auf das Wärmecontracting umzustellen und dem Mieter die Pflicht auferlegt wurde, selbst im Wege des sogenannten Fullcontractings einen Wärmelieferungsvertrag mit dem Contractor abzuschließen. Nachdem allerdings zunächst die Heizungsanlage im Eigenbetrieb war, wurde schließlich das Wärmecontracting vom Vermieter in Form des sogenannten Betreibermodells eingeführt. Im Rahmen des Wärmecontractings wurde allerdings die Heizungsanlage nicht vom Contractor erneuert.

265 LG Essen, Urteil vom 30.5.2000 – 15 S 279/99 = NZM 2001, S. 90, (91); LG Berlin, Urteil vom 30.8.2004 – 67 S 104/04 = WuM 2004, S. 611–613; LG Bochum, Urteil vom 3.11.2004 = CuR 2005, S. 53–57, (55).

266 Schmid, „Wärme- und Warmwasserlieferung", in ZMR 1998, S. 733, (737).

dergestalt vor, der Vermieter wolle auf sein gesetzliches Recht zur Objektänderung gemäß § 554 BGB in der Zukunft verzichten.[267]

Des Weiteren wurde gegen eine Präzisierung angeführt, dass zwischen Vertragsbindung und Vertragspraxis unterschieden werden müsse. Dies sei insbesondere bei Dauerschuldverhältnissen wie der Miete der Fall, bei der trotz relativ dichter vertraglicher Regelungen immer noch ein gewisser Spielraum für die Vertragspraxis verbliebe.[268]

Nach dieser Auffassung bedurfte es zwar nicht der Zustimmung des Mieters, jedoch eines gesetzlichen Gestaltungsrechts.

Dabei wurde die HeizkV auch schon vor der ablehnenden BGH-Rechtsprechung weit überwiegend als Ermächtigungsgrundlage bzw. als ein solches gesetzliches Gestaltungsrecht abgelehnt. Die HeizkV gilt nur für die Verteilung der Kosten bei vereinbarter Umlegung auf den Mieter.[269] Sie stellt jedoch gerade keine Ermächtigungsgrundlage für den Wechsel der Versorgungsart dar.

Lässt der Mietvertrag in bezug auf die Heizkostenabrechnung dem Vermieter die Wahl zwischen Eigenbetrieb der Heizungsanlage und Fremdbezug bzw. der Kostenumlage der Wärmelieferungskosten und den Eigenbetriebskosten, so wurde jedoch auf ein Leistungsbestimmungsrecht des Vermieters nach § 315 BGB abgestellt.

Gegen eine solche Anwendbarkeit des § 315 BGB wurde jedoch schon vor der ablehnenden Haltung des BGH vorgebracht, dass die Leistungspflicht als solche nicht berührt sei und es demnach kein einseitiges Bestimmungsrecht des Vermieters gäbe. Die Regelungen der HeizkV räumten dem Vermieter insoweit keinen Ermessensspielraum ein. So würden die § 7 Abs. 4, § 8 Abs. 4 HeizkV bezüglich der Wärme- und Warmwasserlieferung die Umlegbarkeit der dort bestimmten Kosten regeln, ohne dass der Vermieter einen Gestaltungsspielraum habe. Der Vermieter könne nur diese und keine anderen Kosten umlegen.[270] § 7 Abs. 4 HeizkV legt fest, dass zu den Kosten der Wärmelieferung das Entgelt für die Wärmelieferung und die Kosten des Betriebs der zugehörigen Hausanlagen gehören. Zum Entgelt der Wärmelieferung gehören sämtliche vom Wärmeliefe-

267 So zumindest Langenfeld-Wirth, „Der Wechsel der Wärmeversorgungsart“, in ZMR 1997, S. 165, (166).

268 Derleder, „Die mietvertraglichen Voraussetzungen und Folgen des Outsourcing hinsichtlich der Wärmelieferung des Wohnraumvermieters“, in WuM 2000, S. 3, (8).

269 BGH, Urteil vom 6.4.2005 – VIII ZR 54/04; Ropertz/Wüstefeld, „Die neue Heizkostenverordnung“, in NJW 1989, S. 2365, (2365); Tiefenbacher. „Einführung von Wärmecontracting in bestehende Mietverhältnisse bei bislang vermieterseitig beheizter Wohnung“, in NZM 2000, S. 161, (161).

270 Schmid, „Wärme- und Warmwasserlieferung“, in ZMR 1998, S. 733, (737).

rer berechneten Kosten, nebst darin enthaltener Investitions-, Finanzierungs- und Amortisationskosten als auch der Unternehmergewinn.[271]

Dabei wurde jedoch übersehen, dass das Leistungsbestimmungsrecht des Vermieters schon zeitlich und rechtlich früher ansetzt. Das Leistungsbestimmungsrecht bezieht sich gerade nicht auf den Umfang der umzulegenden Kosten bei der Wärmelieferung. Es geht vielmehr um die vermietereigene Entscheidung zwischen Eigenversorgung und Fremdbezug. Diesbezüglich regelt die HeizkV gerade nichts. Sie legt nur die umlegbaren Kosten fest, wenn die Entscheidung zwischen Eigenversorgung und Fremdbezug schon gefallen ist.

Das Leistungsbestimmungsrecht des § 315 BGB setzt also schon bei der Entscheidung zwischen Eigenversorgung und Fremdbezug an.

Gegen eine direkte Anwendung des § 315 BGB wurde aber weiterhin vorgebracht, dass sich eine Vertragspraxis der eigenbetriebenen Anlage ergeben habe. Durch die Vertragspraxis habe sich ein Vertragsinhalt ergeben. Der Vermieter hat dann aber schon von seinem Wahlrecht nach den §§ 262 ff. BGB Gebrauch gemacht. Danach könne der Vermieter nicht mehr willkürlich zu der anderen Versorgungsart des Fremdbezuges wechseln.

Auch durch eine ergänzende Vertragsauslegung wurde insbesondere vor der aktuellen BGH-Rechtsprechung die Einräumung eines Leistungsbestimmungsrecht nach § 315 BGB gerechtfertigt. Eine solche ergänzende Vertragsauslegung sei notwendig, weil nach einer erfolgten Umstellung auf das Wärmecontracting eine Abrechnung nach den Modalitäten des Eigenbetriebes gar nicht mehr möglich sei. Hierzu äußerte sich der BGH in seinem Urteil vom 6.4.2005[272] dahingehend, dass eine solche Abrechnung eben doch noch möglich sei. In dem zu entscheidenden Fall allerdings war gerade der Contractor zu solch einem Ausweisen des nicht umlagefähigen Preisbestandteils des Grundpreises bereit gewesen, so dass eine ergänzende Vertragsauslegung und damit auch ein Leistungsbestimmungsrecht aus § 315 Abs. 1 BGB abgelehnt wurde.

Obwohl sich der BGH in sämtlichen bis jetzt zum Wärmecontracting entschiedenen Fällen[273] nicht näher damit befasst, kann ein solches Leistungsbestimmungsrecht bei Altverträgen darauf gründen, dass der Verordnungsgeber 1989 eine neue Form der Versorgung mit Wärme und Warmwasser vorgesehen hat,

---

271 BGH, Urteil vom 9.11.1983 – VIII ZR 161/82 (KG) = NJW 1984, S. 971–973; LG München II , Endurteil vom 19.9.2000 – 12 S 3192/00 = MDR 2001, S. 210, (211).

272 Vgl. Fn. 133; BGH, Urteil vom 6.4.2005 – VIII ZR 54/04.

273 BGH, Urteil vom 16.7.2003 – VIII ZR 286/02; BGH, Urteil vom 6.4.2005 – VIII ZR 54/04; BGH, Urteil vom 1.6.2005 – VIII ZR 84/04; BGH, Urteil vom 22.2.2006 – VIII ZR 362/04; BGH, Urteil vom 15.3.2006 – VIII ZR 153/05; BGH, Urteil vom 16.5.2006 – VI ZR 189/05.

bei jüngeren Verträgen daraus, dass sich im Zuge der 90er Jahre ein Contracting-Markt entwickelt hat, in dem Contractingfirmen ökologisch und ökonomisch attraktive Leistungspakete angeboten haben.[274] Hat der Vermieter also mietvertraglich die Wahl zwischen der Eigen- und der Fremdbesorgung, so unterliegt nach einer Ansicht dieses Bestimmungsrecht der Überprüfung nach § 315 BGB und damit einer Billigkeitskontrolle.[275]

Dieser Begriff der Billigkeit wurde insbesondere durch die Literatur inhaltlich im Hinblick auf diverse gesetzliche Regelungen und Wertungen des Mietrechts systemgerecht gefüllt und präzisiert. Dabei musste zwar grundsätzlich die Umstellung der Wärmeversorgung an sich und die daraus sich ergebende Kostenumlegung (insbesondere der Investitionskosten) auf den Mieter differenziert betrachtet werden. Allerdings musste selbstverständlich auch in die oben erwähnte Billigkeitskontrolle des § 315 BGB mit einzufließen, ob die Gesamtmiete sich dadurch gegen den Willen des Mieters erhöht.[276]

Während der BGH schon in seinem Urteil vom 6.4.2005[277] und später in seinem Urteil vom 22.2.2006[278] nur darauf abstellt, dass sich die Miete zumindest strukturell verteuert und damit von einer für den Mieter unbilligen Doppelbelastung auszugehen sei, stellt ein Teil der Literatur aber insbesondere wegen der Beachtung des Wirtschaftlichkeitsgebotes darauf an, ob sich die Gesamtmiete nach Umstellung der Versorgungsart erhöht.

Diesbezüglich kommt es maßgeblich auf die Ausgangssituation an. Wird z. B. eine alte Ofenheizung durch Wärmelieferung ersetzt[279], so hatte der Vermieter vorher gar keine Pflicht, die Mieter mit Wärme zu versorgen. Der Einbau einer Zentralheizung ist dann eine Modernisierungsmaßnahme, die sich – auch vom Contractor vorgenommen – als im Rahmen der ordnungsgemäßen Bewirtschaftung darstellt. Ähnlich stellt sich die Situation bei der Umstellung von fernbeheizter Zentralheizung auf dezentrale Wärmelieferung dar. Hier hat die Hauptleistungspflicht des Vermieters auch schon vor Einführung der Wärmelieferung

274 Derleder, „Die mietrechtlichen Voraussetzungen des Wärmecontracting", in NZM 2003, S. 737, (740); ders., „Die mietvertraglichen Voraussetzungen und Folgen des Outsourcing hinsichtlich der Wärmelieferung des Wohnraumvermieters", in WuM 2000, S. 3, (3).

275 Langenfeld-Wirth, „Der Wechsel der Wärme-Versorungsart", in ZMR 1997, S. 165, (167).

276 So schon Seitz, „Wie wirkt sich die Modernisierung von Heizungsanlagen durch Vermieter oder Wärmelieferer auf den Mietzins aus?", in ZMR 1993, S. 1, (2).

277 BGH, Urteil vom 6.4.2005 – VIII ZR 54/04.

278 BGH, Urteil vom 22.2.2006 – VIII ZR 362/04, hier hatte der Contractor anders als im Falle des BGH-Urteils vom 6.4.2005 auch die Heizungsanlage erneuert.

279 So bei LG Frankfurt/Oder, Urteil vom 18.12.1998 – 16 S 185/98 = WuM 1999, S. 403, (404).

nicht die Stellung einer Wärmeerzeugungsanlage erfasst, so dass die Umstellung stets mit dem Wirtschaftlichkeitsgebot vereinbar ist.[280]

Bei einer Umstellung von eigenbetriebener Zentralheizung auf Wärmelieferung wurden vor der aktuellen BGH-Rechtsprechung dagegen zwei Fallgruppen unterschieden, nämlich diejenigen Fälle, in denen der Betrieb einer vorhandenen Anlage einem Contractor übertragen wird und die Fälle, in denen im Zusammenhang mit einer Modernisierung der Heizungsanlage die Wärmelieferung eingeführt wird.[281]

Bei einer vorhandenen Anlage sind im Wärmepreis keine preiserhöhenden Investitionskosten oder sonstige mit dem Kauf einer Anlage verbundenen Kosten enthalten. Es können sich also höchstens geringfügig höhere Kosten für den Mieter ergeben. Vertreten wurde deshalb, dass der Mieter diese geringfügigen Kosten im Rahmen des Wirtschaftlichkeitsgebotes, welches dem Vermieter einen gewissen Ermessensspielraum eröffnet, hinnehmen müsse.

Erfolgt mit der Einschaltung des Contractors jedoch zugleich eine Erneuerung der Heizungsanlage, so können in das Entgelt für die Wärmelieferung Kostenpositionen einkalkuliert werden, die beim Eigenbetrieb durch den Vermieter nicht im Rahmen der Betriebskosten umlagefähig sind. Dies sind insbesondere die Investition in die Heizanlage und die Instandhaltungskosten. Auch nach der BGH-Rechtsprechung ist deshalb von vornherein nicht auszuschließen, dass die Wärmelieferung für den Mieter strukturell teurer als der Betrieb der Heizungsanlage in Eigenregie des Vermieters sein kann. Eine unbillige strukturelle Verteuerung hat der BGH jedoch sowohl für den Fall entschieden, dass nur ein Betrieb der Heizungsanlage vorgenommen wurde als auch dass die Heizungsanlage insgesamt vom Contractor erneuert wurde.

Gegen eine solche strukturelle Verteuerung wurde jedoch immer wieder der Energieeinsparanreiz des Contractors, die günstigen Bedingungen für den Contractor als Gewerblicher und der damit einhergehenden Energieeinsparung angeführt. Des Weiteren wird darauf abgestellt, dass im Falle einer Heizungsanlageerneuerung im Rahmen eines Wärmecontracting die Möglichkeit einer Mieterhöhung nach § 559 BGB ausscheide, so dass dem Mieter hierdurch ein finanzieller Vorteil zukomme. Dem hielt jedoch der BGH in seinem Urteil vom 22.2.2006[282] entgegen, dass eine strukturelle Verteuerung schon deshalb zu erwarten sei, weil die Modernisierungsmieterhöhung nach § 559 BGB nur eine begrenzte Erhöhung in Höhe von jährlich 11 % der aufgewendeten Kosten vors-

280 Vgl. Hack, Energie-Contracting, 2003, 151 f.

281 Vgl. Hack, Energie-Contracting, 2003, 152.

282 BGH, Urteil vom 22.2.2006 – VIII ZR 362/04.

ehe. Darüber hinaus wären in den Wärmepreis auch Investitionskosten, Zinsen für die Kapitalaufwendung, Instandhaltung und Unternehmergewinn eingeflossen. Diese Kosten seien jedoch bereits als Kalkulationsmerkmal in die Miete mit eingeflossen. Mit dem Wärmepreis würde damit der Mieter doppelt belastet werden.

Durch den bereits beschriebenen Energieeinsparanreiz des Contractors würde des Weiteren zwar erreicht, dass die Anlage wohl meist modernsten Ansprüchen genügt. Dies bedeute aber gleichzeitig, dass Kosten für die Einsparung bei der Wärmebereitung, also z. B. die ständige technische Überholung der Anlage, über den Grundpreis in die Betriebskosten der Wärmelieferung einfließen. Auch diese Art der Wartung war bislang als kalkulatorischer Posten schon in der Grundmiete enthalten. Der BGH und teilweise schon vorher die Literatur sahen dies deshalb als einen systemwidrigen neuen Faktor an, der bislang als kalkulatorischer Posten schon in der Grundmiete enthalten war. Damit erhält der Vermieter außerhalb des Verfahrens nach §§ 557 ff. BGB eine zusätzliche Mieteinnahme.[283] Im Übrigen wird dies beim preisgebundenen Wohnraum durch eine gesetzlich vorgesehene Senkung der Kostenmiete auch vermieden.[284]

Nicht eingegangen ist der BGH jedoch darauf, dass in die Billigkeitskontrolle aber auch oder insbesondere ökologische Aspekte wie die Energieeinsparmöglichkeiten einzufließen haben.[285] Auf die detaillierten Äußerungen der Literatur hierzu geht die aktuelle Rechtsprechung gar nicht erst ein. So hat insbesondere der Gesetzgeber auch Maßnahmen der Energieeinsparung gegen den Willen des Mieters durchsetzen wollen, selbst wenn sich für den einzelnen Mieter im Konkreten keine Kostenreduzierung ergibt, sondern nur eine gesamtwirtschaftliche Energieersparnis. Dies ergibt sich nicht zuletzt aus § 1 (1) Nr. 2 und § 7 Abs. 3 und Abs. 4 der HeizkVO und der Anlage 3 der 2. Berechnungsverordnung, in denen der Gesetzgeber die Gleichstellung der Fern- und Nahwärmeversorgung ermöglichen wollte.[286] Es besteht nämlich ein entscheidender Sachzusammenhang zwischen der gewerblichen Wärmelieferung im Wege des Wärmecontracting und der Fernwärmeversorgung. Zwar handelt es sich beim Wärmecontracting um sogenannte Nahwärme, allerdings genau wie bei der Fernwärme um

283 Langenberg, „Zur Umlage der Wärmelieferungskosten beim Nahwärme-Contracting", in WuM 2004, S. 375, (375).

284 Vgl. § 5 III NMVO.

285 Ähnlich auch Derleder, „Die mietrechtlichen Voraussetzungen des Wärmecontracting", in NZM 2003, S. 737, (740); vgl. insbesondere Schwintowski, Rechtsgutachten der Verbände AGFW, PECU, VfW, Euroheat & Power, 2005, 15 ff.

286 So auch Langenfeld-Wirth, „Der Wechsel der Wärmeversorgungsart", in ZMR 1997, S. 165, (167).

eine gewerbliche Form der Wärmelieferung und damit sozusagen um Fremdbezug. Bei der Fernwärme war es im Übrigen noch nie eine Rechtsfrage, dass der Fernwärmelieferant seine Investitionen in den Grundpreis eingerechnet hat.[287]

In die Billigkeitsüberlegung ist ferner mit einzubeziehen, dass der Vermieter Investitionskosten für Modernisierungen gemäß § 559 BGB auf den Mieter umlegen könnte, wenn er selbst eine Modernisierung der Heizungsanlage durchführen bzw. eine Energieeinsparung herbeiführen würde und dies nicht durch einen Dritten geschähe. Erfolgt die Umlage der Investitionskosten nun aber über den Wärmepreis, so kann dies deshalb nicht unbillig sein, insbesondere wenn man davon ausgeht, dass der Vermieter die Miete nicht noch einmal nach § 559 BGB erhöhen wird, weil er nicht selbst Bauherr der Anlage ist.

Allerdings kann der Vermieter nach § 559 BGB nicht die vollen Kosten als Modernisierungskosten ansetzen. So muss er sich z. B. Instandsetzungskosten anrechnen lassen.[288] Des Weiteren würde mit solch einer Kostenverlagerung über die Betriebskosten nicht der im Rahmen der § 554 BGB vorgesehene Härteeinwand des Mieters bzw. das außerordentliche Kündigungsrecht des Mieters berücksichtigt werden.

In die Wertung hätte der BGH jedoch mit einbeziehen müssen, dass auch im Rahmen einer Mieterhöhung nach § 559 BGB nunmehr vom BGH selbst das Wirtschaftlichkeitsgebot restriktiv ausgelegt wird. Während bisher die Auffassung vertreten wurde, dass die verlangte Mieterhöhung nicht außer Verhältnis zur möglichen Energie- und Wassereinsparung stehen darf[289] hat der BGH nunmehr entschieden, dass die Mieterhöhung wegen energieeinsparender Modernisierungsmaßnahmen im Grundsatz nicht durch das Verhältnis zu der erzielbaren Heizkostenersparnis begrenzt wird.[290] Nach Ansicht des Senats besteht für die früher angenommene Begrenzung auf 200 % der einsparbaren Kosten keine gesetzliche Grundlage, wobei der Senat sowohl auf den preisgebundenen als auch den preisfreien Wohnraum abstellt. Auch die Mehrbelastung für den

287 So auch RA Hans-Joachim Hainz, aus der Vortragsveranstaltung am 18.1.2005, Forum Contracting in Frankfurt/ Main; so hat auch der BGH in seinem Urteil vom 27.6.2007 – VIII ZR 202/06 eine Umstellung und Kostenumlegung der Fernwärmekosten bei einem Wechsel von einer zentral betriebenen Heizungsanlage auf Fernwärme für zulässig erachtet. Hierbei lag dem Mietvertrag allerdings die II. Berechnungsverordnung zugrunde, welche in Nr. 4c) und Nr. 5b) eine Umlegung der Wärmelieferungskosten für Fernwärme und Warmwasser ausdrücklich vorsah.

288 So auch OLG Celle, Beschluss vom 16.3.1981 – RE 2 UH 1/80 = WuM 1981, S. 151, (152).

289 Vgl. z. B. LG Köln, Urteil vom 29.1.1998 – 1 S 173/97 = ZMR 1998, S. 562, (563); LG Aachen, Urteil vom 7.11.1990 – 7 S 388/90 = WuM 1991, S. 356; weitere Nachweise bei Börstinghaus, in Blank/Börstinghaus, Miete, Kommentar, 2004, § 559 BGB Rn. 18.

290 BGH, Urteil vom 3.3.2004 – VIII ZR 149/03.

Mieter tritt gegenüber anderen Faktoren zurück, die in die Abwägung mit einzubeziehen sind. Dass die Wärmelieferung durch fachkundige Betreiber Vorteile hat, ist weitgehend anerkannt. Dies sind neben dem Umweltschutz auch die oben schon beschriebene Energieeinsparung und die fachkundige Betreuung. Aber auch die Vorteile, die sich für den Vermieter ergeben, sind in die Beturteilung mit einzubeziehen[291], was vom BGH tunlichst vermieden wurde.

Die gesetzgeberische Entscheidung selbst, nach welcher der Eigenbetrieb und die Wärmelieferung gleichberechtigt sein sollen, wurde in die Wertung des BGH nicht mit einbezogen. Teilweise wurde diesbezüglich vertreten, dass aufgrund dieser gesetzgeberischen Entscheidung nicht schon von vornherein die Umlegung der Wärmelieferungskosten als nicht erforderlich angesehen werden könne, nur weil sie im Vergleich zu den Kosten des Eigenbetriebes strukturell höher ausfallen. Dies würde der beabsichtigten Gleichstellung widersprechen.[292]

Insbesondere in der Rechtsprechung wurde deshalb vor der aktuellen BGH-Rechsprechung davon ausgegangen, dass das Wirtschaftlichkeitsgebot deshalb nicht darauf zielen könne, den generell zulässigen Umfang der Wärmekosten zu überprüfen, sondern vielmehr jede einzelne Kostenposition selbst im konkreten Fall. Es genüge also nicht, allein die Kostensituation beim Eigenbetrieb der Kostensituation bei Wärmelieferung gegenüber zu stellen.

Dabei seien im Rahmen des Wirtschaftlichkeitsgebotes die beim Wärmecontracting umgelegten Kosten lediglich mit anderen Anbietern des Wärmecontractings zu vergleichen, nicht aber erstere Kosten mit den Kosten der eigenbetriebenen Anlage. Ein solcher Vergleich wäre nicht sachgerecht aufgrund der Unterschiede im Hinblick auf Belange des Umweltschutzes, der langfristigen Finanzierung und sonstiger grundsätzlicher Nutzungskonzepte.[293]

Übersehen wurde dabei allerdings, dass trotz jeglicher gesetzgeberischer Entscheidung zur Gleichstellung von Eigenbetrieb und Wärmelieferung auch die Entstehung neuer Betriebskosten dem Wirtschaftlichkeitsgebot unterliegt. Neue Betriebskosten entstehen aber durch den Versorgungswechsel auf Wärmelieferung. Es wird auch nicht von vornherein der gesetzlich festgelegte Umfang für die Umlegung der Wärmelieferungskosten als unwirtschaftlich erklärt. Allerdings kann die Umstellung selbst unwirtschaftlich sein. Damit kann also die Kostensituation beim Eigenbetrieb der Kostensituation bei Wärmelieferung gegenüber gestellt werden. Jedoch führt dieser Vergleich trotz einer anfänglichen

291 Börstinghaus, in Blank/Börstingshaus, Miete, Kommentar, 2004, § 559 BGB Rn. 18.

292 Schmid, „Wärme- und Warmwasserlieferung“, in ZMR 1998, S. 733, (737).

293 LG Frankfurt/Oder, Urteil vom 18.12.1998 – 16 S 185/98 = WuM 1999, S. 403, (404).

Mehrbelastung für den Mieter zu der Annahme, dass die Umlage zulässig ist. Vielmehr ist davon auszugehen, dass der Gesetzgeber eine gewisse Mehrbelastung bei der Wärmelieferung bewusst in Kauf genommen hat. Der Gesetzgeber hat nämlich in der Erwartung einer marktwirtschaftlichen Wärmepreisfindung im Rahmen funktionierenden Wettbewerbs Rationalisierungseffekte einer Wärmelieferung zugrunde gelegt. Selbst eine anfängliche strukturelle Verteuerung widerspricht demnach nicht dem gesetzgeberischen Willen.[294]

Dem steht nicht entgegen, dass nichtsdestotrotz der Lieferpreis selbst nicht überteuert sein darf bzw. die ortsüblichen Lieferpreise nicht unerheblich überschritten werden dürfen. Dies setzt zumindest voraus, dass sich der Vermieter auf den Wärmelieferungsmarkt begeben hat und keine wirtschaftliche Verflechtung des Wärmelieferanten mit dem Vermieter bzw. die Möglichkeit der Einflussnahme des Vermieters besteht.[295]

Nach eigener Ansicht stellt die Umstellung der Versorgungsart auf Wärmecontracting in jedem Fall eine duldungspflichtige Modernisierungsmaßnahme nach § 554 Abs. 2 BGB dar, so dass keine Zustimmung des Mieters erfolgen muss, die Umstellung damit zulässig ist und es keines weitergehenden Gestaltungsrechtes mehr bedarf.[296]

Alle Maßnahmen, die Energie einsparen können, gelten als duldungspflichtige Modernisierung. § 554 Abs. 2 BGB erwähnt diese Maßnahmen ausdrücklich, um klarzustellen, dass auch solche Arbeiten zu dulden sind, mit denen keine Verbesserung des Gebäudes oder des Substanzwertes verbunden ist. Die Einsparung von Heizenergie braucht für den einzelnen Mieter dabei nicht mal rentabel zu sein. Es reicht, wenn im Rahmen des öffentlichen Interesses die Einsparung von Heizenergie erfolgt und die erzielte Einsparung von Dauer ist und damit der Allgemeinheit zugute kommt. Während die Rechtsprechung früher von einer zumutbaren Mehrbelastung bis zum Doppelten des Einsparungsbetrages ausging[297], ist nach der Rechtsprechung des BGH nunmehr die Mieterhöhung im

---

294 So auch Derleder, „Die mietrechtlichen Voraussetzungen und Folgen des Outsourcing hinsichtlich der Wärmelieferung des Wohnraummietvermieters", in WuM 2000, S. 3, (10).

295 Hierzu ausführlich Derleder, „die mietrechtlichen Voraussetzungen und Folgen des Outsourcing hinsichtlich der Wärmelieferung des Wohnraumvermieters", in WuM 2000, S. 3, (9).

296 Das LG Berlin, Urteil vom 27.6.1991 – 61 S 355/90 = WuM 1991, S. 482 hat zu Recht, den Übergang zu einer Fernwärmeversorgung als einen Fall der Objektänderung nach § 541 b BGB a. F. (jetzt § 554 BGB) und demnach als duldungspflichtige Modernisierungsmaßnahme bezeichnet.

297 Eisenschmid, in Schmidt-Futterer, Mietrecht, Groß-Kommentar, 2007, § 554 BGB Rn. 153, 154 m.w.N.

Grundsatz nicht mehr durch das Verhältnis zu der erzielbaren Heizkostenersparnis begrenzt.[298]

Wird der hinzugeschaltete Contractor tätig, indem er die beim Vermieter vorgefundene Heizungsanlage komplett erneuert oder aber modernisiert er die alte, dann wird wohl überwiegend von einer damit verbundenen Energieeinsparung im Sinne des § 554 Abs. 2 BGB und damit einer duldungspflichtigen Modernisierungsmaßnahme auszugehen sein. Aber auch für den Fall, dass (zunächst) keine Modernisierung oder aber Erneuerung der Heizungsanlage vom Contractor getätigt wird, so wird mit der Einführung des Wärmecontractings doch ein Wärmemanagement aufgenommen, welches wohl weitestgehend zu einer erheblichen Energieeinsparung führen kann. Problematisch beim Eigenbetrieb der Heizungsanlage ist zumeist, dass kein stunden- und taggenauer Betrieb der Heizungsanlage erfolgt. Ein solches Controlling ist aber erforderlich, um insbesondere die Heizungsanlage der jeweiligen Außen- und Innentemperatur optimal anzupassen.

Wenn die Umstellung auf Wärmecontracting selbst aber zu einer Energieeinsparung führt, kommt es nicht darauf an, dass das Wärmemanagement selbst bzw. auch eine Modernisierung vom Wärmelieferanten und damit einem Dritten ausgeführt wird. Vielmehr ist die Umstellung selbst eine Maßnahme des Vermieters, welche letztendlich zu einer Energieeinsparung führt und deshalb auch eine duldungspflichtige Modernisierungsmaßnahme im Sinne des § 554 BGB darstellt.

Nach eigner Ansicht stellt sich unabhängig von der Frage nach einem einseitigen Umstellungsrecht des Vermieters anschließend die Frage nach der Kostenumlegung.

Zumindest vor der jüngsten Entscheidung des BGH zur Umlage von Wärmelieferungskosten ging noch die überwiegende Rechtsprechung als auch weite Teile der Literatur von einer einseitigen Umstellungsmöglichkeit des Vermieters aus. Trotz dieser zugestandenen Befugnis wurde allerdings der Katalog der umlegbaren Heizungsbetriebskosten auf den Katalog des § 7 Abs. 2 HeizkV eingeschränkt.[299] Die Umlage der Kosten des § 7 Abs. 4 HeizkV wurde dabei von einer entsprechenden Vereinbarung abhängig gemacht.

Grundsätzlich darf der Vermieter alle Betriebskosten umlegen, soweit die Umlage dieser Betriebskosten vertraglich vereinbart wurde, dies gesetzlich zugelas-

---

298 BGH, Urteil vom 3.3.2004 – VIII ZR 149/03.

299 So auch LG Chemnitz, Urteil vom 1.11.1999 – 12 S 2013/99 = WuM 2000, S. 16, (17); LG Frankfurt a.M., Urteil vom 10.12.2002 – 2/11 S 194/02 = WuM 2003, S. 217–220; AG Waiblingen, Urteil vom 30.8.2002 – 8 C 423/02 = WuM 2003, S. 216.

sen ist und die Betriebskosten tatsächlich entstanden sind.[300] Für die Heizkostenumlage ergibt sich der Umlegungsumfang aus der HeizkV und der Anlage 3 zu § 27 Abs. 1 der II. BV. Danach sind die Kosten der Wärmelieferung und der Warmwasserlieferung umlegungsfähig. Der Umlegungsumfang ist aber von der vertraglichen Vereinbarung der Umlegung selbst zu unterscheiden.[301] Üblicherweise ist mietvertraglich die Umlegbarkeit der in der Anlage 3 zu § 27 Abs.1 der II. BV genannte Kosten vereinbart, wonach sowohl die Kosten der eigenbetriebenen Anlage als auch der gewerblichen Wärmelieferung umlegungsfähig sind. Nach der vertraglichen Grundlage – und nicht etwa der HeizkV[302] – sind damit nach eigener Ansicht grundsätzlich sämtliche Kosten der Wärmelieferung umlegungsfähig. Teilweise wird daraus geschlussfolgert, dass mit dem Bezug auf die HeizkV, welche alternativ die Umlegung der Wärmelieferungs- als auch der Eigenbetriebskosten vorsieht, wiederum ein Leistungsbestimmungsrecht des Vermieters (zumindest anfangs) einhergeht, womit der Vermieter die im Wärmelieferungspreis enthaltenen Kosten der Investitionen, der Instandhaltung und der Verwaltung umlegen kann.[303]

Allerdings müssen die der Heizkostenabrechnung zugrundegelegten Kosten den Grundsätzen ordnungsgemäßer Bewirtschaftung (Wirtschaftlichkeitsgebot) entsprechen. Wie bereits oben dargestellt, wird selbst eine gewisse Mehrbelastung des Mieters in Kauf zu nehmen sein, wenn zumindest die Lieferantensuche selbst im Rahmen einer ordentlichen Bewirtschaftung erfolgte und keinerlei wirtschaftliche Verflechtung zwischen Vermieter und Wärmelieferant gegeben ist.

Dabei wird übersehen, dass bei Fremdbezug aber schon aus tatsächlichen Gründen nur noch die Umlegung der Fremdbezugskosten möglich ist. Es ist jedoch nicht nur tatsächlich sondern auch rechtlich unmöglich, die umlegbaren Kosten auf den Katalog des § 7 Abs. 2 HeizkV zu beschränken. Bezieht man gewerbliche Nahwärme, dann können nach der HeizkV nämlich nur noch die unter § 7 Abs. 4 benannten Kostenpositionen umgelegt werden.

---

300 Schmid, Handbuch der Mietnebenkosten, 2007, Rn. 1121; so auch das LG Essen, Urteil vom 30.5.2000 – 15 S 279/99 = NZM 2001, S. 90, (91).

301 So auch Schmid, „Übergang zum Wärmecontracting während des Mietverhältnisses", in ZMR 2005, S. 590, (592).

302 Vgl. Irrgeher, „Anmerkung zum Urteil des LG München II vom 28.12.1999 – 12 S 1168/99 = WuM 2000, S. 198, (199); Ropertz/Wüstefeld, „Die neue Heizkostenverordnung", in NJW 1989, S. 2365, (2365); Tiefenbacher, „Einführung von Wärmecontracting in bestehende Mietverhältnisse bei bislang vermieterseitig beheizter Wohnung", in NZM 2000, S. 161, (161).

303 Derleder, „Die mietrechtlichen Voraussetzungen des Wärmecontracting", in NZM 2003, S. 737, (743).

Zusammenfassend ist nach eigener Ansicht die Zustimmung des Mieters allerdings dann erforderlich, wenn laut Mietvertrag ausdrücklich nur die Kosten des Eigenbetriebs umlegbar sind, bisher eine Inklusivmiete oder eine Betriebskostenpauschale vereinbart war, die Gesamtbelastung höher wird oder die Mieter den Wärmelieferungsvertrag direkt mit dem jeweiligen Wärmelieferanten abschließen sollen.

cc) Wärmecontracting und Mieterhöhung

Der Mieter hat die das Wärmecontracting begleitenden Maßnahmen wie z. B. eine Heizungserneuerung oder Modernisierung grundsätzlich als energieeinsparende Maßnahme nach § 554 BGB zu dulden. Dies folgt schon aus dem Energieeinsparungsanreiz des Contractors selbst, welcher die Energieeffizienz in eigenem finanziellem Interesse immer weiter verbessern möchte, und schon aus diesem Grunde immer den neuesten Stand der Technik verarbeiten wird.[304] Im Rahmen des § 554 BGB kann es auch keine Rolle spielen, dass der Vermieter nicht Bauherr dieser Maßnamen ist. Im Gegensatz zu § 559 BGB ist es gerade nicht erforderlich, dass der Vermieter die Maßnahme selbst, also auf eigenen Namen und Rechnung, durchführen hat lassen. Trotzdem muss eine Modernisierungsankündigung erfolgen. Die zu erwartende Erhöhung der Betriebskosten als auch der Umfang der Energieeinsparung selbst ist in einer Berechnung dabei anzugeben.[305]

Zum Teil wird sogar eine ausdrückliche Zustimmung des Mieters für erforderlich gehalten, so z. B. bei der Umstellung einer Zentralheizung auf eine eigenständige gewerbliche Lieferung.[306] Begründet wird dies damit, dass der Vermieter die Kapitalkosten für die Anlage aus der von ihm zu tragenden Kaltmiete in die von den Mietern zu tragenden Betriebskosten verlagert.[307] Diese Ansicht übersieht jedoch, dass zwischen der Duldungspflicht zur Modernisierung und der Mieterhöhung unterschieden werden muss.

Während der Mieter die energieeinsparende Maßnahme und damit auch das Wärmecontracting dulden muss, scheidet eine Mieterhöhung wegen durchgeführter energieeinsparender Modernisierungsmaßnahmen nach § 559 BGB jedoch aus. Der Vermieter hat beim Wärmecontracting eben keine Aufwendungen, die er auf den Mieter umlegen könnte. Es ist gerade dem Wärmecontracting als

---

304 So auch Pfeiffer, „Der Wärmedirektservice – ein lohnendes Konzept für die Wohnwirtschaft", in ZdW Bay 1996, S. 90, (95).

305 Vgl. hierzu die weiterführenden Ausführungen in Kap. 5, A. I. 4.

306 Vgl. AG Hannover, Urteil vom 26.6.1997 – 504 C 5989/97 = WuM 1998, S. 40, (41).

307 VfW-Jahrbuch Energielieferung 2000, 32.

Vertragsmodell immanent, dass der Contractor die Finanzierung der für die energieeffiziente Beheizung erforderlichen Anlagen übernimmt und ihm diese Investitionen auch verbleiben sollen. Dem Vermieter entstehen keinerlei Investitionskosten. Eine Modernisierungsmieterhöhung durch Erhöhung der Kaltmiete nach § 559 BGB ist schon deshalb ausgeschlossen.[308]

Grundsätzlich ist jedoch eine Mieterhöhung gemäß § 558 BGB möglich, wenn die weiteren Anforderungen des § 558 BGB erfüllt sind und die ortsübliche Vergleichsmiete noch nicht erreicht ist. Dabei ist die vom Contractor gewählte Beheizungsart und dem speziellen System der Beheizung bei der Einordnung in eine spezielle Kategorie Rechnung zu tragen. Teilweise wird jedoch eingewandt, dass bei Umstellung auf das Wärmecontracting, die Wohnung zwar beheizbar ist, sie aber nicht als beheizt angesehen werden kann.[309] Verglichen wird dies zum Teil mit der Ofenheizung, bei welcher eben auch nicht der Vermieter selbst beheizt. Diese Ansicht übersieht jedoch, dass es für den Komfort an Raumwärme an sich gerade keinen Unterschied für den Mieter macht, ob es sich um einen Eigenbetrieb oder aber Fremdbetrieb handelt.[310] Eine Einteilung in die Kategorie der nicht beheizten Gebäude im Mietspiegel rechtfertigt sich gerade nicht, da dies den tatsächlichen Gegebenheiten am wenigsten gerecht würde. Man kann den Vermieter nicht dafür bestrafen, dass die Mietspiegelersteller eben keine soweit gehende Differenzierung mit einer eigenen Kategorie des Wärmecontractings aufgenommen haben. Solange eben dies noch nicht der Fall ist, muss eine Einordnung so erfolgen, dass es dem tatsächlichen Gegebenheiten beim Wärmecontracting am nächsten kommt. Dies kann demnach nur eine Einordnung in die Kategorie der beheizten Wohnung bedeuten.

308 Vgl. aber auch die Ausführung in Kap. 5, A. I. 3.

309 Pfeiffer, „Der Wärmedirektservice – ein lohnendes Konzept für die Wohnwirtschaft?“, in ZdW Bay 1996, S. 90, (96).

310 So auch Börstinghaus, in Schmidt-Futterer, Mietrecht, Groß-Kommentar, 2007, § 558 BGB Rn. 79.

Kapitel 5: Ökonomisch-rechtliche Fehlsteuerungen

Durch die konsequente Umsetzung von energetischen Modernisierungen im Gebäudebestand könnten ca. 60 % des derzeitigen Raumwärmebedarfs eingespart werden.[311] Die technischen Möglichkeiten sind gegeben. Trotzdem bleibt die Realisierung solcher Energieeinsparungsmaßnahmen weit dahinter zurück. Dies ist insbesondere auf ökonomisch-rechtliche Fehlsteuerungen im Mietrecht zurückzuführen. Der Gesetzgeber hat es bis jetzt versäumt, durch Mittel der indirekten Verhaltenssteuerung die Förderung von Energieeinsparungsmaßnahmen auch im Mietrecht voranzutreiben. Stattdessen wird auf die direkte Verhaltenssteuerung des Ordnungsrechtes gesetzt, welches aber für sich nicht alleine in der Lage ist, die Möglichkeiten der Energieeinsparung im Wohnungsbestand auszuschöpfen.

A. Kosten-Nutzen-Dilemma

I. Modernisierung

Gerade in der Umweltökonomie ist man sich einig, dass eine Steuerung des Verhaltens auch durch ökonomische Anreize möglich ist. Neben dem wohl traditionellen Instrumentarium der finanziellen Förderung von Energieeinsparungsmaßnahmen durch z. B. zinsvergünstigte Darlehen, muss dem finanziellen Aspekt aber auch im mietvertraglichen Verhältnis Vermieter/Mieter Beachtung geschenkt werden. Auch das Umweltprivatrecht kann in diesem Mietvertragsverhältnis eine – wenn auch nur indirekte – Steuerung übernehmen. Für den Vermieter muss ein individueller wirtschaftlicher Anreiz bestehen, die Energieeffizienz zu erhöhen und damit den Energieverbrauch durch seine Mieter zu minimieren. Ein solcher Anreizmechanismus findet sich aber im aktuellen Mietrecht nicht. Vielmehr geht die gesetzliche Regelung am ökonomischen Eigennutz des Vermieters vollkommen vorbei[312], so dass der Vermieter gehemmt ist, energieeinsparende Modernisierungsmaßnahmen durchzuführen.

Ausgangspunkt der Überlegungen muss zunächst der Vermieter einer Mietsache sein, der ein ständiges Interesse an einer Renditeoptimierung hat. Für die

---

311 Troge, „Energiesparen in Wohnungen und Häusern – ein wichtiger Baustein für den Klimaschutz, in Pöschk, Energieeffizienz in Gebäuden, 26, mit Verweis auf eine Analyse des Umweltbundesamtes.

312 Vgl. hierzu Gerlach, Privatrecht und Umweltschutz im System des Umweltrechts, 1989, 139.

Unterhaltung der Mietsache muss der Vermieter externe Kosten für z. B. Instandhaltung- und Modernisierung aufwenden. Diesen Kosten muss aber ein Nutzen – hier im Sinne einer gesteigerten Rendite – gegenüberstehen. Bei einer Vermietungsimmobilie werden die Erträge ausschließlich über die Mieteinnahmen erwirtschaftet. Dies bedeutet aber gleichzeitig, dass die Kosten über die Mieteinnahmen wieder reingeholt werden müssen. Das Mietrecht beschränkt diese Möglichkeit aber beträchtlich durch seine Vorschriften zur Modernisierungsmieterhöhung bzw. durch die eingeschränkten Kündigungsmöglichkeiten des Vermieters. Obwohl also das vertragliche Austauschverhältnis durch Modernisierungen direkt betroffen ist – weil der Vermieter jetzt mehr leistet –, ergibt sich keine dementsprechende Regulierung durch den Mietwohnungsmarkt selbst, vielmehr greift der Gesetzgeber regulierend ein mit der Folge des oben beschriebenen Kosten-Nutzen-Dilemmas.[313]

Bei den energieeinsparenden Modernisierungen ergibt sich die Besonderheit, dass der Mieter einen direkten finanziellen Vorteil hiervon erlangt, weil er direkt von der Energieeinsparung durch eine Heizkostenersparnis profitiert. Auf der anderen Seite steht der Vermieter, welcher hierfür die Kosten trägt und nur sehr beschränkt durch eine Mieterhöhung die Kosten auf den nutzziehenden Mieter überbürden kann.

Dem wird auch nicht durch den gesetzlich vorgeschriebenen Verteilungsmaßstab des § 7 HeizkV begegnet, nach dem ein Teil der Heizkosten nach Verbrauch und ein Teil unabhängig vom jeweiligen Verbrauch des Mieters umgelegt wird. § 7 HeizkV gibt zum einen den Rahmen für einen Verteilungsmaßstab vor, zum anderen verpflichtet er den Vermieter zur Trennung zwischen Grundkosten und Verbrauchskosten in der Abrechnung. Um einen Ausgleich zwischen den fixen und den variablen Kosten der Heizungsanlage zu schaffen, schreibt § 7 Abs. 1 HeizkV die Verteilung nach einem gemischten Maßstab vor[314], der sich teilweise am Verbrauch, im übrigen an festen Kriterien orientiert. Damit wird nur dem Umstand Rechnung getragen, dass ein großer Teil der Heizkosten unabhängig vom jeweiligen Verbrauch des Mieters ist – nicht jedoch, dass wiederum von diesem verbrauchsunabhängigen Teil ein Teil abhängig von Modernisierungs- und Energieeinsparungsmaßnahmen des Vermieters ist.

---

313 Von Schwintowski, „Das Wirtschaftlichkeitsgebot – die Rechtspflicht des Vermieters zur optimalen Wärmeversorgung", in WuM 2006, S. 115, (115), auch als Principle-Agent-Problem bezeichnet, wonach der Principle (Mieter) nicht über das notwendige Steuerungsinstrument des Agent (Vermieter) verfügt, welcher keinen Anreiz zur Kostensenkung hat.

314 Vgl. Lammel, Heizkostenverordnung, 2004, § 7 Rn. 4.

Nichtsdestotrotz werden ja trotz dieses dem Einfluss des Mieters entzogenen Teils sämtliche entstandene Heizkosten auf den Mieter umgelegt. In den Gesamtheizkosten realisiert sich aber der energetische Zustand eines Hauses.[315]

Zu bedenken ist, dass dem Vermieter nicht von vornherein eine Renditesteigerung wegen einer möglichen Wertsteigerung der Immobilie selbst zukommt. Eine solche Wertsteigerung müsste sich auch realisieren lassen, was zunächst sowieso nur für den Fall angenommen werden könnte, dass die Immobilie auch verkauft wird. Darüber hinaus muss sich im Verkaufsfall auch nicht zwangsläufig eine Wertsteigerung wegen durchgeführter energieeinsparender Modernisierungsmaßnahmen realisieren lassen. Dies wird davon abhängen, wie der Markt solche Maßnahmen bewertet. Man kann aber nicht einfach aus Kosten, die in der Vergangenheit für ein Bauwerk aufgewendet wurden, auf einen bestimmten Marktwert schließen. Dies würde dem heute für die Bewertung von Grundstücken nur noch selten angewandten Sachwertverfahren entsprechen, welches den Grundstücksmarkt weitgehend ignoriert, weil es nicht auf den wirtschaftlichen Ertrag der Immobilie – z. B. durch Mieteinnahmen – abstellt.[316] Der Wert leitet sich vielmehr aus den Einnahmen her, die mit der Immobilie erzielt werden, was dem bei der Grundstücksbewertung inzwischen generell angewandten Ertragswertverfahren entspricht. Eine Wertsteigerung lässt sich also im Verkaufsfall auch nicht realisieren, weil auch der Käufer zunächst an die bestehenden Mietverträge gebunden ist. Nach § 566 BGB tritt im Falle des Verkaufs des Mietobjektes der Erwerber an Stelle des Vermieters in die sich aus dem Mietverhältnis ergebenden Rechte und Pflichten ein. Eine Mieterhöhung wie sie unbeschränkt bei einem Neuabschluss von Mietverträgen möglich ist, ist bei bestehenden Mietverhältnissen aber nur in sehr begrenztem Rahmen möglich. Der Gesetzgeber wollte es vermeiden, dem Vermieter einen Anspruch auf die Miete einzuräumen, die er für den Fall einer Neuvermietung erzielen könnte. Aufgrund dieser auch als Investitions-Verbrauchs-Konflikts bezeichneten Fehlsteuerung wird die Investitionslust des Vermieters erheblich beschränkt. Um die steigenden Kosten der Immobilie – hier wegen energetischer Modernisierungen – nicht als Verlust im Sinne von einer sinkenden Rendite hinnehmen zu müssen, bedarf es demnach zwingend einer Mieterhöhung. Es ist nämlich lediglich die angemessene Rendite, die eine Modernisierung für den Vermieter finanziell interessant macht.

---

315 Anders nur, wenn in Grundheizkosten (vermieterabhängig) und verbrauchsabhängige Kosten (mieterabhängig) von vornherein unterschieden wird und aber nur die verbrauchsabhängigen Kosten umgelegt werden würden, wie dies bei der Teilwarmmiete der Fall ist, vgl. Kap. 6, C.

316 Vgl. Zimmermann/Heller, Grundstücksbewertung, 1995, 191.

Gerade die Umweltökonomie lehrt, dass den Wirtschaftssubjekten aufgegeben werden muss, die externen Effekte ihres Handelns in ihr eigenes Handlungskalkül mit einzubeziehen. Dies ist aber dem Vermieter aufgrund des Kosten-Nutzen-Dilemmas hier gerade nicht möglich. Die externen Kosten der Nutzung von Umweltressourcen sind in erster Linie dem Verursacher anzulasten (sogenannte Theorie der externen Effekte). Dies folgt auch aus dem umweltrechtlichen Kerngehalt des Art. 20 a GG, wonach den finanziellen Aufwand auch der eigentliche Nutzer zu tragen hat und dem Verursacher auch die Kosten der Vermeidung oder Beseitigung der von ihm verursachten Umweltbelastungen zugerechnet werden sollen (sogenanntes Verursacherprinzip). Dabei gilt als Grenze das Gemeinlastprinzip, wonach die Kosten für niemanden zurechenbare Umweltschäden ausnahmsweise von der Allgemeinheit zu tragen sind.[317]

Ansonsten muss aber gelten, dass den finanziellen Aufwand auch der Nutzer zu tragen hat. Eine solche sogenannte Internalisierung externer Effekte ist zur Beseitigung von Fehlallokationen dringend notwendig. Auch entspricht nur dies dem Nachhaltigkeitsgrundsatz, da nur für diesen Fall eine planende Einbeziehung der Kosten in das Wirtschaften der Nutzer erfolgen wird.[318] Der Verursacher einer Umweltbeeinträchtigung kann diese in der Regel am besten und effektivsten selbst beheben.

Dem Vermieter bleiben allerdings die Kosten für energieeinsparende Modernisierungsmaßnahmen, während der Mieter den Nutzen hat. Danach kommt es zu falschen Kostensignalen.[319]

1. Umfang der Mieterhöhung und 11 %-Regelung

Nach § 573 Abs. 1 Satz 3 BGB ist dem Vermieter eine Kündigung zum Zwecke der Mieterhöhung ausdrücklich untersagt. Als Ausgleich für diesen Ausschluss kann man in bestehenden Mietverträgen eine Mieterhöhung verlangen.[320] Nach § 557 Abs. 3 BGB ist eine solche Mieterhöhung jedoch nur nach Maßgabe der §§ 558 bis 560 BGB möglich. Im Mietbestand ist deshalb nur eine Mieterhöhung auf das allgemeine Mietenniveau der ortsübliche Vergleichsmiete, §§ 558 ff. BGB,

---

317 Hoppe/Beckmann/Kauch, Umweltrecht, 2000, 26 f.; Sparwasser/Engel/Vosskuhle, Umweltrecht, 2003, § 2 Rn. 31.

318 Vgl. Kloepfer, Umweltrecht, 2004, 285, mit weiteren Vertiefungen auch zur Umweltökonomie.

319 Sparwasser/Engel/Vosskuhle, Umweltrecht, 2003, § 2 Rn. 31 f.

320 Börstinghaus, in Schmidt-Futterer, Mietrecht, Groß-Kommentar, 2007, § 559 BGB Rn. 8.

nach einer Modernisierung, §§ 559 ff. BGB und im beschränkten Rahmen auch bei Anstieg der Betriebskosten, § 560 BGB, möglich.

Im Modernisierungsfall kann nach § 559 Abs. 1 BGB die jährliche Miete um 11 % der für die Wohnung aufgewendeten Kosten erhöht werden.[321] Danach werden die allgemeinen Regeln im frei finanzierten Wohnungsbau durchbrochen, wonach es grundsätzlich um eine ausreichende Rendite geht.[322] § 559 BGB gibt dem Vermieter ein einseitiges Mieterhöhungsrecht, welches sich an den Kosten der Mietsache und nicht an der Miete, die für modernisierten Wohnraum gezahlt wird, orientiert. Dies ähnelt eher dem Kostenmietrecht für preisgebundenen Wohnraum.[323]

Schon die Entwicklungsgeschichte zum Mieterhöhungsrecht zeigt auf, dass die jährlich umlegbaren 11 % eher ein politischer, als ein rechnerischer Wert sind. Letztlich muss es aber darum gehen, die energetischen Modernisierungsmaßnahmen für den Vermieter interessant zu machen. Hierzu ist zumindest mal erforderlich, dass sich die Maßnahmen überhaupt amortisieren. Die Berechnung einer solchen Refinanzierung der Modernisierungsmaßnahmen gestaltet sich als äußerst schwierig und stellt sich nicht nur für den Vermieter als undurchsichtig dar. So gibt es schon von vornherein verschiedene Wege Wirtschaftlichkeitsberechnungen im Gebäudebereich durchzuführen.[324] Um tatsächlich über die Wirtschaftlichkeit einer Maßnahme entscheiden zu können, können aber im Mietwohnungsbau nicht nur die energiebedingten Mehrkosten der Maßnahme mit den daraus resultierenden Energieeinsparungen verglichen werden. Da diese Energieeinsparungen gar nicht dem Vermieter zu gute kommen, spielen vielmehr die Mieterhöhungsmöglichkeiten und besondere mietspezifische Risikoaspekte eine Rolle.[325] Eine solche Gesamtbetrachtung ist für den Vermieter nur schwerlich möglich.

Der Anteil von 11 % der Modernisierungskosten bezieht sich jedoch nur auf die für die Wohnung aufgewendeten Kosten. Berücksichtigungsfähige Kosten

---

321 Vgl. hierzu Kap. 4, B. II. 1.

322 Börstinghaus, in Schmidt-Futterer, Mietrecht, Groß-Kommentar, 2007, § 559 BGB Rn. 2.

323 Riecke, in Schmid, Mietrecht, Kommentar, 2006, § 559 BGB Rn. 2; Börstinghaus, in Schmidt-Futterer, Mietrecht, Groß-Kommentar, 2007, § 559 BGB Rn. 2.

324 Z. B. II Berechnungsverordnung, traditionelle Amortisationsrechtnung, Capital Asset Value-Methode (vgl. zu letzterem Enseling, Leitfaden zur Beurteilung der Wirtschaflichkeit von Energieeinsparmaßnahmen im Gebäudebestand, 2003, 10 ff.).

325 Vgl. Enseling, Leitfaden zur Beurteilung der Wirtschaftlichkeit von Energieeinsparmaßnahmen im Gebäudebestand, 2003, 14 ff. , der einen Lösungsansatz über die „Capital Asset Value-Methode“ darstellt.

sind nur die reinen Baukosten einschließlich der Baunebenkosten. Finanzierungskosten gehören z. B. nicht zu den anrechenbaren Kosten.[326] Auch ein Architektenhonorar gilt nur dann als anrechenbar, wenn die Beauftragung eines Architekten nach Art und Umfang erforderlich war.[327] Im Zweifel sind nicht eindeutig zuzuordnende Kosten nicht anrechenbar.[328] Auch der dem Mieter durch Minderung entstehende Mietausfall gehört nicht zu den anrechenbaren Kosten der Modernisierungsmaßnahme.[329] Begründet wird dies damit, dass diese Kosten gerade nicht für die Wohnung aufgewendet wurden. Der Mietausfall hängt auch nicht mit der Wertverbesserung zusammen, sondern wird ausschließlich durch die Gebrauchsbeeinträchtigung beeinflusst.[330]

§ 559 a BGB bestimmt darüber hinaus eine Reihe von Anrechnungspflichten im Rahmen einer Mieterhöhung nach § 559 BGB. Danach gehören Zuschüsse, zinsverbilligte Darlehen und Aufwendungsbeihilfen nicht zu den aufgewendeten Kosten im Sinne des § 559 BGB. Damit können sie betragsmäßig auch nicht in die Mieterhöhung selbst einfließen.

Von den Regelungen des § 559 a BGB kann nicht zum Nachteil des Mieters abgewichen werden, § 559 a Abs. 5 BGB. Dies folgt schon aus § 557 Abs. 4 BGB. Davon unberührt bleibt aber das Recht der Vertragsparteien sich jederzeit auf eine höhere Miete im Wege der Vereinbarung zu einigen, § 557 Abs. 1 BGB, denn die Höhe der Miete ist im Gegensatz zum Mieterhöhungsrecht des Vermieters keine Vereinbarung, die gegen § 557 Abs. 4 BGB verstoßen kann.[331]

In erster Linie will der Fördergeber für Energieeinsparmaßnahmen in der Regel mit seiner Förderung den Vermieter dazu veranlassen, trotz fehlendem oder nicht ausreichendem Eigenkapital Modernisierungsmaßnahmen durchzuführen. Dies spricht aber für eine Anrechnungsmöglichkeit dieser finanzieller Förderungen. Gegen eine solche Anrechnungsmöglichkeit wird jedoch ange-

---

326 OLG Hamburg, Rechtsentscheid vom 14.5.1981; OLG Hamburg, Rechtsentscheid vom 14.5.1981 – 4 U 203/80 = NJW 1981, S. 2820, (2821); Börstinghaus, in Blank/Börstinghaus, Miete, Kommentar, 2004, § 559 BGB Rn. 23.

327 Börstinghaus, in Blank/Böstinghaus, Miete, Kommentar, 2004, § 559 BGB Rn. 23 m.w.N.; Börstinghaus, in Schmidt-Futterer, Mietrecht, Groß-Kommentar, 2007, § 559 BGB Rn. 157.

328 Kunze/Tietzsch, Miethöhe und Mieterhöhung, 2006, Teil II., Rn. 436.

329 Emmerich, in Staudingers, Kommentar zum Bürgerlichen Gesetzbuch, 2005, § 559 BGB Rn. 42; Börstinghaus, in Schmidt-Futterer, Mietrecht, Groß-Kommentar, 2007, § 559 BGB Rn. 161 m.w.N.

330 Börstinghaus, in Schmidt-Futterer, Mietrecht, Groß-Kommentar, 2007, § 559 BGB Rn. 161.

331 Vgl. hierzu Börstinghaus, in Schmidt-Futterer, Mietrecht, Groß-Kommentar, 2007, § 557 BGB Rn. 64; teilweise wird jedoch vertreten, dass bei der Inanspruchnahme öffentlicher Mittel für die Modernisierung aber auch derartige abweichende Vereinbarungen unzulässig sind – so zumindest Kossmann, Handbuch der Wohnraummiete, 2003, § 158 Rn. 12 m.w.N.

führt, dass damit auch eine Entlastung für den Mieter bei der danach anstehenden Mieterhöhung verbunden sein soll.[332] Darüber hinaus könne der Vermieter nur solche Aufwendungen in die Mieterhöhung einstellen, die er selbst gemacht habe und ihn belaste.[333] Insbesondere soll dem Vermieter kein ungerechtfertigter finanzieller Vorteil zukommen, sondern der Finanzierungsaufwand des Vermieters solle nur verringert werden und der Subventionszweck beim Mieter selbst ankommen.[334]

Mit einem solchen gesetzlichen Ausschluss der Anrechnungsmöglichkeit wird aber der Sinn und Zweck der hier maßgeblichen Subventionen[335] verkannt. Der Umweltschutz hat mit Art. 20 a GG normatives Gewicht erlangt.[336] Der Staat steht aufgrund der Staatszielbestimmung des Art. 20 a GG unter einem Optimierungsgebot[337] und ist eben nicht nur zur Bewahrung eines „ökologischen Existenzminimums" verpflichtet.[338]

Es muss deshalb davon ausgegangen werden, dass der Subventionsgeber auch gezielt Anreize für energetische Modernisierungsmaßnahmen setzen will. Hierzu muss zwingend auf Vermieterseite ein Investitionsinteresse geweckt werden. Dem Mieter aber sind mit der Energieeinsparungsmaßnahme in Zusammenhang stehende finanzielle Belastungen zumutbar. Die Mieterhöhung entspricht der durchschnittlichen Kostensenkung der Nebenkosten, so dass auch nur eine scheinbare Mietsteigerung vorliegt.[339] Eine Anrechnung widerspricht nicht mieterschützenden Gesichtspunkten, weil die Anrechnung deshalb für ihn keinen Nachteil mit sich bringen würde. Vielmehr handelt es sich bei der Mieterhöhung wegen der eingesparten Energiekosten um ein Nullsummenspiel. Dem kann auch nicht entgegengehalten werden, dass der Vermieter durch die Energieeinsparungsmaßnahme in jedem Fall den Vorteil einer besseren Vermietbarkeit erhält. Es verbleibt dem Vermieter immer ein hohes Risiko, wonach niemals genau eingeschätzt werden kann, ob die Modernisierung auch der tatsächlichen

332 Börstinghaus, in Blank/Börstinghaus, Miete, Kommentar, 2004, § 559 a BGB Rn. 1; Börstinghaus, in Schmidt-Futterer, Mietrecht, Groß-Kommentar, 2007, § 559 a BGB Rn. 1.

333 So Lammel, Wohnraummietrecht, 2007, § 3 MHG Rn. 42; Schmid, in Schmid, Mietrecht, Kommentar, 2006, § 559 BGB Rn. 2.

334 Both, in Herrlein/Kandelhard, Mietrecht, Kommentar, 2007, § 559 a BGB Rn. 3.

335 Wie z. B. das CO_2-Gebäudesanierungsprogramm der Kreditanstalt für Wiederaufbau.

336 Vgl. Jarras/Pieroth, Grundgesetz, Kommentar, 2007, Art. 20 a GG Rn. 3.

337 BMI/BMJ (Hrsg.), Staatszielbestimmungen/Gesetzgebungsaufträge, Bericht der Sachverständigenkommission, 1983, Rn. 155.

338 Vgl. zu Art. 20 a GG Kap. 6, A. II. 3. b).

339 So auch Arbeitskreis Contracting, S. 40.

Bedarfssituation gerecht werden und er letztlich eine bessere Vermietbarkeit erzielen wird.

Der pauschale Verweis auf eine durch staatliche Förderungen auch bezweckte Entlastung des Mieters übersieht, dass damit das Ziel der Anreizschaffung beim Vermieter konterkariert wird. Bei der selbst bewohnten Immobilie ist eine Renditesteigerung durch die Modernisierungsmaßnahme irgendwann auch tatsächlich spürbar, wenn sich die Maßnahme amortisiert hat. Eine staatliche Förderung, wie z. B. ein zinsverbilligtes Darlehen, verhilft dabei zu einer schnelleren Amortisation. Bei einer vermieteten Immobilie dagegen kommen die Energieeinsparungen durch die Modernisierungsmaßnahme aber nicht dem Vermieter sondern dem Mieter zugute. Eine Amortisierung könnte also nur durch höhere Mieteinnahmen eintreten. Im Bestand ist hierzu aber eine entsprechend hohe Mieterhöhung erforderlich. Der finanzielle Anreiz müsste sich also auch in der Miete und damit in der Mieterhöhung selbst niederschlagen. Wenn allerdings die zinslosen Darlehen und Zuschüsse nicht berücksichtigungsfähig sind, dann wird der vermietende Eigentümer schlechter gestellt als der Eigentümer, der seine Immobilie selbst bewohnt und damit auch unmittelbar von Energieeinsparungen profitiert. Ein Investitionshemmnis ist damit vorprogrammiert.

Das Instrument der positiv anreizwirksamen Subventionen[340], die derjenige erhält, der überobligatorische Anstrengungen zum Schutz der Umwelt unternimmt, kommt hier also nicht voll zum Tragen. Überobligatorische Leistungen, welche über die gesetzlichen Verpflichtungen wie z. B. die der EnEV hinausgehen, werden im Falle der Modernisierungsmieterhöhung weder belohnt noch sind sie lukrativ für den Vermieter. Durch den Anrechnungsausschluss von Fördermitteln nach § 558 a BGB, ergibt sich für den Vermieter vielmehr nur eine finanzielle „Schadensbegrenzung". Es verbleibt dabei, dass hier jemand finanzielle Lasten trägt, der nicht unmittelbarer Nutznießer ist.

Auch ist zu bedenken, dass es sich bei Zuschüssen aus öffentlichen Haushalten und zinslosen bzw. -verbilligten Darlehen aus öffentlichen Haushalten um Subventionen handelt. Unter Subventionen versteht man geldwerte Leistungen, die ein Träger öffentlicher Verwaltung an Private ohne marktmäßige Gegenleistung zur Erreichung eins bestimmten, im öffentlichen Interesse liegenden Zwecks gewährt.[341] Hierdurch wird also die Allgemeinheit belastet (Gemeinlastprinzip[342]), was mit wohlfahrtsstaatlichen Verlusten einhergeht. Es findet aber

340 Als instrumentelles Pendant zu den negativ anreizwirksamen Abgaben; vgl. zu den verschiedenen Instrumentarien Sparwasser/Engel/Vosskuhle, Umweltrecht, 2003, § 2 Rn. 155.

341 Kloepfer, Umweltrecht, 2004, § 5 Rn. 193.

342 So auch Ketteler, „Instrumente des Umweltrechts", in JuS 1994, S. 909, (911).

keine Internalisierung der Nutzungskosten statt, was dem vorrangigen Verursacherprinzip widerspricht.[343] Die Vorrangigkeit begründet sich direkt aus Art. 20 a GG, welcher die konsequente Verwirklichung des Verursacherprinzips als Kostenzurechnungsprinzip fordert.[344] Hiergegen kann auch nicht eingewandt werden, dass die externen Kosten nicht präzise berechnet werden können und die Umlage auf den Mieter aus Mieterschutz und damit sozialstaatlichen Gründen nicht möglich sei. Für den Mieterschutz muss auf andere Instrumentarien zurückgegriffen werden, weil in diesem Fall das Verursacherprinzip Vorrang hat.[345] Im Falle von modernisierungsbedingten Energieeinsparungsmaßnahmen trägt mit den öffentlichen Subventionen also die Allgemeinheit Kosten, welche unter konsequenter Anwendung des Kostenverursachungsprinzips eigentlich dem Mieter anzulasten wären. Aus den umfangreichen Regelungen über die Anrechnung von Drittmitteln, § 559 a BGB ist durchaus die mieterschützende Funktion der Vorschriften §§ 559–559 b BGB erkennbar.

Ein solch weitgehender Mieterschutz wirkt sich aber hier als Modernisierungshemmnis aus und verhindert somit einen effektiven Klimaschutz. Das gesetzliche Regelwerk über die im Rahmen des § 559 BGB berücksichtigungsfähigen Kosten und die Anrechnung von Drittmitteln nach § 559 a BGB beachtet nicht die umweltpolitische Bedeutung, die der Mieterhöhung nach § 559 BGB zukommen kann und sollte. Auch der Gesetzgeber wollte hier den Vermieter zu Modernisierungen bewegen, deren Durchführung – insbesondere wegen der Energieeinsparung – im allgemeinen Interesse liegen.[346] Diesem eigens formulierten Anliegen wird aber mit dem vorliegenden Regelwerk gerade entgegengewirkt.

Allerdings verbleibt dem Vermieter nach einer Modernisierungsmieterhöhung gemäß § 559 BGB noch die Möglichkeit der Mieterhöhung nach § 558 BGB, was insbesondere von Interesse für den Vermieter ist, wenn nach der Mieterhöhung noch eine Differenz bis zu der ortsüblichen Vergleichsmiete für die moderni-

343 Sparwasser/Engel/Vosskuhle, Umweltrecht, 2003, § 2 Rn. 37; Kloepfer, Umweltrecht, 2004, § 5 Rn. 201.

344 Vgl. Murswiek, „Staatsziel Umweltschutz, Bedeutung für Rechtsetzung und Rechtsanwendung", in NVwZ 1996, S. 222, (226), der das Gemeinlastprinzip grundsätzlich sogar als verfassungswidrig bezeichnet.

345 Vgl. hierzu Murswiek, „Staatsziel Umweltschutz, Bedeutung für Rechtsetzung und Rechtsanwendung", in NVwZ 1996, S. 222, (226).

346 So auch die Regierungsbegründung BT-Drucks. 14/4553, abgedruckt bei Beuermann/Blümmel, Das neue Mietrecht 2001, 2001, 150: „Die Durchführung von Modernisierungen liegt im allgemeinen Interesse. Dies wird in ihren unterschiedlichen Wirkungen deutlich: sichtbare Verbesserung des Wohnbestandes, Erhöhung des Wohnkomforts und der Wohnqualität für den Mieter und schließlich Entlastung der Umwelt...".

sierte Wohnung verbleibt, die er dann geltend machen kann.[347] Allerdings wird dies nur selten der Fall sein, weil die Modernisierung meist noch nicht einmal einen so großen Anstieg der ortsüblichen Vergleichsmiete rechtfertigt, dass sich die Modernisierungskosten damit amortisieren ließen. Dies gilt insbesondere für den hier maßgeblichen Fall der energieeinsparenden Modernisierungsmaßnahmen. Der hierdurch erzielte verbesserte energetische Zustand des Gebäudes findet in den Mietspiegeln im Rahmen der Wohnwertmerkmale noch keine Berücksichtigung, so dass die Wohnung meist noch nicht einmal anders eingeordnet werden muss und sich deshalb auch keine Änderung der ortsüblichen Vergleichsmiete ergibt.

Daneben besteht für den Vermieter nach Durchführung der Modernisierungsmaßnahmen aber auch die Möglichkeit, die Miete bis zur ortsüblichen Vergleichsmiete für modernisierten Wohnraum zu erhöhen, § 558 BGB.[348] Allerdings hat der Gesetzgeber in § 558 Abs. 5 BGB entsprechend der Modernisierungsmieterhöhung die Anrechnung von Kürzungsbeträgen auch bei der Mieterhöhung bis zur ortsüblichen Vergleichsmiete gemäß § 558 BGB angeordnet. Drittmittel im Sinne des § 559 a BGB sind von dem Jahresbetrag, der sich bei einer Erhöhung auf die ortübliche Vergleichsmiete ergäbe, abzuziehen, im Falle des § 559 a Abs. 1 BGB mit 11 % des Zuschusses. So verringert sich der Erhöhungsbetrag nach § 559 BGB entsprechend wieder.

Die Folge hiervon ist aber oftmals, dass dann der nach § 558 BGB ansonsten mögliche Erhöhungsbetrag wieder aufgezehrt wird.[349] Außerdem kann der Vermieter keine weitere Mieterhöhung nach § 559 BGB durchführen, sobald die Modernisierung einmal bei der Mieterhöhung nach § 558 BGB Berücksichtigung gefunden hat.[350] Insgesamt wird deshalb der durch die Modernisierung gestiegene Wohnwert meist nicht ausreichen, um damit die Kosten für die Moderni-

---

347 So die h. M.: LG Berlin, Urteil vom 18.1.1999 – 61 S 1342/98 = NZM 1999, S. 457, (458); Riecke, in Schmid, Mietrecht, Kommentar, 2006, § 559 BGB Rn. 6; Both, in Herrlein/Kandelhard, Mietrecht, Kommentar, 2007, Vorbemerkungen zu §§ 558 bis 558 e BGB Rn. 24; Börstinghaus, in Schmidt-Futterer, Mietrecht, Groß-Kommentar, 2007, Vorbemerkungen zu § 558 BGB Rn. 8; a. A. Weidenkaff, in Palandt, Bürgerliches Gesetzbuch, Kommentar, 2007, § 559 BGB Rn. 3; Kossmann, Handbuch der Wohnraummiete, 2003, § 145 Rn. 10, die nur eine Mieterhöhung bis zum vergleichbaren, nicht modernisierten Wohnraum für zulässig halten.

348 Vgl. hierzu auch Hanke, „Regelungen zur Modernisierung", in NZM 2001, S. 74, (77).

349 Emmerich, in Staudingers, Kommentar zum Bürgerlichen Gesetzbuch, 2005, § 558 BGB Rn. 41.

350 Vgl. Both, in Herrlein/Kandelhard, Mietrecht, Kommentar, 2007, Vorbemerkungen vor §§ 558 bis 558 e BGB Rn. 23; Artz, in MünchKomm, BGB, Kommentar, 2001, § 559 BGB Rn. 7; Weidenkaff, in Palandt, Bürgerliches Gesetzbuch, 2007, § 559 BGB Rn. 3; Börstinghaus, in Schmidt-Futterer, Mietrecht, Groß-Kommentar, 2007, Vorbemerkungen zu § 558 BGB Rn. 6.

sierungsmaßnahme zu decken.[351] Auch hierdurch wird der Vermieter nochmals benachteiligt, was den angestrebten Modernisierungsanreiz noch einmal erheblich einschränken wird.

2. Instandmodernisierungen

Bauliche Maßnahmen, die der Vermieter in Erfüllung der ihm nach § 535 Abs. 1 Satz 2 BGB obliegenden Pflicht zur Instandhaltung bzw. Instandsetzung ausführt, können nicht durch eine Mieterhöhung nach §§ 559 ff. BGB auf den Mieter umgelegt werden.[352]

Während bei der Instandhaltung ein ordnungs- und vertragsgemäßer Zustand der Mietsache aufrechterhalten wird, muss bei der Instandsetzung ein ordnungs- und vertragswidriger Zustand erst noch beseitigt werden.[353]

Wenn der Vermieter mit der Instandhaltung oder Instandsetzung aber nur seinen vertraglichen Verpflichtungen nachkommt, kann er vom Mieter nicht eine zusätzliche Gegenleistung in Form einer Mieterhöhung verlangen.[354]

Möglich sind in der Praxis häufig Überschneidungen in Form der sogenannten Instandmodernisierungen. Hierbei werden mit notwendigen Instandsetzungen bzw. Instandhaltungen zugleich Modernisierungen durchgeführt, wie z. B. beim Austausch verrotteter Fenster mit Einfachverglasung gegen Kunststofffenster mit Isolierverglasung.[355] Zwar handelt es sich bei dieser Instandmodernisierung insgesamt um eine Maßnahme im Sinne des § 559 BGB, der finanzielle Aufwand welcher für die Instandhaltung und Instandsetzung aufgewendet wurde, findet allerdings keinen Eingang in die für die Mieterhöhung nach § 559 BGB maßgeblichen anrechenbaren Kosten.[356]

Der Vermieter sieht sich bei solchen Instandmodernisierungen oftmals einer schwierigen Berechnung der nach § 559 BGB anrechenbaren Kosten gegenüber.

---

351 So auch Weidenkaff, in Palandt, Bürgerliches Gesetzbuch, 2007, § 559 BGB Rn. 3.

352 Vgl. z. B. Both, in Herrlein/Kandelhard, Mietrecht, Kommentar, 2007, § 559 BGB Rn. 117; Börstinghaus, in Blank/Börstinghaus, Miete, Kommenart, 2004, § 559 BGB Rn. 11.

353 Emmerich, in Emmerich/Sonnenschein, Miete, Kommentar, 2007, § 535 BGB Rn. 14; Weidenkaff, in Palandt, Bürgerliches Gesetzbuch, 2007, § 535 BGB Rn. 38.

354 Both, in Herrlein/Kandelhard, Mietrecht, Kommentar, 2007, § 559 BGB Rn. 117.

355 Blank, in PiG, Band 60, 81.

356 Emmerich, in Staudingers, Kommentar zum Bürgerlichen Gesetzbuch, Berlin 2005, § 559 BGB Rn. 43 m.w.N.; Börstinghaus, in Schmidt-Futterer, Mietrecht, Groß-Kommenar, 2007, § 559 BGB Rn. 162 ff.; Both, in Herrlein/Kandelhard, Mietrecht, Kommentar, 2007, § 559 Rn. 118 m.w.N.

Er muss in einem solchen Fall eine Vergleichsrechnung anstellen, um den für die fiktive Instandsetzung bzw. Instandhaltung aufgewendeten Kostenteil zu ermitteln und aus den Gesamtkosten herauszurechnen. Diese Vergleichsrechnung muss in der Mieterhöhungserklärung anhand der wesentlichen Rechnungspositionen nachvollziehbar dargelegt werden[357], wobei die Angabe undefinierter Prozentsätze nicht ausreichend ist, weil der Mieter die Mehrkosten anhand der Mieterhöhungserklärung selbst ermitteln können muss.[358] Gegebenenfalls muss hierbei geschätzt werden, was in der Praxis sehr streitanfällig ist.[359] Auch kann sich der Vermieter in der Regel nicht darauf berufen, dass Instandsetzungskosten nicht enthalten sind. Bei der Erneuerung älterer Einrichtungen spricht eine tatsächliche Vermutung für Instandsetzungsbedarf und einen entsprechenden Abzug.[360] Darüber hinaus ist auch der Vermieter nach der wohl überwiegenden Ansicht beweispflichtig für die Höhe der in Ansatz gebrachten Instandsetzungs- und Instandhaltungskosten.[361]

Diese praktischen Schwierigkeiten wirken sich investitionshemmend auf den Vermieter aus. Die für die Treibhausgasreduktion so erforderlichen energieeinsparenden Modernisierungen unterbleiben. Dies wirkt sich aber besonders dann nachteilig für die erforderliche Treibhausgasreduktion und den gesamten Klimaschutz aus, wenn der Vermieter bei sowieso erforderlichen Instandsetzungs- und Instandhaltungsmaßnahmen wegen dieser Schwierigkeiten bei der Kostenumlegung auf den Mieter nicht gleichzeitig energieeinsparende Modernisierungsmaßnahmen durchführt. Misst man Modernisierungsmaßnahmen lediglich an der Energiekosteneinsparung so amortisieren sich diese gerade dann, wenn sie im Zusammenhang mit Instandhaltungsmaßnahmen durchführt werden. In diesem Fall überschneiden sich oftmals kostenträchtige Arbeiten, wie beispielsweise die Gerüststellung bei der Fassadenerneuerung mit gleichzeitiger Außenwanddämmung. Den Vermieter wird man also nur schwer dazu bringen, energieeinsparende Modernisierungen schon zu einem Zeitpunkt durchführen

357 Vgl. Both, in Herrlein/Kandelhard, Mietrecht, Kommentar, 2007, § 559 BGB Rn. 118 m.w.N.; Riecke, in Schmid, Mietrecht, Kommentar, 2006, § 559 BGB Rn. 29 ; LG Gera, Urteil vom 22.2.2000 – 8 S 281/99 = WuM 2000, S. 256–258.

358 LG Görlitz, Urteil vom 17.10.2001 – 2 S 61/01 = WuM 2001, S. 613.

359 Börstinghaus, in Schmidt-Futterer, Mietrecht, Groß-Kommentar, 2007, § 559 BGB Rn. 163; Blank, in PiG, Band 60, 82.

360 Riecke, in Schmid, Mietrecht, Kommentar, 2006, § 559 Rn. 30; LG Wiesbaden, Urteil vom 1.11.1984 – 1 S 277/84 = WuM 1985, S. 365.

361 So zumindest: LG Braunschweig, Urteil vom 22.9.1989 – 6 S 91/89 = WuM 1990, S. 158 f.; LG Hannover, Urteil vom 9.8.1989 – 11 S 72/89 = WuM 1990, S. 227; Kossmann, Handbuch der Wohnraummiete, 2003, § 164 Rn. 6; Blank, in PiG, Band 60, S. 82.

zu lassen, in welchem noch eine volle Funktionstauglichkeit des jeweiligen Bauteils gegeben ist.[362] Damit kommt eine energieeinsparende Modernisierungsmaßnahme oftmals erst wieder nach Jahrzehnten in Betracht, weil der Erneuerungszyklus der Bauteile im Gebäudesektor sehr langjährig und die Lebensdauer von Instandhaltungsmaßnahmen sehr hoch ist.[363]

3. Vermieter als Bauherr

Wie sich des Weiteren aus § 559 Abs. 1 Satz 1 BGB ergibt, kann der Vermieter Mieterhöhungen nur im Zusammenhang mit baulichen Maßnahmen beanspruchen, die er selbst durchgeführt hat. Vermieter und Bauherr müssen also identisch sein.[364]

Bauherr ist gemäß § 559 BGB derjenige, der eine Baumaßnahme im eigenen Namen und auf eigene Rechnung durchführt oder durchführen lässt.[365] Dies wird neben dem Wortlaut damit begründet, dass gerade der Vermieter in Person zu Modernisierungsinvestitionen motiviert werden soll.[366] Entweder muss der Vermieter selbst bauhandwerklich tätig geworden sein, oder aber einen Dritten damit beauftragt haben.[367] Dabei muss allerdings der Vermieter derjenige sein, der das „Ob", „Wann" und „Wie" der Maßnahme bestimmt und die Kosten zu tragen hat.[368]

Für den Fall des Wärmecontractings besteht demnach keine Möglichkeit einer Modernisierungsmieterhöhung der Kaltmiete im Falle des Einbaus einer neuen, energieeinsparenden Heizungsanlage durch den Contractor. Die Maßnahme selbst wird im Namen und auf Kosten des Contractors durchgeführt. Dem Vermieter entstehen gerade keine Investitionskosten, weil es der Wärmelieferant ist,

---

362 So auch Arbeitskreis Contracting, Handbuch Contracting, 1997, 40.

363 Vgl. Diefenbach u. a., Beiträge der EnEV und des KfW-CO_2–Gebäudesanierungsprogramms zum Nationalen Klimaschutzprogramm, 2005, 83 ff.

364 Herrlein/Kandelhard (Both), § 559 BGB Rn. 99 m.w.N.

365 Börstinghaus, in Blank/Börstinghaus, Miete, Kommentar, 2004, § 559 BGB Rn. 5; Emmerich, in Staudingers, Kommentar zum Bürgerlichen Gesetzbuch, 2005, § 559 BGB Rn. 18; Riecke, in Schmid, Mietrecht, Kommentar, 2006, § 559 BGB Rn. 14.

366 OLG Hamm, Beschluss vom 30.5.1983 – 4 REMiet 2/83 = WuM 1983, S. 287–289; Schulz, in Bub/Treier, Handbuch der Geschäfts- und Wohnraummiete, 1999, § 559 BGB Rn. 553.

367 Both, in Herrlein/Kandelhard, Mietrecht, Kommentar, 2007, § 559 BGB Rn. 99.

368 Börstinghaus, in Blank/Börstinghaus, Miete, Kommentar, 2004, § 559 BGB Rn. 5; Emmerich, in Staudingers, Kommentar zum Bürgerlichen Gesetzbuch, 2005, § 559 BGB Rn. 10.

der die Heizungsanlage finanziert. Zwar wurde für die Einführung des Breitbandkabelnetzes durch die Post entschieden, dass der Vermieter, der eine Maßnahme durch Auftragserteilung veranlasst hat, zumindest einem Bauherrn gleichzusetzen sei.[369] Beim Wärmecontracting erteilt man jedoch im Gegensatz zum vorgenannten Fall keinen direkten Auftrag zum Austausch einer alten in eine neue Heizungsanlage. Vielmehr steht die Entscheidung darüber gerade in der Verpflichtung und im Ermessen des Contractors. Handelt es sich also nicht gerade ausnahmsweise um das sogenannten Anlagencontracting, so ist der Vermieter im Falle des Wärmecontractings auch kein Veranlasser der Modernisierungsmaßnahme und damit auch kein Bauherr im Sinne des § 559 BGB.[370]

Darüber hinaus darf der Vermieter Mieterhöhungen auch nur solche Aufwendungen zugrunde legen, die ihm selbst entstanden sind. Dies ist aber bei der üblichen Vertragsausgestaltung gerade nicht der Fall, weil die Heizungsanlage üblicherweise vom Contractor finanziert wird. Diese Investition soll auch nach der verfolgten Konzeption unter seiner Verfügung bleiben, so dass dem Vermieter keinerlei anrechenbare Kosten entstehen.[371] Eine Mieterhöhung der Kaltmiete nach § 559 BGB scheidet demnach aus.

Demnach wird auch dahingehend ein finanzieller Anreiz zur Durchführung der energieeinsparenden Modernisierung durch Umstellung auf das Wärmecontracting unterbunden.

4. Zu hohe formale Anforderungen

Sowohl die Duldung von Modernisierungsmaßnahmen nach § 554 BGB als auch folgende Mieterhöhung nach § 559 BGB hängen wesentlich von der Einhaltung gesetzlich auferlegter Verfahrensregelungen ab.

So legt § 554 Abs. 3 BGB dem Vermieter eine höchst komplizierte und detaillierte Mitteilungspflicht bei Modernisierungsmaßnahmen auf. Danach hat der Vermieter dem Mieter drei Monate vor Beginn der Maßnahme deren Art, sowie voraussichtlichen Umfang und Beginn, voraussichtliche Dauer sowie die zu erwartende Erhöhung der Miete in Textform mitzuteilen. Der Mieter soll dadurch zum einen in die Lage versetzt werden, zu überprüfen, ob es sich bei den Maß-

369 Bay VGH, Urteil vom 25.2.1992 = ZMR 1992, S. 211–214, (213).

370 Im Ergebnis so auch BGH, Urteil vom 22.2.2006 – VIII ZR 362/04 = NZM 2006, S. 2185–2187; Weidenkaff, in Palandt, Bürgerliches Gesetzbuch, 2007, § 559 BGB Rn. 6.

371 So auch Pfeiffer, „Der Wärmedirektservice – ein lohnendes Konzept für die Wohnwirtschaft?", in ZdW Bay 1996, S. 90, (95).

nahmen überhaupt um wohnwertverbessernde bzw. energieeinsparende Maßnahmen handelt und er danach einer Duldungspflicht unterliegt. Darüber hinaus sollen ihm die Auswirkungen der Maßnahme auf die Mietsache selbst erkennbar werden, um die Geltendmachung des außerordentlichen Kündigungsrechtes gemäß § 554 Abs. 3 Satz 2 BGB abzuwägen.[372]

Bezüglich der mitzuteilenden Art der Maßnahme wird deshalb eine klare und präzise Darstellung teilweise bis hin zur Angabe des Baustoffes verlangt.[373] Während bei dem voraussichtlichen Umfang der Maßnahme Angaben über die Schwere des Eingriffs in die Bausubstanz und in die Wohnsituation des Mieters gemacht werden müssen, verlangt die Angabe des voraussichtlichen Beginns und der Dauer der Maßnahme so genaue Angaben, wie sie spätestens drei Monate vor Beginn der Maßnahmen möglich sind.[374]

Dabei ändert auch die „Voraussichtlichkeit" der Angaben nichts daran, dass der Vermieter präzise Angaben zu den genannten Umständen machen muss, nur eben unter dem Blickwinkel der Vorausschau.[375] „Voraussichtlich" bedeutet keinesfalls eine nur ungefähre Angabe. Vielmehr hat der Vermieter immer so genaue Angaben zu machen, wie ihm dies nach dem Planungsstand bei Abgabe der Erklärung möglich ist.[376] Dies dürfte allerdings extrem streitanfällig sein, weil der Vermieter sich leicht dem Vorwurf ausgesetzt sehen dürfte, eine genauere Planung sei möglich gewesen. Dabei kann allzu leicht übersehen werden, dass es sich um perspektivische und damit immer auch ein Stück weit hypothetische Angaben handelt, die immer mit einem Rest an Unsicherheit verbunden bleiben dürften.[377]

Auch die durch die Mietrechtsreform vom 1.9.2001 von zwei (§ 541 b Abs. 2 BGB a. F.) auf drei Monate verlängerte Ankündigungsfrist konterkariert jeglichen Modernisierungsanreiz. Der Gesetzgeber beabsichtigte mit der Verlängerung auf drei Monate einen Gleichlauf zur Kündigungsfrist des außerordentlichen Kündi-

---

372 Eisenschmid, in Schmidt-Futterer, Mietrecht, Groß-Kommentar, 2007, § 554 BGB Rn. 291.

373 So auch Eisenschmid, in Schmidt-Futterer, Mietrecht, Groß-Kommentar, 2007, § 554 BGB Rn. 264.

374 Emmerich, in Staudingers, Kommentar zum Bürgerlichen Gesetzbuch, 2005, § 554 BGB Rn. 45.

375 Sternel, „Wohnraummodernisierung nach der Mietrechtsreform", in NZM 2001, S. 1058, (1063); Lützenkirchen, Neue Mietrechtspraxis, 2001, Rn. 612.

376 Sternel, „Wohnraummodernisierung nach der Mietrechtsreform", in NZM 2001, S. 1058, (1058); Rips/Eisenschmid, Neues MietR 2001, 2001, 52.

377 Auch vor der Mietrechtsreform konnten nur hypotetische Angaben gemacht werden, obwohl damals die Voraussichtlichkeit noch nicht gesetzlich festgelegt war, vgl. hierzu Börstinghaus/Eisenschmid, Arbeitskommentar Neues Mietrecht, 2001, 187.

gungsrechtes nach § 541 b Abs. 3 Satz 2 BGB.[378] Dies behindert aber Maßnahmen, die kurzfristig durchzuführen sind.[379]

Auch die Darstellung der voraussichtlichen Mieterhöhung stellt eine besondere Herausforderung an die Vermieter dar. Neben der zu erwartenden Mieterhöhung müssen auch Angaben über eine modernisierungsbedingte Erhöhung oder Neueinführung von Betriebskosten gemacht werden.[380] Nicht nur für den rechtsunkundigen Mieter stellen diese Angaben oftmals komplizierte Berechnungen dar. Hinzu kommt eine Fülle an Intransparenz wegen einer Fülle von Rechtsprechung, welche selbst dem rechtlich Versierten vor oft unlösbare Aufgaben stellt. Dies zeigt sich z. B. schon an den vielfältigen Problemen bei den anrechenbaren Kosten bzw. nicht anrechenbaren Kosten einer Modernisierungsmaßnahme.[381] Dem Vermieter wird die Durchführung von Modernisierungsmaßnahmen auch durch diesen modernisierungshemmenden Formalismus erschwert bis teilweise unmöglich gemacht.

Wenn aber die Mitteilung den strengen Anforderungen des § 554 BGB nicht genügt, so entfällt die Duldungspflicht des Mieters. Auch können sich Auswirkungen auf die Möglichkeit einer Mieterhöhung nach § 559 BGB ergeben.[382]

Eine Mieterhöhung nach § 559 BGB setzt eine materiell und formell wirksame Mitteilung im Sinne von § 554 BGB voraus. Falls der Mieter der Modernisierung auf die Mitteilung hin widerspricht, so muss erst der Duldungsanspruch gerichtlich durchgesetzt werden, um späterhin eine Mieterhöhung nach § 559 BGB durchführen zu können. Liegt gar keine ordnungsgemäße Mitteilung vor, so ist für eine Mietererhöhung gemäß § 559 BGB Voraussetzung, dass der Mieter Kenntnis von der Modernisierung hat und diese duldet.[383] Nicht nur für die Duldungspflicht sondern auch für die Möglichkeit einer Mieterhöhung gemäß § 559 BGB spielt demnach eine auch formell wirksame Mitteilung eine wichtige Rolle. Nur eine solche kann ihm die notwendige Sicherheit geben, seine Modernisierungskosten auch wieder zumindest teilweise an den profitierenden Mieter weiterzugeben und einem Kosten-Nutzen-Dilemma zu entgehen. Da aber wie oben

---

378 Regierungsbegründung BT-Drs. 14/4553 zu § 554 BGB; Eisenschmid, in Schmidt-Futterer, Mietrecht, Groß-Kommentar, 2007, § 554 BGB Rn. 258.

379 So auch die Stellungnahme des Bundesrates BT-Drs. 14/4553 Anlage 2, 13 zu Artikel 1 Nr. 3 (§ 554 Abs. 3 Satz 1 BGB) zum Entwurf der Bundesregierung.

380 Eisenschmid, in Schmidt-Futterer, Mietrecht, Groß-Kommentar, 2007, § 554 BGB Rn. 277 m.w.N.

381 Vgl. hierzu die Ausführungen in Kap. 5, A. I. 1.

382 Eisenschmid, in Schmidt-Futterer, Mietrecht, Groß-Kommentar, 2007, § 554 BGB Rn. 293.

383 Emmerich, in Staudingers, Kommentar zum Bürgerlichen Gesetzbuch, 2007, § 559 b BGB Rn. 22; Börstinghaus, in Schmidt-Futterer, Mietrecht, Groß-Kommentar, 2007, § 559 BGB Rn. 21.

dargestellt, die formellen Anforderungen an eine solche Mitteilung sehr hoch sind, verbleibt insbesondere für den rechtsunkundigen bzw. rechtlich nicht beratenen Vermieter ein nicht zu unterschätzendes Risiko auf den Modernisierungskosten im ganzen sitzen zu bleiben[384] oder aber in seinem Modernisierungswillen bzw. -vorhaben behindert zu werden.[385] Dies alles stellt sich schon als rechtlich äußerst kompliziert dar und dürfte in der praktischen Anwendung oftmals eine unlösbare Aufgabe werden. Ein Vermieter vermag sich anhand der alleinigen Lektüre des Gesetzeswortlautes von § 554 BGB und § 559 BGB mit Sicherheit nicht über eine mögliche Duldungspflicht des Mieters oder aber ein eigenes Mieterhöhungsrecht in Kenntnis zu setzen. Erschwerend kommt hinzu, dass sich der Vermieter bei schuldhaften Falschangaben in der Modernisierungsankündigung gegenüber dem Mieter schadensersatzpflichtig machen kann.[386]

Durch diese Rechtsunsicherheit werden die so wichtigen energieeinsparenden Modernisierungsvorhaben ausgebremst.

Auch die Mieterhöhung nach § 559 BGB selbst setzt wiederum eine wirksame Erhöhungserklärung gemäß § 559 b BGB voraus. Nach § 559 b Abs. 2 Satz 1 BGB schuldet der Mieter die erhöhte Miete erst mit Beginn des dritten Monats nach dem Zugang der Erklärung. Mit der Mietrechtsreform vom 19.6.2001[387] wurde damit die Frist für das Wirksamwerden der Mieterhöhungserklärung um einen Monat verlängert.[388] Angesichts der nicht auf die umlegbaren Kosten anrechenbaren Zwischenfinanzierungskosten erscheint aber die dreimonatige Frist des § 559 b Abs. 2 BGB zu lang bemessen. Diese belasten den Vermieter über die Maßen und wirken sich modernisierungshemmend aus. Das gleiche gilt für die Verlängerung der Wirksamkeitsfrist um sechs Monate, wenn die tatsächliche Mieterhöhung mehr als 10 % höher ist, als die im Ankündigungsschreiben mitgeteilte Mieterhöhung. Da aber eine Überschreitung von Kostenvoranschlägen im Baugewerbe durchaus üblich sind, müsste der Mieter mit den Handwerkern Festpreise vereinbaren, um hier der finanziellen Belastung durch § 559 b Abs. 2 BGB zu entgehen. Hierzu sind diese aber selten oder doch nur gegen einen gewis-

---

384 Z.B. dann, wenn der Mieter keine Kenntnis von der Modernisierung hat und diese duldet.

385 Z.B. wenn er bei Widerspruch des Mieters gegen bereits begonnene Maßnahmen erst gerichtlich den Duldungsanspruch durchsetzen muss.

386 Ehlert, in Bamberger/Roth, Kommentar zum Bürgerlichen Gesetzbuch, 2007, § 554 BGB Rn. 38; Eisenschmid, in Schmidt-Futterer, Mietrecht, Groß-Kommentar, 2007, § 554 BGB Rn. 293.

387 BGBl. I, S. 1149.

388 Vgl. § 3 MHRG, wonach die Mieterhöhung noch von dem Beginn des auf die Erklärung folgenden übernächsten Monats wirksam geworden ist.

sen finanziellen „Risikoaufschlag“ bereit.[389] Darüber hinaus muss die Erhöhungserklärung die entstandenen Kosten darlegen und die Erhöhung erläutern. Völlig unberücksichtigt bleibt dabei allerdings, dass es nach der Fertigstellung der Modernisierungsmaßnahmen oft noch Monate dauert, bis die endgültigen Rechnungen der Bauhandwerker vorliegen, die dann erst Grundlage für die Mieterhöhungsberechnung sind.[390]

Die vom Vermieter kaum zu erfüllenden hohen formalen Anforderungen an die Modernisierungsankündigung und die Mieterhöhungserklärung hemmen den Vermieter energieeinsparende Modernisierungen überhaupt erst durchzuführen. Von einer Rechtssicherheit und Transparenz der Gesetzeslage kann nicht die Rede sein. Schon das Bundesverfassungsgericht hat oftmals darauf hingewiesen, dass die Durchsetzung materieller Ansprüche aber nicht von überzogenen, formalen Anforderungen konterkariert werden darf.[391] Der Vermieter wird durch die gesetzlichen Vorschriften zur Miethöhe sowieso schon vor erhebliche Schwierigkeiten praktischer und rechtlicher Art gestellt, die durch ein überzogenes Erfordernis von formelhaften Angaben in der Modernisierungsankündigung und der Mieterhöhungserklärung nicht noch verstärkt werden dürfen.[392] Eine verfassungskonforme Handhabung der hier maßgeblichen §§ 554 und 559 BGB verbietet aufgrund der Eigentumsgarantie in Art. 14 Abs. 1 GG gerade, dass es wegen nicht praxistauglicher Verfahrensregelungen zu einem faktischen Ausschluss der Modernisierungsmieterhöhung und damit auch zu einem faktischen Ausschluss von Modernisierungsmaßnahmen kommt.[393]

Dem kann auch nicht entgegengebracht werden, dass für den Vermieter nach einer Modernisierung auch die Möglichkeit besteht, die Miete bis zur ortsüblichen Vergleichsmiete für modernisierten Wohnraum nach § 558 BGB zu erhöhen. In diesem Zusammenhang muss nämlich berücksichtigt werden, dass mit der Mietrechtsreform vom 19.6.2001[394] die in § 558 Abs. 2 BGB festgesetzte Kappungsgrenze von 30 % auf nunmehr 20 % abgesenkt wurde. Gerade wegen hoher formaler Hürden einer Modernisierungsmieterhöhung wurde oftmals auf die Möglichkeit einer Mieterhöhung bis zur ortsüblichen Vergleichsmiete zu-

---

389 Vgl. Hanke, „Regelungen zur Modernisierung“, in NZM 2001, S. 74, (77).

390 So schon kritikübend: Hanke, „Regelungen zur Modernisierung“, in NZM 2001, S. 74, (77).

391 BVerfG, Beschluss vom 23.4.1974 – 1 BvR 6/74 = NJW 1974, S. 1499–1502; BVerfG, Beschluss vom 10.10.1978 – 1 BvR 180/77 = NJW 1979, S. 31, (32).

392 BVerfG, Beschluss vom 12.3.1980 – 1 BvR 759/77 = NJW 1980, S. 1617–1618.

393 Vgl. Steike, „Der Inhalt der Modernisierungsankündigung“, in DWW 2000, S. 47, (48), mit Verweis auf Schulz, Anmerkungen zum RE des KG vom 1.9.1988 – 8 RE-Miet 4048/88, in ZMR 1988, S. 459–461.

394 BGBl. I, S. 1149.

rückgegriffen, was allerdings mit der Absenkung der Kappungsgrenze auf 20 % nicht mehr wirtschaftlich sinnvoll erscheint. Vielmehr wird man vor einer Modernisierung nunmehr abzuwägen haben, ob man die hohen formalen Anforderungen und die damit verbundenen Risiken für die gesetzlich im Betrag beschränkte Mieterhöhung in Kauf nehmen will. Eine solche Abwägung wird sich letztlich vielfach modernisierungshemmend auswirken.[395]

5. Härtefall und Sonderkündigungsrecht des Mieters

Nach dem Abwägungsgebot des § 554 Abs. 2 BGB hat der Mieter die Modernisierungsmaßnahmen nicht zu dulden, wenn sie für den Mieter, seine Familie oder einen anderen Angehörigen seines Haushalts eine Härte bedeuten würde, die auch unter Würdigung der berechtigten Interessen des Vermieters und anderer Mieter in dem Gebäude nicht zu rechtfertigen ist. Es erfolgt eine zweidimensionale Abwägung mit den Interessen des Vermieters an der Modernisierung seines Wohnungsbestandes auf der einen Seite und den Interessen des Mieter vor Luxusmodernisierungen und einem Hinausmodernisieren auf der anderen Seite.[396] Dabei sind in die Abwägung die vorzunehmenden Arbeiten, die baulichen Folgen, vorausgegangene Aufwendungen des Mieters und die zu erwartende Mieterhöhung mit einzubeziehen, vgl. § 554 Abs. 2 Satz 3 BGB. Die zu erwartende Höhe der Mieterhöhung ist nur dann nicht zu berücksichtigen, wenn die gemieteten Räume oder sonstige Teile des Gebäudes lediglich in einen Zustand versetzt werden, wie er allgemein üblich ist, vgl. § 554 Abs. 3 Satz 4 BGB

Nach der h. M. finden öffentliche Interessen keinen Eingang in die Abwägung.[397] Dabei wird darauf abgestellt, dass zum einen der Wortlaut des § 554 BGB lediglich auf die Interessen der Mietvertragsparteien abstellt und zum anderen ein solches Einstellen öffentlicher Interessen in die Abwägung aus Gründen des sozialen Mieterschutzes nicht möglich sei.[398] Hierbei wird jedoch verkannt, dass § 554 BGB energieeinsparende Modernisierungen fördern will und das eine Energieeinsparung eben auch und in erster Linie ein öffentliches Inte-

---

395 Vgl. hierzu auch Hanke, „Regelungen zur Modernisierung", in NZM 2001, S. 74, (77).

396 Eisenschmid, in Schmidt-Futterer, Mietrecht, Groß-Kommentar, 2007, § 554 BGB Rn. 5; so auch Emmerich, in Staudingers, Kommentar zum Bürgerlichen Gesetzbuch, 2005, § 554 Rn. 31.

397 Emmerich, in Staudingers, Kommentar zum Bürgerlichen Gesetzbuch, 2005, § 554 BGB Rn. 28; Schmid, in Schmid, Mietrecht, Kommentar, 2006, § 554 BGB Rn. 24.

398 Thomsen, Modernisierung von preisfreiem Wohnraum durch den Vermieter, 1998, 59 mit Hinweis auf die Gesetzesmaterialien.

resse ist.[399] Richtig ist, dass auch der Vermieter durch die energieeinsparende Modernisierung ein ökonomisches Interesse im Sinne einer Wertsteigerung verfolgen kann. Der Gesetzgeber ging es aber mit der Einführung einer Duldungsverpflichtung für energieeinsparende Maßnahmen nicht um die dem Vermieter zukommende Wertsteigerung der Immobilie. Vielmehr geht es hier um die Möglichkeit durch energieeinsparende Maßnahmen Treibhausgasemissionen einsparen zu können. Mit der Mietrechtsreform vom 19.6.2001[400] wurde eine deutliche Tendenz zu einer ökologischen Ausrichtung erkennbar, nicht zuletzt weil der Gesetzgeber in § 554 BGB die Duldungspflicht nunmehr auf allen Energieeinsparungsmaßnahmen ausgeweitet hat, vgl. § 554 Abs. 2 Satz 1 BGB. Dabei spielten die Interessen der Mietvertragsparteien keine Rolle, vielmehr findet eine Gemeinwohlorientierung statt.[401]

Die Tatsache, dass der Mieter durch energieeinsparende Maßnahmen auch gleichzeitig Kosten einspart, ist vielmehr ein bloßer Rechtsreflex. Genau dieser Rechtsreflex rechtfertigt aber auch, warum der Gesetzgeber hier das öffentliches Interesse der Energie- und Treibhausgasemissionen im privatrechtlichen Mietrecht kodifizieren konnte. Die Interessenlage widerspricht sich hier nicht von vornherein, sondern kann vielmehr gleichgerichtet sein. Dies wird nur dann nicht der Fall sein, wenn die eigentlich auch im Interesse des Mieters liegende Energieeinsparung den Mieter in anderer Form unzumutbar beeinträchtigt. Genau für einen solchen Fall, muss aber auch das öffentliche Interesse als dritte Ebene in die Abwägung mit einbezogen werden. Dem steht auch der soziale Mieterschutz nicht entgegen. Dieser wird ja vielmehr dadurch gewährleistet, dass die Mieterinteressen in die Abwägung mit einfließen. Gleichgewichtig daneben steht aber auch das öffentliche Interesse an einer Energie- und Treibhausgasemissionsreduktion, welches durch die Staatszielbestimmung des Art. 20 a GG neben und nicht etwa von vornherein hinter den Mieterinteressen eingeordnet werden muss.[402] Auch der Wortlaut des § 554 BGB spricht nicht gegen eine Einbeziehung von öffentlichen Interessen in die Abwägung nach § 554 Abs. 2 BGB.

---

399 Vgl. Eisenschmid, in Schmidt-Futterer, Mietrecht, Groß-Kommentar, 2007, § 554 BGB Rn. 187, der zumindest darauf abgestellt, dass nur solche öffentliche Interessen keinen Eingang finden, die über den Regelungsgehalt des § 554 BGB hinausgehen, was bei dem öffentlichen Interesse an der Treibhausgasreduktion wohl nicht der Fall sein wird.

400 BGBl. I, S. 1149.

401 Börstinghaus, in Schmidt-Futterer, Mietrecht, Groß-Kommentar, 2007, § 559 BGB Rn. 7; so auch Rips/Eisenschmid, Neues MietR 2001, 2001, 367.

402 Vgl. hierzu auch die Ausführungen zu Art. 20 a GG in Kap. 6, A. II. 3. b).

Dem steht auch nicht die BGH-Entscheidung vom 3.3.2004[403] entgegen, mit der entschieden wurde, dass das Wirtschaftlichkeitsgebot keine den § 559 BGB beschränkende Funktion hat, als dass ein bestimmtes Verhältnis der Mieterhöhung zur Energieeinsparung gegeben sein muss. Zwar weist der BGH in seinen Entscheidungsgründen auch darauf hin, dass die Mieter gerade aufgrund der Härteregelung des § 554 Abs. 2 Satz 2 BGB ausreichend geschützt sind. Dies bedeutet jedoch gerade nicht, dass nicht auch das öffentliche Interesse an der Reduktion von Treibhausgasen Eingang in die Abwägung finden muss.

Problematisch gestaltet es sich außerdem, dass der Vermieter kein objektiver Dritter ist, welcher mit der hier erforderlichen Neutralität zunächst alle in die Gesamtschau einzustellenden Interessen erkennen und diese dann noch abzuwägen vermag. Er und seine Interessen sind vielmehr Teil der Abwägung selbst. Darüber hinaus tendieren die Gerichte hier zu Einzelfallentscheidungen, so dass dem Vermieter eine vor Gericht standhaltende Abwägungsentscheidung schwer fallen dürfte[404].

Darüber hinaus dürfte der Vermieter auch die auf Seiten des Mieters zu berücksichtigenden Interessen im Zeitpunkt einer anzukündigenden Modernisierung schon gar nicht kennen.[405] Eine Vielzahl von tatsächlich vorliegenden Abwägungsinteressen wird er damit gar nicht in die Abwägung mit einstellen können. Es ist deshalb davon auszugehen, dass viele Vermieter wegen mangelnder Rechtssicherheit eine solche Abwägung und damit eventuell auch eine Modernisierung an sich scheuen. Dies gilt insbesondere für groß angelegte Modernisierungsvorhaben von Wohnungsunternehmen, die eine besonders zeit- und kostenintensive Modernisierungsvorbereitung bedürfen.[406]

Zudem ist die rechtliche Fehlsteuerung zu erkennen, wonach von der Rechtsprechung zunehmend objektive Grenzen für die monatliche Belastung des Mieters entwickelt werden, bei deren Überschreiten die Duldungspflicht des Mieters grundsätzlich entfallen soll.[407] Auch in der Literatur findet sich die Auffassung, wonach die Verbesserung objektiv in einem angemessenen Verhältnis zu der zu erwartenden Mieterhöhung zu stehen hat.[408] Teilweise bezieht man sich auf die

---

403 BGH, Urteil vom 3.3.2004 – VIII ZR 149/03 = ZMR 2004, S. 424 ff.

404 Hanke, „Regelungen zur Modernisierung", in NZM 2001, S. 74, (74).

405 Both, in Herrlein/Kandelhard, Mietrecht, Kommentar, 2007, § 554 BGB Rn. 48; so schon Hanke, „Regelungen zur Modernisierung", in NZM 2001, S. 74, (74).

406 Vgl. Hanke, „Regelungen zur Modernisierung", in NZM 2001, S. 74, (74).

407 Vgl. Emmerich, in Staudingers, Kommentar zum Bürgerlichen Gesetzbuch, 2005, § 554 BGB Rn. 36 m.w.N.

408 So z. B. Blank, in Blank/Börstinghaus, Miete, Kommentar 2004, § 554 BGB Rn. 31.

Grundsatzentscheidung des BGH mit Urteil vom 3.3.2004[409], mit welcher eine Begrenzung der Mieterhöhung im Rahmen des § 559 BGB abgelehnt wurde. Dadurch habe sich die Wertung der Mieterhöhung in die Härteklausel des § 554 BGB verlagert.[410] Es darf damit aber die Entscheidung des BGH nicht konterkariert werden, in dem nun ein am Wirtschaftlichkeitsgrundsatz ausgerichtetes angemessenes Verhältnis zwischen Mieterhöhung und Energieeinsparung verlangt wird. Dem stehen auf Seiten des § 554 BGB dieselben vom BGH herausgearbeiteten Gründe entgegen wie in § 559 BGB. Insbesondere sind objektive Kriterien nicht am Gesetzeswortlaut auszumachen. Es verbleibt demnach dabei, dass die zu berücksichtigende Mieterhöhung an der konkreten finanziellen Lage des Mieters gemessen werden muss. Im Übrigen würde ein Abstellen auf objektive Gesichtspunkte zu der Einführung einer weiteren Kappungsgrenze führen, die der Gesetzgeber in § 554 BGB gerade nicht vorgesehen hat. Entscheidend ist aber auch, dass sich solche objektiven Gesichtspunkte modernisierungshemmend auswirken dürften, weil energieeinsparenden Modernisierungsmaßnahmen ein Härtegrund seitens der Mieter entgegengestellt werden könnte, der sich noch nicht einmal aus Mieterschutzgesichtspunkten rechtfertigen ließen.

Deshalb ist es richtig, bei der Abwägung die zu erwartende Mieterhöhung auch nur in Relation zu der konkreten finanziellen Situation des Mieters und nicht etwa objektiv auf das Verhältnis von Modernisierungskosten zu der Heizostenersparnis zu setzen.[411]

Zudem besteht für den Vermieter das Risiko, dass der Mieter von seinem Sonderkündigungsrecht nach § 554 Abs. 3 BGB nach Zugang einer Mitteilung im Sinne von § 554 BGB oder aber dem Sonderkündigungsrecht nach § 561 BGB nach Zugang der Mieterhöhungserklärung Gebrauch macht. Dies hat Einfluss auf das Vermieterverhalten, da der Vermieter befürchten muss, dass er einen langjährigen, ihm bekannten Mieter verliert und noch nicht einmal sicher ist, dass er bei einer Neuvermietung seine Mietvorstellung realisieren kann. Ein Kündigungsrecht wird dem Mieter auch dann eingeräumt, wenn der Mieter

409 Vgl. BGH, Urteil vom 3.3.2004 – VIII ZR 149/03 = NJW 2004, S. 1738–1740.

410 So zumindest Rieke, in Schmid, Mietrecht, Kommentar, 2006, § 554 BGB Rn. 32.

411 So auch Emmerich, in Staudingers, Kommentar zum Bürgerlichen Gesetzbuch, 2005, § 554 BGB Rn. 36; Gramlich, Mietrecht, Kommentar, 2001, § 554 BGB, S. 71; Rieke, in Schmid, Mietrecht, Kommentar, 2006, § 554 BGB Rn. 31 m.w.N.; so wohl auch Wilcken, „Fernwärme statt Gasetagenheizung – Zum Modernisierungsbegriff in § 554 II BGB“, in NZM 2006, S. 521, (523); Eisenschmid, in Schmidt-Futterer, Mietrecht, Groß-Kommentar, 2007, § 554 BGB Rn. 222; anders aber Blank, in PiG, Band 60, S. 79, (92).

nicht zur Duldung verpflichtet ist[412] oder aber wenn die Modernisierungsmaßnahme nicht ordnungsgemäß angekündigt wurde.[413] Hierdurch entsteht eine Missbrauchsgefahr, weil dem Mieter hier die Möglichkeit gegeben wird, sich aus einem nicht mehr gewollten Mietverhältnis zu lösen.[414] Der Vermieter trägt also das Risiko, dass er seinen Mieter verliert. Dieses Risiko werden viele Vermieter scheuen, da ein Mieterverlust oft mit Zeit, Arbeit und Geld verbunden ist.

Sowohl die sogenannte Härteregelung nach § 554 Abs. 2 Satz 2 BGB als auch das Sonderkündigungsrecht nach § 554 Abs. 3 bzw. § 561 BGB wirken sich deshalb modernisierungshemmend aus.

II. Wärmecontracting

Genauso wie bei der energetischen Modernisierung besteht auch beim Wärmecontracting ein Kosten-Nutzen-Dilemma. Dies gilt insbesondere während eines laufenden Mietverhältnisses, wenn dem Vermieter beim Umstieg auf das Wärmecontracting seitens der Rechtsprechung und Gesetzgebung keine Möglichkeit der Umlegung des Wärmepreises auf den Mieter eingeräumt wird.[415]

Der Vermieter hat hier Kosten, die er nicht auf den Mieter umlegen kann. Das Wärmecontracting geht meist mit einer Heizungsanlagenerneuerung bzw. -modernisierung durch den Contractor selbst einher. Wie bereits unter Kap. 5, A I. 3. beschrieben, ist Voraussetzung für eine Modernisierungsmieterhöhung, dass der Bauherr auch die Modernisierungsmaßnahme selbst durchgeführt hat. Dies ist beim Wärmecontracting jedoch nicht der Fall. Eine Umlage durch Modernisierungsmieterhöhung kommt demnach nicht in Betracht. Anders als bei einer Heizungsmodernisierung durch den Vermieter hat also der Vermieter im Falle des Wärmecontracting noch nicht einmal die Möglichkeit nach § 559 BGB 11 % der Kosten jährlich auf den Mieter umzulegen. Diese Investitionskosten sind jedoch im Wärmepreis des Contractors berücksichtigt. Kann nun aber der Vermieter nach der derzeitigen Rechtsprechung den Wärmepreis nicht umlegen, son-

412 Vgl. Schmid, in Schmid, Mietrecht, Kommentar, 2006, § 554 BGB Rn. 56; Emmerich, in Staudingers, Kommentar zum Bürgerlichen Gesetzbuch, 2005, § 554 BGB Rn. 56; Voelskow, in MünchKomm, BGB, 2001, § 9 MHG Rn. 9; Börstinghaus, in Schmidt-Futterer, Mietrecht, Groß-Kommentar, 2007, § 561 BGB Rn. 14 f.

413 Kraemer, in Bub/Treier, Handbuch der Geschäfts- und Wohnraummiete, 1999, Rn. 1117; Eisenschmid, in Schmidt-Futterer, Mietrecht, Groß-Kommentar, 2007, § 554 BGB Rn. 351.

414 So schon Sternel, „Wohnraummodernisierung nach der Mietrechtsreform", in NZM 2001, S. 1058, (1064).

415 Vgl. hierzu die Ausführungen unter Kap. 4, B. II. 5. b) bb).

dern nur die fiktiven Kosten für die eigene Wärmebereitstellung, so verbleiben dem Vermieter die vollständigen Kosten für die Heizungsmodernisierung. Durch die Heizungsmodernisierung kommt es aber zu einer Energieeinsparung zugunsten des Mieters, wodurch sich wiederum das Kosten-Nutzen-Dilemma manifestiert. Da darüber hinaus beim Wärmecontracting auch keine Modernisierungsmieterhöhung nach § 559 BGB möglich ist, verstärkt sich das Kosten-Nutzen-Dilemma nochmals.

Da nach höchstrichterlicher Rechtsprechung auch in einem laufenden Mietverhältnis nicht die Kosten der Wärmelieferung durch einen Contractor bei vorheriger eigener Wärmebereitstellung auf den Mieter umgelegt werden dürfen, verbleibt dem Vermieter nur die gleichbleibende Abrechnung auf der Basis einer fiktiven eigenen Wärmebereitstellung. Auch dies ist mit erheblichen Unberechenbarkeiten und Hemmnissen für den Vermieter verbunden. Die Contractoren schlüsseln grundsätzlich ihre Preise aus Wettbewerbsgründen nicht in seine verschiedenen Faktoren auf. Außerdem steht einer solchen Abrechnung fiktiver Wärmeerzeugungskosten entgegen, dass der Vermieter solche Kosten eben mangels eigener Wärmeerzeugung gar nicht hatte. Nach dieser Argumentation hätte dann der Vermieter sogar keine Möglichkeit Kosten der Wärmeerzeugung auf den Mieter umzulegen.[416] Damit würde dem Vermieter ein weiterer finanzieller Schaden entstehen, welcher das Wärmecontracting als energieeinsparende Maßnahme wohl völlig hemmen bzw. unterbinden würde.

Insbesondere das Investitionsrisiko verbleibt wieder beim Vermieter, während der Mieter eine Energieeinsparung und damit auch einen finanziellen Vorteil genießen kann. Es ist zwar nicht zu verneinen, dass der Vermieter selbst auch ein – wenn auch nur zweitrangiges – Interesse an der Senkung des Betriebskostenanteils hat. Wie hoch dieses Interesse jedoch einzuschätzen sein wird, ist eine andere Frage. Es verbleiben letztendlich eben immer die Kosten des Vermieters, die einer Betriebskosteneinsparung verbunden mit einer besseren Vermietbarkeit der Mietsache gegenüberstehen. Eine wirtschaftliche Gegenüberstellung und Abwägung wird für den Vermieter mangels entsprechender wirtschaftlicher Kenntnisse und der nur begrenzt vorhersehbaren Entwicklung des Mietwohnungsmarktes nur sehr schwer möglich sein. Da die Betriebskosteneinsparung dem Vermieter insbesondere nur mittelbar zugute kommen kann, wird sich das Interesse des Vermieters an Betriebskosteneinsparungen in Grenzen halten.

---

416 Vgl. hierzu Derleder, „Anmerkungen zum BGH, Urteil vom 22.2.2006 – VIII ZR 362/04, in CuR 02-2006, S. 57, (58).

Weder die Beachtung des geltenden Umweltschutzes noch eine darüber hinausgehende Anstrengung des Vermieters – wie z. B. durch die Einführung von Wärmecontracting – ist eigennützig gesichert.[417] Als Folge dieses Kosten-Nutzen-Dilemmas wird sich der Vermieter immer wieder zugunsten einer preiswerten Heizungsanlage mit vergleichsweise hohen Verbrauchswerten und gegen die Einführung des Wärmecontracting entscheiden.[418] Wegen der grundsätzlich hohen Lebensdauer solcher Modernisierungsmaßnahmen im Immobilienbereich läuft dies den Zielen der Treibhausgasemissionsreduktion in besonders schwerwiegender Weise entgegen.

B. Beschränkung auf das ordnungsrechtliche Instrumentarium

Der Gesetzgeber lässt im Bereich des Umweltschutzes zuwenig privatrechtliche Handlungsinitiative erkennen. Den klimaschutzrechtlichen Verpflichtungen wird vielmehr und zunächst mit dem Ordnungsrecht begegnet. Umweltschutzinvestitionen werden deshalb zumeist im Bereich des Ordnungsrechtes getätigt, während der Privatrechtssektor mit seinen Möglichkeiten einer indirekten Steuerung vernachlässigt wird.

Durch das Ordnungsrecht kann zwar das Verhalten der Bürger unmittelbar gesteuert werden und damit auch gezielt auf die Erreichung der klimaschutzrechtlichen Verpflichtungen hingewirkt werden. Will man allerdings ordnungsrechtliche Maßnahmen beurteilen, so sind als Kriterien zum einen die Effektivität (Grad der Zielerreichung) und zum anderen die Effizienz (Zielbewirkung zu minimalen volkswirtschaftlichen Kosten) maßgeblich. Sowohl an der Effektivität als auch an der Effizienz mangelt es, wenn man zur Erreichung des ehrgeizigen Zieles einer maximalen Energieeinsparung einzig und allein auf das Instrumentarium des Ordnungsrechtes setzt.

Die Effektivität und damit die Zielerreichung wird im Ordnungsrecht maßgeblich durch die Berücksichtigung des rational-eigennützigen Verhalten des Normadressaten bestimmt. Es gibt keine apriorische Befolgung extern gesetzter Verhaltensverbindlichkeiten.[419] Selbst bei ordnungsrechtlichen Ge- oder Verboten findet beim Normadressaten ein Abwägungsprozess über seine Handlungsmaxime statt, bei der im Wesentlichen auch das individuelle ökonomische Kosten-Nutzen-Kalkül als Entscheidungsgrundlage herangezogen wird. Je weniger

417 Vgl. hierzu Gerlach, Privatrecht und Umweltschutz im System des Umweltrechts, 1989, 139.

418 Arbeitskreis Contracting, Handbuch Contracting, 37.

419 So auch Gawel, Umweltallokation durch Ordnungsrecht, 1994, 49.

das Streben nach individueller Vorteilsmaximierung Berücksichtigung findet, umso stärker ist der Vollzug der Normen gefährdet. Man kann den Klimaschutz durch das Ordnungsrecht nicht gegen den ökonomischen Eigennutz verwirklichen.[420] Vielmehr muss ein solcher auch bei ordnungsrechtlichen Vorschriften immer Beachtung finden.

Neben der Gefahr einer Überregulierung, welche sich aufgrund des Zeitfaktors sogar investitionshemmend auswirken kann, scheitert die Effektivität ordnungsrechtlicher Maßnahmen auch schon oft am Vollzug des Ordnungsrechtes aufgrund mangelnder staatlicher Kontrollmechanismen.

Die EnEV ist ein Beispiel dafür, dass die Effektivität einer öffentlich-rechtlichen Normierung schon am Vollzug scheitert. Es liegen keine ausreichenden Kontrollmechanismen für die Durchführung vor. Der Vollzug der EnEV fällt in den Zuständigkeitsbereich der einzelnen Bundesländer, so dass diese auch nur die Regelungen zur Durchführung und Kontrolle erlassen können, ohne hierzu allerdings verpflichtet zu sein.[421] Dagegen gelten die gesetzlichen Anforderungen der EnEV auch für den Fall, dass gerade keine Durchführungsverordnung des jeweiligen Landes vorliegt. Von einer Effizienz kann im Ordnungsrecht allerdings nur ausgegangen werden, wenn auch der Vollzug durch Rechtsnormierungen gesichert ist.

Selbst für den Fall einer normativen Vollzugsregelung durch das jeweilige Land bestehen weiterhin Vollzugsdefizite im tatsächlichen Umsetzungsbereich. Auch mit der EnEV wurde die Diskrepanz zwischen akribischer Berechnung des Energieverbrauchs und der Realität am Bau nicht korrigiert und behoben. Weder bei der Planung noch bei der Bauausführung findet eine ausreichende Kontrolle der Standards statt.[422]

Die bis jetzt nur teilweise vorhandenen Durchführungsbestimmungen der Bundesländer unterscheiden sich zudem sehr in ihrem Umfang und Wirkungsgrad. Von einer gesicherten Effizienz der klimaschutzrechtlichen Anforderungen in der EnEV kann deshalb nicht ausgegangen werden.

Als weiteres Beispiel einer mangelnden Effektivität öffentlich-rechtlicher Vorschriften kann die bußgeldbewährte Pflicht zur Erstellung eines Energieaus-

---

420 Vgl. hierzu auch Gerlach, Privatrecht und Umweltschutz im System des Umweltrechts, 1989, 139.

421 Vgl. das Energieeinsparungsgesetz, welches die Landesregierungen ermächtigt, durch Rechtsverordnung die Überwachung der gesetzlichen Anforderungen der EnEV zu überwachen.

422 Vgl. hierzu die Ausführungen in „Energieeinsatz in Privathaushalten“, *http://www.env-it.de/umweltdaten*, wonach nach der Veränderung der Wärmeschutzverordnung bei einem gesicherten Vollzug der gesetzlichen Regelung eine Verminderung des Energieverbrauchs um rund 60 % seit 1975 – statt der tatsächlichen 38 % – zu erwarten gewesen wäre.

weises herangezogen werden.[423] Erst mietereigene Ansprüche im Privatrechtsverkehr ermöglichen eine effiziente Umsetzung. Da der Berechtigte in der Regel sehr daran interessiert sein wird, die ihm zustehenden Ansprüche auch durchzusetzen, vermeidet ein zivilrechtlicher Umweltschutz die dem öffentlichen Recht eigenen Vollzugsdefizite.[424] Zwar würde dies im Privatrechtsverkehr eine Begrenzung der Vertragsfreiheit bedeuten. Diese könnte sich aber anders als Bußgeldbewährungen im Ordnungsrecht sogar präventiv auswirken, während bei letzteren schon das umweltspezifische Risiko eingetreten ist und nur noch Schadensbegrenzung betrieben werden kann.[425]

Auch verhindert –zumindest aber hemmt– eine Beschränkung auf das Ordnungsrecht den technischen Fortschritt bei Energieeinsparungsmaßnahmen. Der Nachweis technischer Durchführbarkeit muss erbracht sein. Nur so ist ein wirksames Vorgehen durch Vollzugsbehörden überhaupt möglich. Damit müssen sich die ordnungsrechtlichen Instrumentarien zwangsläufig nach dem Stand der Technik richten[426], was lediglich einem umweltrechtlichen Minimalstandard entspricht.[427] Überobligatorische Leistungen im Sinne eines über den Stand der Technik hinausgehenden technischen Fortschrittes werden weder honoriert noch berücksichtigt.[428]

Auch mangelt es bei den ordnungsrechtlichen Instrumentarien an der erforderlichen Effizienz, weil die Kosten-Nutzen-Relation der ordnungsrechtlichen Instrumente zur Energieeinsparung nicht ausgeglichen ist.[429] Der Vollzug des Ordnungsrechtes setzt wie bereits dargelegt einen wirksamen Kontrollmechanismus voraus. Dieser wirkt sich allerdings wieder in einem Kostenfaktor und damit in der Kosten-Nutzen-Relation negativ aus. Für den Vollzug des öffentlichen Rechts bedarf es nämlich zunächst Behörden, welche Kosten entweder für neu errichtete Behörden oder neue bzw. neu geschulte Mitarbeiter produzieren. Diese Transaktionskosten, die bei der Anwendung der ordnungsrechtlichen

---

423 Vgl. hierzu die Ausführungen in Kap. 6, B. III.

424 Fritz, Umweltschutz als Inhalts- und Schrankenbestimmung in privatrechtlichen Verträgen, 1997, 54.

425 So auch Meier, Ökologische Aspekte des Schuldvertragsrechts, 1995, 48.

426 Gawel, Umweltallokation durch Ordnungsrecht, 1994, 57; vgl. auch Sparwasser/Engel/Vosskuhle, Umweltrecht, 2003, § 2 Rn. 114, der dies auch als sogenanntes „umwelttechnisches Stagnationskartell“ beschreibt.

427 Kloepfer, Umweltrecht, 2004, 435.

428 Sparwasser/Engel/Vosskuhle, Umweltrecht, 2003, § 2 Rn. 114.

429 Vgl. hierzu insbesondere Wagner, „Effizienz des Ordnungsrechts für den Umweltschutz“, in NVwZ 1995, S. 1046 ff., der sich damit eingehend beschäftigt.

Vorschrift entstehen, dürfen als Kostengesichtspunkt bei der Bewertung einer Kosten-Nutzen-Relation nicht außer Betracht bleiben.[430]

Zusammenfassend lässt sich festhalten, dass es eine rechtliche – auch ökonomisch-rechtliche – Fehlentwicklung darstellt, den Privatrechtssektor mit seinen erheblichen Möglichkeiten von Umweltschutzinvestitionen zu vernachlässigen. Dieser sollte vielmehr verstärkt zur indirekten Steuerung von Umweltschutzmaßnahmen herangezogen werden.

430 Vgl. Kloepfer, Umweltrecht, 2004, 435.

Kapitel 6: Entgegensteuernde Lösungsansätze

A. Mietereigener Anspruch auf optimale Wärmeversorgung

Man könnte zunächst annehmen, dass ein solcher mietereigener Anspruch auf optimale Wärmeversorgung für die Verwirklichung des ökologischen Ziels der Emissionsreduktion gar nicht vonnöten ist. Der Vermieter ist durch die EnEV schon zu Energieeinsparungsmaßnahmen gesetzlich verpflichtet worden. Es wurde jedoch bereits aufgezeigt, dass die Kontrolle der Einhaltung dieser Pflichten noch sehr mangelhaft und schleppend erfolgt. Selbst bei einer unterstellten staatlichen Kontrolle, kann diese niemals hundertprozentig erfolgen. Zudem ist es der Mieter, dem in erster Linie an der Einhaltung dieser gesetzlichen Verpflichtungen wegen finanzieller Interessen gelegen sein dürfte. Dieser muss deshalb in die Lage versetzt werden, Energieeinsparungsmaßnahmen rechtlich einzufordern. Hierzu wäre der entsprechende mietereigene Anspruch erforderlich.

Ein mietereigener Anspruch setzt an der entscheidenden schleppenden Stelle an – am Kosten-Nutzen-Dilemma. Wird der Vermieter aufgrund des Kosten-Nutzen-Dilemmas Energieeinsparungsmaßnahmen noch zögerlich umsetzen, so wird durch einen mietereigenen Anspruch auf optimale Wärmeversorgung der entscheidende Druck auf den Vermieter ausgeübt werden können. Der Mieter ist in der Lage den entscheidenden Druck auf den Vermieter aufzubauen, weil der Vermieter immer an einer dauerhaften Vermietung interessiert sein wird und es allein der Mieter ist, welche die Rendite seiner Immobilie sichern kann. Anders als bei der staatlichen Kontrolle von zwangsweise angeordneten Energieeinsparmaßnahmen wäre ein mietereigener Anspruch auf optimale Wärmeversorgung ein „Selbstläufer", da der Mieter vorrangig wegen seiner finanziellen Interessen an der Energieeinsparung seinen Anspruch auf optimale Wärmeversorgung auch durchsetzen wird. Mit dem Wissen über einen solchen Anspruch des Mieters wird sich der Vermieter viel eher für eine optimale Wärmeversorgung sensibilisieren lassen.

Darüber hinaus ist zu bedenken, dass die gesetzlichen Verpflichtungen zu Energieeinsparmaßnahmen – insbesondere die der EnEV – nicht zu einer optimalen Wärmeversorgung anhalten.

Die Begrifflichkeit der optimalen Wärmeversorgung setzt das Optimum für Mensch und Umwelt voraus. Unter Umweltschutzgesichtspunkten ist dabei die CO_2-Reduktion hauptentscheidend, welche zum einen durch eine Senkung des Energieverbrauchs selbst und zum anderen durch eine Steigerung der Energieeffizienz zu erreichen ist. Unter der Energieeffizienz versteht man das Verhältnis zwischen Energieerzeugungsleistung und Energieeinsatzmenge. Es gilt bei möglichst geringer Energieeinsatzmenge eine größtmögliche Energieerzeugungsleistung zu erbringen. Die optimale Wärmeversorgung setzt in erster Linie an genau dieser Energieeffizienz an, in dem eben dieses Verhältnis zwischen Energieeinsatzmenge und Energieerzeugungsleistung optimiert wird und als Optimum an den Energieverbraucher weitergegeben wird.

Die Energieeffizienz ist entscheidend abhängig von der Heizungsanlage selbst. Es muss die Anlage gewählt werden, welche die größte Energieeffizienz aufweist. Der aktuelle Energieverbrauch bzw. die aktuelle Energiebedarfsmenge spielt aber insofern für die Wahl der Anlage eine Rolle, als dass die Anlage auf eben diesen aktuellen Bedarf dimensioniert sein muss. Zu vermeiden ist eine Überdimensionierung der Heizungsanlage mit einem von vornherein höheren Energiebedarf, welche als Energieerzeugungsleistung nicht dem Verbraucher zukommt. So werden in deutschen Haushalten bis zu 20 % des Energie- und Emissionsausstoßes ohne jeden individuellen Nutzen innerhalb beheizter Gebäude verbraucht, weil das Gesamtpaket der Raumwärme und Beheizung nicht dem individuellen Verbrauch angepasst ist.[431]

Ein Optimum der Heizungsanlagentechnik geht auch über die „anerkannten Regeln der Technik", wie sie in der EnEV in den §§ 6, 11, 12, 13, 15 verpflichtend dargestellt sind, hinaus. Unter den „anerkannten Regeln der Technik" versteht man die Summe der in einem Fachgebiet anerkannten wissenschaftlichen, technischen und handwerklichen Erfahrungen, welche sich in der praktischen Anwendung bewährt und durchgesetzt haben und damit Gedankengut der auf dem betreffenden Fachgebiet tätigen Personen geworden ist.[432] Die optimale Wärmeversorgung setzt dagegen vielmehr den „Stand der Technik" wenn nicht sogar den „Stand der Wissenschaft und Technik" voraus. Der „Stand der Technik" setzt ein höheres Anforderungsniveau gemäß dem technischen und wirtschaftlich realisierbaren Fortschritt.

Über die Wahl und den Einbau der optimalen Anlage bestimmt sich eine optimale Wärmeversorgung aber auch über den Betrieb der Anlage selbst. Hierfür bietet sich die Begrifflichkeit des sogenannten „Betriebscontrolling" oder aber „Energiemonitoring"[433] an.

Das sogenannte Controlling setzt dabei zunächst auf laufende und prozessbegleitende Kontrolle der Betriebsprozesse als auch auf eine nachträgliche Revision

431 So auch Schwintowski, „Das Wirtschaftlichkeitsgebot – die Rechtspflicht des Vermieters zur optimalen Wärmeversorgung", in WuM 2006, S. 115, (116).

432 Werner/Pastor, Der Bauprozess, 2002, Rn. 1459.

433 Vgl. auch die Ausführungen unter Kap. 2, B. II.

im Hinblick auf Ordnungs- und Zweckmäßigkeit der Prozesse. Darüber hinausgehend ist es Aufgabe des Controllings die Immobilie detailliert und systematisch zu durchdringen und darzustellen. Dies ist mit Hilfe eines Gebäudeautomations- oder auch Gebäudeinformationssystems bereits hinreichend möglich.[434] Die ständige Erfassung von Messdaten ermöglicht den Aufbau eines Datenpools, welcher eine zeitnahe Erfassung der Verbrauchswerte ermöglicht.[435] Neben der Steigerung der Energieeffizienz ist also durch die neu gewonnene Transparenz auch ein positiver Einfluss auf das Verbrauchsverhalten denkbar.

Weitergehend sind die durch diese Transparenz gewonnenen Erkenntnisse dann in die weitere betriebliche Planung umzusetzen.

Die ständige Kontrolle geht außerdem einher mit einer ständigen, nämlich stunden- und tagegenauen Einstellung der Anlage, die der jeweiligen Außen- und Innentemperatur optimal angepasst wird und so die Energieeinsatzmenge auf das notwendige Minimum reduziert.[436] Wird ein solches Energiemonitoring konsequent verfolgt, so können in günstigen Fällen bis zu 40 % Energie eingespart werden.[437]

In der Praxis findet man ein solches Betriebscontrolling bis jetzt selten. Gängig ist bei Vermietungen bis jetzt nur der Anlagenwartungsvertrag, der sich darauf beschränkt, die Betriebsbereitschaft zu sichern, die Energieerzeugungsmenge zu ermitteln und mit der Energieeinsatzmenge zu vergleichen. Die einmalige Einstellung der Heizungsanlage durch den Schornsteinfeger ist immer noch vorherrschend.

I. Anspruch auf Einhaltung gesetzlicher Vorschriften wie der EnEV

Wie bereits dargelegt, geht die optimale Wärmeversorgung über die zurzeit geltenden gesetzlichen Verpflichtungen zur Energieeinsparung weit hinaus. Letztere stellen sich damit als Minus gegenüber dem Optimum dar.

§ 535 Abs. 1 Satz 2 BGB sieht die Verpflichtung des Vermieters zur Gewährung des vertragsgemäßen Gebrauchs während der gesamten Mietzeit als Überlas-

---

434 Vgl. hierzu auch Messerschmidt, Funksysteme: Sicherer elektronischer Transfer von Verbrauchsdaten, in Pöschk, Energieeffizienz in Gebäuden, 2007, 245.

435 Vgl. Umweltbundesamt und GdW, Energiemanagement in Wohnungsunternehmen, 2003, 24.

436 Vgl. hierzu auch Schwintowski, Das Wirtschaftlichkeitsgebot – die Rechtspflicht zur optimalen Wärmeversorgung", in WuM 2006, S. 115, (115).

437 A.a.O.

sungs- und Erhaltungsverpflichtung vor. Dies ist ggf. auch mit einem positiven Tun verbunden.[438]

Die Bestimmung des vertragsgemäßen Zustands richtet sich grundsätzlich nach der Vereinbarung der Mietvertragsparteien. In erster Linie ist dabei von den Anschauungen der Parteien bei Vertragsschluss über die Frage auszugehen, welchen Anforderungen die vermieteten Räume jeweils genügen müssen.[439] In jedem Falle aber kann der Mieter einen Mindeststandard erwarten, der den heutigen Maßstäben gerecht wird.[440] Liegt allerdings keine ausdrückliche oder lediglich eine lückenhafte Regelung zum vertragsgemäßen Zustand vor, so muss eine Auslegung nach den §§ 133, 157, 242 BGB erfolgen.[441] Die Verkehrsanschauung spielt deshalb für die Auslegung eines bestimmungsgemäßen Verbrauches eine große Rolle. Dabei muss immer dem Äquivalenzverhältnis von Leistung und Gegenleistung Beachtung geschenkt werden. Regelmäßig werden die Mietvertragsparteien davon ausgehen, dass alles für einen ungestörten Mietgebrauch Erforderliche geschuldet wird[442], und im Rahmen des nach § 242 BGB gebotenen Rücksichtnahmegebotes und Vertragsschutzes Leistungsverpflichtungen des Vermieters bestehen.

Werden gesetzliche Verpflichtungen vom Vermieter nicht eingehalten, kann es zu Auswirkungen auf das dem Mietverhältnis zugrundeliegende Äquivalenzverhältnis von Leistung und Gegenleistung kommen.

Das öffentliche Recht legt dem Einzelnen einseitig gesetzliche Verpflichtungen auf, welche auf der öffentlich-rechtlichen Unterordnung des Einzelnen gegenüber dem Staat gründen. So wird auch der im privaten Rechtsverhältnis agierende Vermieter von solchen öffentlich-rechtlichen Verpflichtungen berührt. Der Mieter selbst ist dabei kein Teil dieses öffentlich-rechtlichen Verpflichtungsverhältnisses, aber Teil eines Rechtsrahmens in die der Vermieter durch die Einbringung der Mietsache auf den Wohnungsmarkt eingebunden ist.[443] So können

---

438 Vgl. Voelskow, in MünchKomm, BGB, 2001, §§ 535, 536 BGB Rn. 39; Kraemer, in Bub/Treier, Handbuch der Geschäfts- und Wohnraummiete, 1999, III.B Rn.1169.

439 Vgl. Emmerich, in Staudingers, Kommentar zum Bürgerlichen Gesetzbuch, 2005, § 536 BGB Rn. 12.

440 BGH, Urteil vom 26.7.2004 – VIII ZR 281/03 = NZM 2004, S. 736–738; Ehlert, in Bamberger/Roth, Kommentar zum Bürgerlichen Gesetzbuch, 2007, § 536 BGB Rn. 15a; Emmerich, in Staudingers, Kommentar zum Bürgerlichen Gesetzbuch, 2005, § 536 BGB Rn. 12.

441 Emmerich, in Staudingers, Kommentar zum Bürgerlichen Gesetzbuch, 2005, § 535 BGB Rn. 35.

442 Eisenschmid, in Schmidt-Futterer, Mietrecht, Groß-Kommentar, 2007, § 536 BGB Rn. 33; vgl. BVerfG GE 1998, 1208 = ZMR 1998, S. 687 = WuM 1998, S. 657; Emmerich, in Staudingers, Kommentar zum Bürgerlichen Gesetzbuch, 2005, § 536 BGB Rn. 12.

443 Ähnlich auch Eisenschmid, in PiG, Band 65, 150.

öffentlich-rechtliche Verpflichtungen grundstücksbezogen sein und damit unmittelbar einer Mietsache anhaften. Die gesetzliche Verpflichtung wirkt sich damit auf das privatrechtliche Mietverhältnis aus. Es ist deshalb davon auszugehen, dass die Mietvertragsparteien bei Abschluss des Mietvertrages die Vorstellung hatten, alles für einen ungestörten Mietgebrauch zu tun. Dies beinhaltet auch die Verpflichtung des Vermieters gesetzliche Verpflichtungen, die sich auf die Mietsache auswirken zu erfüllen. Die Überlassung der Wohnung zum vertragsgemäßen Gebrauch schließt also regelmäßig mit ein, dass der Vermieter die gesetzlichen Anforderungen beachtet und einhält[444], bei deren Nichtbeachtung durch den Vermieter sich eine Störung im Äquivalenzverhältnis zwischen Leistung und Gegenleistung ergeben würde.

Zur Einschätzung eines eben solchen gestörten Äquivalenzverhältnisses als auch allgemein bei einer mietvertraglich geschuldeten Leistung muss aber auch das Wirtschaftlichkeitsgebot besondere Beachtung finden.

Eine gesetzliche Regelung zum Wirtschaftlichkeitsgebot findet sich im Mietrecht in den §§ 556 Abs. 3 Satz 1, 560 Abs. 5 BGB hinsichtlich der Veränderungen der Höhe der Betriebskosten bzw. der hierauf zu leistenden Vorauszahlungen. Diese gesetzliche Normierung des Wirtschaftlichkeitsgebotes wurde erst durch das Mietrechtsreformgesetz vom 19.6.2001[445] eingeführt. In der Rechtsprechung wurde jedoch auch schon vorher von einer allgemeinen Verpflichtung des Vermieters ausgegangen, bereits bei der Verursachung von Betriebskosten sorgfältig und sparsam vorzugehen.

Aber das Wirtschaftlichkeitsgebot geht über das Betriebskostenrecht hinaus. Die Auflage wirtschaftlichen Handelns beurteilt sich nach dem Standpunkt eines vernünftigen Vermieters, der nach einem vertretbaren Kosten-Nutzenverhältnis seine Entscheidungen trifft und danach handelt.[446] Die Beachtung dieses vertretbaren Kosten-Nutzen-Verhältnisses kann jedoch nicht nur für den Bereich einer unmittelbaren Kostenbelastung für den Mieter bei der Betriebskostenumlage gelten.

Auch im frei finanzierten Wohnraum hat der Vermieter wegen der besonderen verfassungsrechtlich normierten Sozialpflichtigkeit[447] der vermieteten Woh-

---

444 Vgl. Bay ObLG, Beschluss vom 4.8.1999 – RE-Miet 6/98 = WUM 1999, S. 568–570.

445 BGBl. I, S. 1149.

446 Lützenkirchen/Jennißen, Betriebskostenpraxis, 2002, Rn. 287; Schmid, Miete und Mietprozess, 2004, Kap. 5 Rn. 30; OLG Karlsruhe, Rechtsentscheid vom 20.9.1984 – 9 REMiet 6/83 = ZMR 1984, S. 412, (413); AG Köln, Urteil vom 5.1.1999 – 217 C 57/98, WuM 1999, S. 221, (222)

447 BVerfG, Beschluss vom 26.5.2993 – 1 BvR 208/93 = WuM 1993, S. 377–380: Das Besitzrecht des Mieters an der gemieteten Wohnung ist Eigentum im Sinne von Art. 14 Abs. 1 Satz 1 GG.

nungen die Pflicht, in allen Teilbereichen der Bewirtschaftung das Wirtschaftlichkeitsgebot zu beachten.[448] Beachtet werden muss auch, dass es sich auf ein auf lange Zeit angelegtes Vertragsverhältnis handelt, welches seinen Zweck nur erreichen kann, wenn jede Vertragspartei den erkennbaren Interessen der jeweils anderen Seite gebührend Rechnung trägt. Diese Überlegung wird getragen von dem in § 242 BGB zu entnehmenden Gebot der Rücksichtnahme und der Vertragstreue, welche es beide gebieten, das Mietobjekt in wirtschaftlich gebotenen Zustand zu erhalten.[449]

Das Wirtschaftlichkeitsgebot ist bei Bestimmung des vertragsgemäßen Gebrauches deshalb mit zur Auslegung heranzuziehen. Geschuldet ist also zumindest eine verantwortungsvolle und ordentliche Geschäftsführung.[450] Kommt der Vermieter dem nicht nach und wird der Mieter dadurch mit Kosten belastet, die aus der Unwirtschaftlichkeit resultieren, liegt eine Vernachlässigung des Mietobjektes vor, welche den vertragsgemäßen Gebrauch beeinträchtigt.

Dies gilt insbesondere für die Fälle von öffentlich-rechtlichen Modernisierungsgeboten zur Energieeinsparung, bei denen unmittelbar auch das Wirtschaftlichkeitsgebot betroffen ist. Im Bereich der Energieeinsparung und des Umweltschutzes gibt der Gesetzgeber wie oben bereits dargelegt dem Vermieter öffentlich-rechtliche Verpflichtungen auf. Zwar zielen solcherlei öffentlich-rechtliche Verpflichtungen auf eine CO_2-Reduktion und damit auf das Wohl der Allgemeinheit, aber mit dem gesetzgeberischen Ziel der Energieeinsparung ist jedoch auch regelmäßig eine Kosteneinsparung für den Mieter verbunden. Damit ist auch unmittelbar das Wirtschaftlichkeitsgebot betroffen. Der gesetzgeberische Auftrag wirkt sich auch auf das Mietverhältnis aus, weil durch ihn die Wirtschaftlichkeit des Hausbesitzes berührt ist und damit das Wirtschaftlichkeitsgebot überhaupt erst zur Anwendung kommt.[451]

Man kann den vertragsgemäßen Gebrauch also als beeinträchtigt sehen, weil seine Ausübung mit Kosten verbunden ist, die aus der Unwirtschaftlichkeit resultieren.

---

448 Vgl. BVerfG, Beschluss vom 23.8.1990 = WuM 1990, S. 479–481, wonach das Eigentum durch die Tatsache beschränkt wird, dass der Eigentümer als Teil der Rechtsgemeinschaft Beschränkungen in seiner Freiheit aus sozialen Gründen unterliegt, die seine eigene Entscheidung irrelevant machen, wenn sie aus Gemeinschaftsgesichtspunkten nicht mehr verständlich sind.

449 Eisenschmid, in PiG, Band 65, 150; Langenberg, in Schmidt-Futterer, Mietrecht, Groß-Kommentar, 2007, § 560 BGB Rn. 76.

450 Vgl. zu einem weiteren Verständnis des Wirtschaftlichkeitsgebotes die Ausführungen in Kap. 6, A. II.

451 Eisenschmid, in Schmidt-Futterer, Mietrecht, Groß-Kommentar, 2007, § 535 BGB Rn. 113.

Dies sah die Rechtsprechung auch schon für den gesetzgeberischen Auftrag in der HeizAnlV[452] vor, nach dem alle Heizkörper von Zentral- oder Etagenheizungen, die mit Wasser als Wärmeträger betrieben werden, mit Thermostatventilen auszurüsten war. Kam der Vermieter dieser öffentlich-rechtlichen Verpflichtung nicht nach, so wurde dies als Mangel der Mietsache, welcher zur Minderung berechtigt, eingestuft.[453]

Davon zu unterscheiden ist der Anspruch der gleichsam aus dem Wirtschaftlichkeitsgebot erwächst und den Vermieter zur Erhaltung der Mietsache in einem wirtschaftlich gebotenen Zustand verpflichtet, allerdings nichts mit gesetzlichen Vorgaben zu tun hat.

Die Einhaltung der gesetzlichen Anforderungen gehört aber nicht nur dann zum vertragsgemäßen Gebrauch, wenn das Wirtschaftlichkeitsgebot betroffen ist. Eine Störung des Äquivalenzverhältnisses zwischen Leistung und Gegenleistung kann sich auch dann ergeben, wenn die Wertschätzung der Mietsache in anderer Weise tangiert ist. In der Rechtsprechung wurde so z. B. entschieden, dass die Überschreitung von Richt- und Grenzwerten bestimmter Schadstoffbelastungen zu einem Mangel im Sinne des § 536 BGB führt. Diese Richt- und Grenzwerte sind Maßstab bei der Beurteilung des vertragsgemäßen Gebrauches, was mit dem Vertragszweck zu begründen ist. Eine zum Aufenthalt von Menschen bestimmte Räumlichkeit entspricht nur dann dem Vertragszweck, wenn sie nicht gesundheitsgefährdend ist.[454] Dies ergibt sich schon aus der Wertentscheidung des Gesetzes in § 569 Abs. 1 BGB.

Die Einhaltung gesetzlicher Anforderungen wird immer dann zum vertragsgemäßen Gebrauch gehören, wenn sie aufgrund der Verkehrsanschauung erwartet werden kann und sich auf die Wertschätzung der Mietsache auswirkt. In einem solchen Fall wird immer das Äquivalenzverhältnis zwischen Leistung und Gegenleistung gestört sein.

Bei Nichteinhaltung gesetzlicher Verpflichtungen, welche einer Energieeinsparung dienen, wird man dagegen grundsätzlich von einem beeinträchtigten Gebrauch und damit einem mietereigenen Anspruch auf Einhaltung gesetzlicher Vorschriften ausgehen.

---

452 Verordnung über energiesparende Anforderungen an heizungstechnische Anlagen und Brauchwasseranlagen (Heizungsanlagen-Verordnung-HeizAnlV) vom 24.2.1982, BGBl. I, S. 205.

453 AG Gelsenkirchen, Urteil vom 6.10.1992 – 3 b C 1105/91 = WuM 1993, S. 735, (736); Blumenstein, „Der Einbau von Thermostatventilen in freifinanzierten Wohngebäuden aufgrund der Heizungsanlagen-Verordnung vom 24.2.82", in ZMR 1987, S. 401, (404); Schläger, „Wohmraummietrecht und Umweltschutz", in ZMR 1988, S. 407, (409).

454 Vgl. z. B. Ehlert, in Bamberger/Roth, Kommentar zum Bürgerlichen Gesetzbuch, 2007, § 536 BGB Rn. 15a.

II. Anspruch auf optimale Wärmeversorgung, § 535 Abs. 1 BGB i.V.m. dem Wirtschaftlichkeitsgebot

Der Fall der optimalen Wärmeversorgung unterscheidet sich von den vorgenannten Fällen darin, dass der Vermieter bei Unterlassung der Einführung eines Anlagencontrollings (wie in Kap. 6, D. I. beschrieben) weder gegen eine gesetzliche Pflicht verstößt noch es der Anlage selbst oder aber dem Betrieb der Anlage zwingend an einem vertretbaren Kosten-Nutzenverhältnis mangelt. Für den Fall, dass eine Anlage oder aber der Betrieb der Anlage in keinem mehr vertretbaren Kosten-Nutzenverhältnis steht und damit nach der wohl herrschenden Rechtsprechung ein Verstoß gegen das Wirtschaftlichkeitsgebot vorliegt, ist immer die Wertschätzung der Mietsache selbst betroffen. Wie bereits dargestellt, ist in einem solchen Fall das Äquivalenzverhältnis zwischen Leistung und Gegenleistung gestört, so dass der Mieter nach § 535 BGB immer einen Anspruch auf eine Anlage und deren Betrieb in einem vertretbaren Kosten-Nutzenverhältnis hat.[455]

Schon eine Verpflichtung die Anlage so einzustellen und zu betreiben, dass die Versorgung der Wohnung mit Wärme mit der geringst möglichen Energie erfolgen kann, kann weit über ein nur vertretbares Kosten-Nutzenverhältnis hinausgehen. Die Betreibung einer Anlage mit der geringst möglichen Energiebereitstellung setzt nämlich eine optimale Wärmeversorgung mit dem oben beschriebenen Anlagencontrolling voraus. Im Gegensatz zu einem nur vertretbaren Kosten-Nutzenverhältnis reizt eine optimale Wärmeversorgung alle Möglichkeiten aus, mit zusätzlichen Maßnahmen die Anlage für einen stärkeren Wirkungsgrad aufzurüsten.

Ein Anspruch auf optimale Wärmeversorgung richtet sich also auf ein Optimum an Energieeinsparung und nicht nur auf ein vertretbares Kosten-Nutzenverhältnis.

Was von Seiten des Vermieters geschuldet ist, richtet sich wie bereits unter Kap.6, D. I. dargelegt nach dem vereinbarten vertragsgemäßen Zustand der Mietsache, § 535 Abs. 2 BGB. Nach § 535 Abs. 1 Satz 1 BGB hat der Vermieter den vertragsgemäßen Gebrauch zu gewähren. An diesem vertragsgemäßen Gebrauch orientieren sich die wechselseitigen Rechte und Pflichten der Mietvertragspar-

455 So schon das OLG Düsseldorf, Urteil vom 4.11.1982 – 10 U 109/82 = MDR 1983, S. 229, (230) für eine mit einem Energieverlust von rund 60 % arbeitende, auf Kosten des Mieters betriebene Heizungsanlage.

teien.[456] In den mietrechtlichen Vorschriften findet sich jedoch keine Legaldefinition dieser Begrifflichkeit. Der Begriff dient dazu, den Pflichtenkreis des Vermieters gegenüber dem Mieter während der gesamten Vertragsdauer festzuschreiben.[457] Es handelt sich bei dem Begriff des vertragsgemäßen Gebrauches nicht um ein objektives Kriterium. Der Umfang der geschuldeten Gebrauchsgewährung richtet sich nach dem Vertragsinhalt aber auch nach den Umständen, der Art und Lage des Mietobjektes als auch der beiderseitigen Interessenlage. Bei der Auslegung sind deshalb zunächst die Parteivereinbarungen und ergänzend die Grundsätze von Treu und Glauben heranzuziehen.[458] Zudem wird der vertragsgemäße Gebrauch durch den Wandel der Anschauungen und des technischen Fortschritts bestimmt.[459]

Liegt wiederum keine ausdrückliche oder nur eine diesbezüglich lückenhafte Parteivereinbarung vor, so hat zwingend eine Auslegung der Parteierklärung bzw. eine ergänzende Auslegung der gesamten mietvertraglichen Regelung zu erfolgen. Ziel der Auslegung gemäß §§ 157, 133 BGB ist es, Sinn und Tragweite der Parteiabrede zu ermitteln und etwaige Lücken im Wege ergänzender Auslegung zu schließen. Aus dem Parteiwillen wird sich in der Regel keine ausdrücklichen Aussagen über eine Vermieterpflicht zur optimalen Wärmeversorgung finden lassen. Aus diesem Grunde kann auch § 242 BGB als objektiver Maßstab zur Auslegung zur Hilfe genommen werden. § 242 BGB enthält einen objektiven Maßstab, der unabhängig vom Parteiwillen auf Art und Weise, Bestand und Inhalt der Leistungspflichten einwirkt. Bei der Begründung von Nebenleistungspflichten greift die Anwendung von §§ 157, 133 BGB und § 242 BGB ineinander über.[460]

§ 242 BGB regelt seinem Wortlaut nach nur die Art und Weise der geschuldeten Leistung. Bestand und Inhalt der Leistungspflicht werden bei wörtlicher Auslegung von § 242 BGB nicht erfasst. Es ist aber seit langem anerkannt, dass § 242 BGB eine weit über den Wortsinn hinausgehende Bedeutung zukommt.

---

456 Emmerich, in Staudingers, Kommentar zum Bürgerlichen Gesetzbuch, 2005, § 535 BGB Rn. 35; Hannemann/Weber, in Hannemann/Wiek/Emmert, Handbuch des Mietrechts, 2006, § 20 Rn. 1; Kraemer, in Bub/Treier, Handbuch der Geschäfts- und Wohnraummiete, 1999, III Rn. 980.

457 Hannemann/Weber, in Hannemann/Wiek/Emmert, Handbuch des Mietrechts, § 2006, Rn. 2.

458 Hannemann/Weber, in Hannemann/Wiek/Emmert, Handbuch des Mietrechts, 2006, § 20 Rn. 1; Emmerich, in Emmerich/Sonnenschein, Miete, Kommentar, 2007, § 535 BGB Rn. 18; so auch Eisenschmid, in Schmidt-Futterer, Mietrecht, Groß-Kommentar, 2007, § 536 BGB Rn. 17 f.

459 Eisenschmid, in Schmidt-Futterer, Mietrecht, Groß-Kommentar, 2007, § 535 BGB Rn. 194; Kraemer, in Bub/Treier, Handbuch der Geschäfts- und Wohnraummiete, 1999, III. B Rn. 1226.

460 Heinrichs, in Palandt, Bürgerliches Gesetzbuch, 2007, § 242 BGB Rn. 18.

Rechtsprechung und Lehre haben aus § 242 BGB den das gesamte Rechtsleben beherrschenden Grundsatz entnommen, dass jedermann in Ausübung seiner Rechte und Erfüllung seiner Pflichten nach Treu und Glauben zu handeln hat.[461] Die am stärksten am Wortlaut orientierte und damit unproblematische Funktion des § 242 BGB besteht darin, die Art und Weise der Leistung über die in den §§ 242 ff. BGB geregelten Einzelfragen hinaus zu konkretisieren. § 242 BGB bewirkt also eine Konkretisierung der Schuldnerpflichten.[462] Eine reine Ergänzungsfunktion des § 242 BGB ist jedoch mittlerweile aber umstritten. Jedenfalls bis zum Schuldrechtsmodernisierungsgesetz, d. h. bis zum 1.1.2002, wurde § 242 BGB auch zur bloßen Ergänzung von Schuldverhältnissen herangezogen, indem man mit seiner Hilfe zusätzliche Leistungs- und Rücksichtspflichten begründete, die weder Vertrag noch Gesetz ausdrücklich hergaben. Der Wortlaut des § 242 BGB spricht gegen eine solche Ergänzungsfunktion („bestehende Leistungspflicht").

Im Rahmen der Schuldrechtsmodernisierung wurden außerdem die Rücksichtnahmepflichten dem § 241 Abs. 2 BGB zugeordnet. Die leistungsbezogenen Nebenpflichten sind im Wege systematischer Auslegung heute von § 241 Abs. 1 BGB erfasst. Daraus folgt, dass § 242 BGB keine Grundlage mehr für die Entstehung der entsprechenden Pflichten bildet, sondern allein ihre Konkretisierung in seinen Anwendungsbereich fällt, und selbst diese nur neben § 133 und § 157 BGB.[463]

Ob jetzt eine Ergänzung der Hauptleistungspflichten aus § 242 oder § 241 Abs. 1 BGB vorgenommen wird, kann dahinstehen. Zumindest aber kann der Inhalt einer vertraglichen Vereinbarung bzw. die aus dem Schuldverhältnis folgenden Rechte und Pflichten mit Hilfe von § 242 BGB konkretisiert und korrigiert werden.[464]

Auch ist zu bedenken, dass man oftmals gar nicht ausmachen kann, ob die Pflicht aus § 242 BGB begründet wird und daraus ein Schuldverhältnis folgt, oder ob § 242 BGB zur Begründung des Schuldverhältnisses herangezogen wird, aus dem die entsprechende Pflicht entsteht. Eine solche sogenannte „Erwir-

---

461 BGH 85, 48; Heinrichs, in Palandt, Bürgerliches Gesetzbuch, 2007, § 242 BGB Rn. 1.

462 Looscheldert/Olzen, in Staudingers, Kommentar zum Bürgerlichen Gesetzbuch, 2005, § 242 BGB Rn. 182 ff. und Rn. 754.

463 Looschelders/Olzen, in Staudingers, Kommentar zum Bürgerlichen Gesetzbuch, 2005, § 242 BGB Rn. 187 ff.

464 Looschelders/Olzen, in Staudingers, Kommentar zum Bürgerlichen Gesetzbuch, 2005, § 242 BGB Rn. 342 f.

kung“[465] kommt an sich für alle subjektiven Rechte in Betracht, wobei praktische Beispiele aus der Rechtsprechung aber im Mietrecht fehlen, wo man sie erwarten könnte.[466]

Der objektive Maßstab des § 242 BGB erfordert deshalb die Berücksichtigung von Treu und Glauben. Dabei wird auf die in der Gemeinschaft herrschenden sozialethischen Wertvorstellungen als auch auf die Verkehrssitte abgestellt.

Gerade dem Grundsatz von Treu und Glauben kommt aber im Mietrecht wegen des Charakters des Mietvertrages als Dauerschuldverhältnis besondere Bedeutung zu. Dieses unterscheidet sich von dem auf eine einmalige Leistung gerichteten Schuldverhältnis dadurch, dass aus ihm während seiner Laufzeit ständig neue Leistungs-, Neben- und Schutzpflichten entstehen. Es wird durch seine zeitliche Dimension und das Merkmal ständiger Pflichtanspannung gekennzeichnet.[467] Nichtsdestotrotz gehört die optimale Wärmeversorgung zunächst noch nicht zu den vorherrschenden Wertvorstellungen bzw. der Verkehrspraxis. Vielmehr wäre eine solche optimale Wärmeversorgung in gewisser Weise eine Fortentwicklung der gesellschaftlichen Wertvorstellungen als auch des Rechtes. Man würde damit das Recht sozusagen „vorantreiben“ bzw. weiterentwickeln. Für eine solche Konkretisierung bzw. Korrektur im Rahmen der Auslegung nach § 242 BGB bedarf es allerdings der Anerkennung des legislativen Gesetzgebers und damit einer legislativen Rechtfertigung.

Eine solche legislative Rechtfertigung im Rahmen der Auslegung des vertragsgemäßen Gebrauches stellt das mietrechtliche Wirtschaftlichkeitsgebot dar. Die vertragsgemäße Leistung erfährt unter der Regie des Wirtschaftlichkeitsgebotes eine besondere Ausprägung.

Eine gesetzlich verankerte Definition des Wirtschaftlichkeitsgebotes gibt es nicht. Auch in Literatur und Rechtsprechung hat sich noch keine einheitliche Typisierung der einzelnen Anwendungsfälle herausgebildet.[468] In Anlehnung an den für preisgebundenen Wohnraum geltenden § 20 Abs. 1 Satz 2 NMVO 1970, § 24 Abs. 2, II. BV darf der Vermieter nur solche Kosten in Ansatz bringen, die bei gewissenhafter Abwägung aller Umstände und bei ordentlicher Geschäfts-

---

465 In Anlehnung an Larenz, Schuldrecht I, § 10 II g. 142 und Canaris, Vertrauenshaftung, Rn. 372 ff.

466 Looschelders/Olzen, in Staudingers, Kommentar zum Bürgerlichen Gesetzbuch, 2005, § 242 BGB Rn. 192, 193.

467 Grüneberg, in Palandt, Bürgerliches Gesetzbuch, Kommentar, 2007, § 314 BGB Rn. 2.

468 V. Seldeneck, „Das Wirtschaftlichkeitsgebot beim Ansatz von Betriebskosten“, in ZMR 2002, S. 393, (393).

führung gerechtfertigt sind.[469] Nach heute h. M. hat grundsätzlich der Vermieter dabei nach dem Maßstab eines vernünftigen Wohnungsvermieters stets im Hinblick auf seine Mieter im Sinne eines vertretbaren Kosten-Nutzenverhältnis zu agieren.[470] Dabei wird dem Vermieter allerdings ein Ermessensspielraum eingeräumt.[471]

Nach dieser in der Rechtsprechung und Literatur herrschenden Auslegung des Wirtschaftlichkeitsgebotes gibt es keinen mietereigenen Anspruch auf optimale Wärmeversorgung, weil ein solches Optimum an Energieeinsparung über eben dieses bloß vertretbare Kosten-Nutzenverhältnis hinausgeht. Eine solche auf ein vertretbares Kosten-Nutzenverhältnis beschränkte Auslegung berücksichtigt aber nicht hinreichend die dem Mietrecht bereits immanenten ökologischen Zielsetzungen.

Neue ökologische Zielsetzungen bieten Anlass, den auszulegenden Umfang des Wirtschaftlichkeitsgebotes zu überprüfen und zu hinterfragen.

Allgemein ist es Ziel der Gesetzesauslegung, die Bedeutung des Gesetzes zu erkennen. Dabei ist nach der in Rechtsprechung und Literatur herrschenden objektiven Theorie nicht Ziel der Auslegung den „Willen des Gesetzgebers" zu ermitteln, sondern den „Willen des Gesetzes". Ziel ist der normative Gesetzessinn. Argument der objektiven Theorie ist, dass ein Gesetz altert und deshalb nicht ständig in ihrer ursprünglichen Bedeutung weitergelten kann. Dies setzt allerdings den Nachweis eines solchen Alterungsprozesses voraus.[472]

Dies steht im Gegensatz zu der sogenannten subjektiven Theorie, wonach vom Willen des Gesetzgebers auszugehen ist.[473]

Bei einer zeitlich neueren gesetzlichen Regelung muss aber in jedem Falle den anhand der Gesetzgebungsmaterialien deutlich werdenden Regelungsabsichten des Gesetzgebers erhebliches Gewicht bei der Auslegung zukommen, sofern Wortlaut und Sinnzusammenhang der Norm Zweifel offen lassen.[474]

---

469 Vgl. hierzu Emmert, „Wirtschaftlichkeitsgebot und Betriebskostenspiegel", in WuM 2002, S. 467, (467); wohl auch Langenberg, Betriebskostenrecht der Wohn- und Geschäftsraummiete, 2002, G 6; v. Seldeneck, „Das Wirtschaftlichkeitsgebot beim Ansatz von Betriebskosten", in ZMR 2002, S. 393, (393); Schmid, Handbuch der Mietnebenkosten, 2007, Rn. 1053 ff.; Schmid, in Schmid, Mietrecht, Kommentar, 2006, vor § 556 BGB Rn. 11.

470 Rechtsentscheid des OLG Karlsruhe vom 20.9.1984 – 9 ReMiet 6/83 = ZMR 1984, S. 412, (413); Schmid, in Schmid, Mietrecht, Kommentar, 2006, vor § 556 BGB Rn. 11; AG Köln, Urteil vom 5.1.1999 – 217 C 57/98 = WuM 1999, S. 221, (222).

471 Langenberg, Betriebskostenrecht der Wohn- und Geschäftsraummiete, 2002, G II 2.

472 Wank, Die Auslegung von Gesetzen, 2005, 47.

473 Wank, Die Auslegung von Gesetzen, 2005, 46.

474 So auch BVerfGE 54, S. 54; S. 277, 297.

Vertreter beider Theorien ziehen deshalb bei der Auslegung dieselben Auslegungskriterien heran. Diese werden nur unterschiedlich gewertet. Übereinstimmend geht man davon aus, dass die Gesetzesauslegung mit dem Wortlaut zu beginnen hat. In jedem Fall muss sich eine Bedeutungsvariante noch in der Wortsinngrenze halten. Endgültig kann die Wortauslegung aber erst festgestellt werden, nachdem auch die anderen Auslegungskriterien, nämlich Sinn und Zweck, Systematik und Entstehungsgeschichte untersucht worden sind.

Bei Generalklauseln ist als Interpretationsmethode die Konkretisierung angebracht, wobei es entscheidend auf den Leitgedanken ankommt. Die bereits durch Rechtsprechung und Literatur vorherrschende Auslegung des Wirtschaftlichkeitsgebotes im Sinne eines vorherrschenden Leitgedankens ist nicht schon durch die gesetzliche Neugestaltung mit der Mietrechtsreform zwingend durch den Gesetzgeber bestätigt worden. Der Gesetzgeber wollte zwar durch die gesetzliche Kodifizierung in §§ 556, 560 BGB nicht die bisherige Rechtsprechung einschränken, wonach das Wirtschaftlichkeitsgebot über das Betriebskostenrecht hinausgehend Anwendung findet. Der Gesetzgeber hat hier aber auch bewusst keine weitere Einschränkung vorgenommen und es vielmehr bei dem unbestimmten Rechtsbegriff des Wirtschaftlichkeitsgebotes belassen.

Das Wirtschaftlichkeitsgebot ist damit einer neuen Auslegung insofern fähig, als dass eine über diese Rechtsprechung hinausgehende d. h. den Umfang des Wirtschaftlichkeitsgebotes hinausgehende Auslegung in Frage kommt.

1. Wortsinn

In seinem eigentlichen Wortsinn, von welchem zunächst auszugehen ist, bedeutet Wirtschaftlichkeit oder – in der Betriebwirtschaftslehre – auch ökonomisches Prinzip genannt, das Streben mit gegebenen Mitteln eine möglichst hohe Leistung zu erzielen oder eine vorbestimmte Leistung mit möglichst geringen Mitteln zu erzielen.[475] Übertragen auf das Mietvertragsverhältnis würde das bedeuten, dass mit den eingesetzten finanziellen Mitteln das Maximum an möglicher Energieeinsparung anzustreben bzw. der benötigte Heizbedarf mit möglichst geringen finanziellen Mitteln zu erzielen ist.

Gewährt der Vermieter keine optimale Wärmeversorgung, d. h. steht zum Beispiel kein optimales Betriebs- und Anlagencontrolling oder auch Energiemonitoring zur Verfügung, so wird der Mieter mit unnötigen Kosten belastet und der Nutzen eines energieeinsparenden Controllings wird ihm vorenthalten. Die

475 Kugler, Europa Lehrmittel, Betriebswirtschaftslehre der Unternehmung, 1992, 13.

aufgewendeten und auf den Mieter umgelegten Kosten entsprechen nicht den Möglichkeiten einer maximalen Energieeinsparung. Mit gleichbleibenden oder aber sinkenden Kosten kann im Falle einer Einrichtung der optimalen Wärmeversorgung ein größerer Nutzen hervorgebracht werden. Der vertragsgemäße Gebrauch im Sinne des § 535 Abs. 1 BGB würde somit unter Berufung auf das Wirtschaftlichkeitsgebot die Einführung einer optimalen Wärmeversorgung durch Wärmecontracting dann erfordern, wenn damit keine Kostensteigerung – aber eben eine Energie- und Kosteneinsparung – verbunden ist.

Von der optimalen Wärmeversorgung durch Einschaltung eines Wärmecontractors hat der Mieter finanzielle Vorteile. Dies gilt auch für den Fall, dass der von dem Wärmecontractor abgerechnete Wärmepreis auf den Mieter vollständig umgelegt wird.

Dem kann auch nicht entgegengehalten werden, dass in erster Linie der Wärmecontractor einen finanziellen Nutzen zieht. Richtig ist, dass der Contractor für die Versorgung des Gebäudes aufgrund des abgeschlossenen Wärmelieferungsvertrages für eine bestimmte gelieferte Wärmemenge einen festgelegten Preis erhält. Aufgrund des vorher festgelegten Wärmepreises spielt es keine Rolle, welchen Umfang an Anfangsenergie er selbst einsetzt, um die an den Verbraucher zu liefernde Wärme zu erzeugen. Bei einer stetigen Modernisierung und einem Anlagencontrolling bedeutet dies für ihn eine Einsparung bei der Bereitstellung von Ausgangsenergie bei gleichbleibendem Wärmepreis. Hierdurch entsteht der wesentliche Einsparungsanreiz, weil eine optimale Wärmeerzeugung für den Contractor ein wesentlicher Garant für seinen eigenen Gewinn darstellt. Für den Mieter bedeutet die Einsparung von der Ausgangsenergie also zunächst keinen unmittelbaren finanziellen Vorteil, weil es bei dem vereinbarten Wärmepreis bleibt und er bei gleichbleibendem Heizverhalten die gleiche Menge an Wärme bzw. die gleiche Kilowattstundenzahl verbrauchen wird wie vorher. Anders ist dies jedoch beim sogenannten Energieeinspar-Contracting, bei welchem die Einsparung an Anfangsenergie an die Nutzer insofern weitergegeben wird, als dass der Wärmepreis entsprechend der Einsparung reduziert wird.[476]

Aber auch beim heute noch öfter anzutreffenden Energieliefer-Contracting[477] kann sich die vom Wärmecontractor erzielte Einsparung von Ausgangsenergie für den Mieter im Wärmepreis auswirken. Hierfür ist ein Anreiz erforderlich, die Energieeinsparung direkt an den Verbraucher weiterzugeben. Der Vermieter selbst bezahlt den Wärmepreis nicht, so dass man zunächst davon ausgehen könnte, dass der Vermieter selbst mangels finanziellen Eigeninteresses hierauf

476 Vgl. Kap. 3, B. I. 3. b).

477 Vgl. hierzu Kap. 3, B. I. 3. a).

keinen Einfluss durch die bewusste Auswahl am Markt nehmen wird. Der Mieter dagegen hat ein solches finanzielles Eigeninteresse. Er ist jedoch in der Regel (zumindest beim Betreibermodell) nicht der Vertragspartner des Energielieferungsunternehmens.

Zunächst einmal wird man aber von einer regulierenden Wirkung durch den Wohnungsmarkt auf den Wärmepreis ausgehen können. Die Mietnebenkosten werden zu Recht mittlerweile als „zweite Miete" bezeichnet.[478] Durch die ständig steigenden Mietnebenkosten ist der Mieter gezwungen, die Höhe der Mietnebenkosten mit in die Entscheidung über die Anmietung einer Wohnung mit ein zu beziehen. Der Vermieter muss also auf niedrige Mietnebenkosten hinwirken.

Man muss sich den Einwand gefallen lassen, dass aber eine solche Selbstregulierung durch den Wohnungsmarkt augenscheinlich auch nicht bei Modernisierungen funktioniert.[479] Auch durch eigene Modernisierungen und Wartungen der Heizungsanlage ist es dem Vermieter möglich, auf niedrigere Mietnebenkosten hinzuwirken. Zwar wurde bereits aufgezeigt, dass der Vermieter durchaus die Möglichkeit hat, Modernisierungskosten anteilig und unter bestimmten Voraussetzungen auf seine Mieter umzulegen. Dies birgt jedoch die unter Kap.5, A. I. dargestellten Schwierigkeiten und ändert nichts daran, dass es zunächst der Vermieter ist, der die Investition in voller Höhe erbringen – also vorleisten – muss. Investitionen dieser Art wird er deshalb oftmals meiden. Darüber hinaus wird es dem Vermieter oftmals auch an dem nötigen Know-how fehlen, um die Heizanlage immer auf dem neuesten und energiesparendsten Niveau zu halten. Diese Nachteile und Investitionshemmnisse fallen beim Wärmecontracting jedoch alle weg, soweit der Wärmepreis auf den Mieter umgelegt wird. Es ist das Energielieferungsunternehmen, das die Investitionen tätigt. Zwar amortisieren sich diese Investitionen durch den abgerechneten Wärmepreis wieder. Zunächst einmal ist es aber das Energielieferungsunternehmen, das die anfänglichen zumeist großen Investitionen tätigt. Daneben verfügt es über das technische Wissen, so dass sich der Vermieter selbst nicht darum kümmern muss. Dem Vermieter verbleibt es nur noch, die am Markt vorliegenden Angebote zu sondieren und die entsprechenden Vertragsverhandlungen zu führen. Der Aufwand der Vermieter ist also beim Wärmecontracting ungleich weniger und steht in dem ihm obliegenden Möglichkeiten um dauerhaft und effizient Mietnebenkosten einzusparen. Wenn die Mieter aber immer mehr die Höhe der Miet-

---

478 So zuletzt Breiholdt, „Das Mietrecht behindert den Klimaschutz", FAZ (Frankfurter Allgemeine Zeitung) vom 24.8.2007, S. 43.

479 Vgl. hierzu die Ausführungen in Kap. 5, A. I.

nebenkosten in ihre Entscheidung über die Anmietung einer bestimmten Wohnung mit einbeziehen, und der Vermieter auf die Höhe dieser Mietnebenkosten durch die Auswahl eines für den Mieter besonders günstigen Wärmecontractors Einfluss nehmen kann, so ist auch mit einem entsprechendem Auswahlverhalten des Vermieters zu rechnen. Der Druck des Wohnungsmarktes wird also dazu führen, dass der Vermieter Verträge mit solchen Wärmecontractoren abschließen wird, in deren Wärmepreis sich die Energieeinsparung auch im Wärmepreis niederschlägt. Problematisch ist dies nur dann, wenn man davon ausgeht, dass der Markt an Energielieferungsunternehmen noch nicht die Größe hat, um auf ein entsprechendes Marktgeschehen einzuwirken.

Dem könnte aber durch den Abschluss eines Energieeinspar-Contracting entgegengewirkt werden. Hier wird in jedem Fall durch vorherige vertragliche Vereinbarung die erzielte Energieeinsparung an den Mieter in Form eines von der Energieeinsparung abhängigen Wärmepreises weitergegeben.[480] Der Mieter hat hier einen direkten finanziellen Vorteil vom Wärmecontracting.

Die oftmals erwähnte Gefahr, dass große Wohnungsgesellschaften Tochterunternehmen als Wärmecontractoren zu einer eventuellen Gewinnerzielungsabsicht einsetzen, vermag den oben beschriebenen Druck des Marktgeschehens nicht zu entkräften. Der Mieter ist es, der seine Entscheidung eine bestimmte Wohnung zu mieten von der Höhe der Mietnebenkosten abhängig macht. Ist der Wärmepreis und damit die Mietnebenkosten zu hoch, so werden sich auch solche Wohnungsbaugesellschaften letztendlich mit Leerständen herumschlagen müssen. Ein Druck durch das Marktgeschehen wird sich bei unterstelltem funktionierenden Markt auch auf diese auswirken.

Geht man deshalb davon aus, dass sich die eingesparte Energie auch zumindest teilweise auf den Wärmepreis auswirkt, so muss man auch den finanziellen Vorteil des Mieters durch das Wärmecontracting anerkennen.

Ein finanzieller Nachteil kommt für den Mieter nur wegen der in den Wärmepreis miteingestellten Investitionskosten für die Heizungsanlage in Betracht. Der finanzielle Vorteil des Einspar-Contracting könnte wieder „aufgebraucht" werden, weil die Zurverfügungstellung der Heizungsanlage nämlich grundsätzlich Aufgabe des Vermieters ist.

Bei der sogenannten „Warmmietenneutralität" bleibt für den Mieter die Gesamtbelastung jedoch gleich. Unter „Warmmietenneutralität" versteht man die gleichbleibende finanzielle Belastung für die Kaltmiete zuzüglich der Mietnebenkosten. Die gesamten Kosten für die fiktive (weil nicht vereinbarte) Warmmiete muss zumindest für den Mieter gleichbleibend sein. Bei angenommenen

480 Vgl. hierzu Kap. 3, B.I. 3. b).

steigenden Mietnebenkosten wegen des höheren Wärmepreises wäre dies auf den ersten Blick nicht der Fall, falls der Vermieter nicht auch die Kaltmiete entsprechend anpasst. Eine solche Anpassung könnte sich zunächst danach rechtfertigen, dass ja auch seine eigentlich bestehende Vermieterpflicht eine Heizungsanlage zu stellen bzw. die Kosten hierfür zu übernehmen wegfällt. Zu beachten ist jedoch, dass der Vermieter bei Modernisierung grundsätzlich die Möglichkeit eines Modernisierungszuschlages hat. Wenn es aber das Energielieferungsunternehmen ist, welches die Modernisierungen durchführt, so fällt auch der Modernisierungszuschlag weg, so dass es letztendlich selbst bei einem höheren Wärmepreis und einer nicht erfolgten Anpassung der Kaltmiete bei einer „Warmmietenneutralität“ bleiben kann.

Durchaus ist es möglich, dass investiv bedingte Steigerungen der Mieten aufgrund der Modernisierungen auftreten und dass der Mieter, welche durch die im Wärmepreis enthaltenen Investitionsaufwand doppelt belastet werden kann, so dass sein ursprünglicher finanzieller Vorteil insbesondere beim Einspar-Contracting wieder zunichte gemacht wird. Es ist aber weiterhin damit zu rechnen, dass sich durch die eingesparten Energiekosten diese Steigerungen kompensieren lassen. Voraussetzung für solche investiv bedingten Steigerung wäre außerdem, dass sich der modernisierte Standard auch in den Mietspiegeln wiederfindet. Solange jedoch nicht die wärmetechnische Beschaffenheit eines Gebäudes Komponente des Mietspiegels ist, wird sich der erhöhte Standard auch nicht unbedingt messen lassen.

Zusammenfassend ist festzuhalten, dass die Einführung des Wärmecontracting keinen zusätzlichen finanziellen Mehraufwand für den Vermieter bedeutet, der Mieter dagegen hierdurch eine optimale Wärmeversorgung im Sinne einer maximalen Energieeinsparung erhält. Im Falle des Einspar-Contracting erlangt der Mieter des Weiteren einen gesicherten finanziellen Vorteil wegen eingesparter Heizkosten. Geht man wie oben dargelegt davon aus, dass der Vermieter nach dem Wirtschaftlichkeitsgebot die ihm maximale Energieeinsparung bei gleichbleibenden Kosten zu erbringen hat, so muss dies auch für die optimale Wärmeversorgung durch Wärmecontracting gelten. Das Wirtschaftlichkeitsgebot ist nicht nur ein zu Gunsten des Mieters zu beachtender Rechtssatz, sondern auch ein für den Vermieter unerlässliches Bewirtschaftungsziel.

Wie bereits dargelegt geht allerdings die herrschende Rechtsprechung und Literatur nicht von der Erforderlichkeit einer möglichst hohen Leistung im Sinne einer maximalen Energieeinsparung sondern vielmehr nur von der Erforderlichkeit eines vertretbaren Kosten-Nutzen-Verhältnisses aus. Danach würde ein geringer Nutzen eben dann ausreichend sein, wenn nur verhältnismäßig geringe finanzielle Mittel eingesetzt wurden. Doch auch bei dieser Wortlautauslegung bleibt offen, wem der Nutzen der eingesetzten finanziellen Mittel dabei zuteil werden muss, um von einem vertretbaren Verhältnis ausgehen zu können. In Frage kommt dem gegenwärtigen Mieter, zukünftigen Mietern oder aber dem Gemeinwohl oder eben der Umwelt und zukünftigen Generationen. Auch dies ist wiederum der Auslegung zugänglich.

Auch muss der Nutzen nicht immer finanzieller Natur sein. Es wäre zu kurz gesprungen, wollte man nur die Bereiche der unmittelbaren Kostenbelastung des Mieters, also die Weitergabe von Betriebskosten bei der Betrachtung des Wirtschaftlichkeitsgebotes ansprechen[481].

Zum einen muss eine Auslegung über den bloßen Wortsinn hinausgehen. Zum anderen kann auch der eigentliche Wortsinn endgültig erst dann festgestellt werden, wenn auch die anderen Auslegungskriterien (Sinn und Zweck, Systematik, Entstehungsgeschichte) untersucht worden sind.

Zur legislativen Rechtfertigung eines Rechtsanspruches auf optimale Wärmeversorgung bedarf es einer weitergehenden Auslegung des Wirtschaftlichkeitsgebotes. Hierbei sind insbesondere weitere dem Mietrecht immanente oder von außen durch Gesetze an das Mietrecht herangetragene ökologische Zielsetzungen zu beachten.

2. Entstehungsgeschichte, Sinn und Zweck

Im Hinblick auf übergeordnete Ziele und Interessen wird zunehmend steuernd auf den Privatrechtsverkehr Einfluss genommen, während bei der Schaffung des BGB noch vorrangiges Ziel war, eine Rechtseinheit im deutschen Reich herzustellen. Grundlegend geht allerdings das Zivilrecht von einem ausgeglichenen Kräfteverhältnis der am Rechtsleben Beteiligten aus. Die Privatrechtsautonomie hatte zwar immer schon vertragsrechtliche Regulierungen vorgesehen. Diese dienten jedoch lediglich dazu, die Autonomie eines Vertragspartners zu begrenzen, um die Autonomie des anderen Vertragspartners zu stärken, also einen Kräfteausgleich herbeizuführen. Es handelte sich also immer nur um eine zweiseitig ausgerichtete Betrachtung. Die Sicherung übergeordneter –also überindividueller– Allgemeininteressen erscheint aber immer dringlicher. Dabei muss danach unterschieden werden, ob die übergeordneten Allgemeininteressen auch

481 So auch Eisenschmid, in PiG, Band 65, 150; a. A. aber Langenberg, in Schmidt-Futterer, Mietrecht, Groß-Kommentar, 2007, § 560 BGB Rn. 71 nach dem das Wirtschaflichkeitsgebot nur für die Mietstrukturen von Bedeutung ist, bei denen der Mieter unmittelbar mit Betriebskosten belastet wird -also Nettomieten bei denen Vorauszahlungen auf eine Abrechnung geleistet werden.

dann regulierenden Eingang finden, wenn keine der Vertragsparteien in ihrer Integrität oder sonstigen geschützten Rechtsgütern gefährdet ist, also keinerlei Berührung der Vertragsinteressen gegeben ist oder ob zumindest das Interesse eines Vertragspartners durch die öffentlichen Belange berührt wird.[482]

In jedem Falle hat sich die Sicherung übergeordneter Allgemeininteressen aller zur Verfügung stehender gesetzlicher Instrumentarien zu bedienen. Auch vor dem Privatrecht kann dabei nicht halt gemacht werden. Dies bedeutet allerdings gleichzeitig eine Autonomiebegrenzung ohne gleichzeitige Autonomiegewährung auf Seiten eines Vertragspartners.[483] Bisher hat sich allerdings noch keine ökologische zivilrechtliche Rechtstheorie entwickelt.[484] Übergeordnete Allgemeininteressen müssen insbesondere in den wertausfüllungsbedürftigen Generalklauseln bedacht werden, die der dynamischen Entwicklung der gesellschaftlichen und eben auch ökologischen Rahmenbedingungen Rechnung tragen können.

Die oben dargelegten Gesetzesänderungen der Mietrechtsreform vom 19.6.2001[485] sind allesamt den Steuerungsnormen zuzurechnen.[486] Trotzdem man mit der Steuerungsgesetzgebung bestimmte politische ordnungsrechtliche Ziele herbeiführen will, weisen die Steuerungsnormen keineswegs nur kasuistisch anmutende Detailregelungen auf. Vielmehr ist typisch eine Kombination mit durchaus weit gefassten und ganz generell formulierten Klauseln. Die Verwendung von Generalklauseln – wie die des Wirtschaftlichkeitsgebotes – ist keineswegs fremd. Es erfolgt hier vielmehr ein bewusster Rückgriff auf die Feinsteuerungskapazität der Justiz, die angesichts des enorm gestiegenen Steuerungsbedarfs der modernen Gesellschaft gleichfalls einen unverzichtbaren Steuerungsfaktor darstellt, auf den die Politik keinesfalls verzichten kann. Sie kann die justizielle Steuerungsfunktion lediglich in einzelnen Punkten stärker an politische Vorgaben binden und das tut sie, indem sie in diesen Bereichen die Entscheidungsspielräume der Justiz durch die legislative Vorwegnahme einzelner Entscheidungen in Form dichter und detaillierter Regulierung einengt.[487]

482 Vgl hierzu Hart, „Sozialschutzbezogene Normbildungsprozesse bei Risikoentscheidungen im Vertragsrecht", in KritVj 1991, S. 365 ff. und Meier, Ökologische Aspekte des Schuldvertragsrechts, 1995, 14, die hier nach „vertragsinternem" und „vertragsexternem" Risiko unterscheiden.

483 Meier, Ökologische Aspekte des Schuldvertragsrechts, 1995, 12.

484 Im Gegensatz zu der existenten ökonomischen Theorie, vgl. Heinrichs, in Palandt, Bürgerliches Gesetzbuch, Kommentar 2007, Einführung Rn. 38.

485 BGBl. I, S. 1149.

486 Vgl. hierzu insbesondere die Ausführungen unter Kap. 5, A. I.

487 Vgl. Simon, „Das Mietrechtsreformgesetz 2001" in NZM, S. 2, (7).

Die Steuerung durch die Justiz muss sich demnach bei der Gesetzesauslegung intensiv mit Vorgaben, Zielen und Motiven der Gesetzesmaterialien auseinandersetzen, um ihrer Aufgabe als Feinsteuerungskapazität gerecht zu werden. Die Auslegungskriterien des Sinn und Zwecks und der Entstehungsgeschichte sind zu berücksichtigen.

Für die Auslegung des Wirtschaftlichkeitsgebotes bedeutet dies zunächst, dass die Entstehungsgeschichte des § 556 BGB Berücksichtigung finden muss.

Nach § 556 Abs. 1 BGB sind auch Vereinbarungen zulässig, wonach der Mieter neben der Miete Betriebskosten im Sinne der Anlage 3 zu § 27 II. Berechnungsverordnung trägt. Dabei können die Betriebskosten als Pauschale oder Vorauszahlung ausgewiesen werden, § 556 Abs. 2 BGB. Während nach § 556 Abs. 3 BGB über eine Vorauszahlung jährlich abgerechnet werden muss, sind die Betriebskosten bei einer Pauschale mit ihrer Zahlung abgegolten.[488]

Mit dem Mietrechtsreformgesetz vom 19.6.2001[489] wurde das Wirtschaftlichkeitsgebot in den §§ 556 Abs. 3 Satz 1, 560 Abs. 5 BGB für preisfreien Wohnraum gesetzlich geregelt. Dabei bezieht sich die gesetzliche Normierung nach dem Gesetzeswortlaut jedoch nur auf die Beachtung des Wirtschaftlichkeitsgebotes bei der Abrechnung über die Betriebskosten, § 556 Abs. 3 Satz 1, 2. Halbsatz BGB und bei der Veränderung von Betriebskosten, § 560 Abs. 5 BGB.

Im Entwurf der Bundesregierung war eine solche Kodifizierung des Wirtschaftlichkeitsgebotes in § 556 BGB noch nicht enthalten gewesen[490], obgleich in der Zielsetzung neben der sozial-, wohnungs-, wirtschaftspolitischen auch die umweltpolitische Bedeutung des Mietrechts ausdrücklich Erwähnung gefunden hat. Danach soll umweltbewusstes Verhalten durch Energiesparanreize gefördert werden. Belange des Umweltschutzes sollten deshalb nach dem Willen der Bundesregierung besonders berücksichtigt werden. Die Mietrechtsreform sollte neben der Vereinfachung und der Neugliederung auch eine inhaltliche Modernisierung mit sich bringen. Erst die Begründung der Beschlussempfehlung des Rechtsausschusses verweist auf den noch stärker zu betonenden Umweltschutzgedanken. Ausdrücklich wird das Mietrecht als Beitragsleistender für den umweltschonenden Umgang mit Energieressourcen hervorgehoben. Damit sieht auch der Rechtsausschuss das Mietrecht als steuerndes Element für die Umsetzung umweltpolitischer und damit übergeordneter Allgemeininteressen. Neben die Interessen der Vertragsparteien soll und wird das Allgemeininteresse an der

488 Lützenkirchen/Jennißen, Betriebskostenpraxis, 2002, Rn. 173; Langenberg, in Schmidt-Futterer, Mietrecht, Groß-Kommentar, 2007, § 556 BGB Rn. 279.

489 BGBl. I, S. 1149.

490 BT Drucks. 14/4553; 14. Wahlperiode, 9.11.2000; Mietrechtsreformgesetz, zu § 556 BGB Entwurf.

Energieeinsparung gesetzt. Um diesem Allgemeininteresse Geltung zu verschaffen, verweist der Rechtsausschuss ausdrücklich darauf, dass bei der Mietspiegelerstellung der energetische Zustand der Mietwohnung stärker Berücksichtigung finden muss, umweltgerechten Modernisierungen mehr Anreiz zu verschaffen und das Wirtschaftlichkeitsgebot im Zusammenhang mit den Betriebskosten hervorzuheben.[491] Darüber hinaus hat die Kodifizierung des Wirtschaftlichkeitsgebotes aber nur eine klarstellende Funktion. Ausdrücklich wird im Bericht des Rechtsausschusses auch klargestellt, dass mit der Kodifizierung die bestehende Rechtslage lediglich klargestellt werden soll, eine Änderung der bisherigen Rechtslage aber damit nicht verbunden sein soll. Das bedeutet, dass das Wirtschaftlichkeitsgebot auch im Rahmen von anderen Vorschriften wie bisher auch weiterhin Geltung erfährt.[492] Die Beschlussempfehlung des Rechtsausschusses wird vom Bundestag aufgegriffen und in die neue Regelung des § 556 Abs. 3 Satz 1 BGB aufgenommen.

Die Entstehungsgeschichte des § 556 BGB die letztendlich zur Kodifizierung des Wirtschaftlichkeitsgebotes geführt hat, ist bei der Auslegung des Wirtschaftlichkeitsgebotes zu berücksichtigen. Des Weiteren verdeutlichen die Gesetzesmaterialien zur Mietrechtsreform vom 19.6.2001[493] die Marschrichtung des Gesetzgebers in Richtung Umweltschutz durch das privatrechtliche Mietrecht. Insgesamt ist eine ökologische Ausrichtung schon aufgrund der Gesetzesmaterialien nicht zu verleugnen.

Zwar lässt sich anführen, dass das Mietrecht ein Rechtsbereich ist, der sich in der faktischen Anwendung stark von seinen Zielsetzungen unterscheidet und dabei die Mieter oftmals uninformiert und dem freien Spiel der Kräfte des Wohnungsmarktes ausgesetzt lässt.[494] Allerdings sind der Gesetzeswille bzw. die Zielsetzungen des Gesetzgebers, welche sich nicht zuletzt in den Gesetzesmaterialien darlegen, bei der Auslegung entscheidende Bedeutung zu zumessen. Die sich aufdrängende Vermutung, dass das Mietrecht vielleicht zahlreiche Haushalte gar nicht erst erreicht, sollte vielmehr gerade bestärken, der Divergenz zwischen Mietrecht und faktischer Anwendung mithilfe einer teleologischen Auslegung entgegenzuwirken. Dies gilt auch für den Fall, dass man die Mietrechtsreform vom 19.6.2001 im Hinblick auf die ihr übergeordnete Zielsetzung der inhalt-

491 BT Drucks. 14/5663, Bericht des Rechtsausschusses (zur Begründung der Beschlussempfehlung).

492 BT Drucks. 14/5663 (Bericht des Rechtsausschusses; Begründung der Beschlussempfehlung der Rechtsausschüsse).

493 BGBl. I, S. 1149.

494 So Zeimes, „Die Reform des Mietrechts", 2001, 3.

lichen Modernisierung als verfehlt, weil nicht weitgehend genug, ansieht.[495] Für eine Auslegung im Hinblick auf das ökologische Ziel der Energieeinsparung ist schon dann Raum, wenn der Gesetzgeber gerade dieses Ziel immer wieder – wie oben dargelegt – zumindest in seinen Gesetzesmaterialien in Erwähnung bringt. Solche ausdrücklich erwähnten Zielsetzungen müssen Eingang in die Gesetzesauslegung finden.

Diese ökologische Marschrichtung muss im Rahmen der Auslegung des Wirtschaftlichkeitsgebotes berücksichtigt werden. Es unterstützt nochmals die Wortsinnauslegung, wonach der Vermieter zu einer faktisch und tatsächlich möglichen maximalen Energieeinsparung verpflichtet ist und nicht etwa nur zu einer bloß vertretbaren Variante.

Aber auch die herkömmliche Definition eines vertretbaren Kosten-Nutzen-Verhältnisses muss in diesem Fall zu einer Anspruchsverdichtung im Sinne einer optimalen Wärmeversorgung kommen. Das Kosten-Nutzen-Verhältnis muss eben nicht nur den Nutzen des Mieter (der ja durchaus auch gegeben ist) sondern darüber hinaus den Nutzen der Umwelt durch die Energieeinsparung berücksichtigen. Genau auf diesen Nutzen stellt aber der Gesetzgeber wie oben dargelegt auch ab. So hat schon Schwintowski[496] eindringlich darauf hingewiesen, dass sich dieser Nutzen der Umwelt und damit der Allgemeinheit auch finanziell für zukünftige Generationen erheblich auswirken wird. So können bei einem globalen Temperaturanstieg von nur einem Grad Celsius allein in Deutschland volkswirtschaftliche Schäden durch Naturkatastrophen in Höhe von 137 Mrd. € bis zum Jahr 2050 auftreten.[497]

3. Systematik

Als Teil der Rechtsordnung steht die einzelne Norm nicht isoliert. Die Bedeutung des Wirtschaftlichkeitsgebotes erschließt sich zum einen auch aus der äußerlichen Stellung der Norm in einem Gesetz als auch aus den Wertungen und Zusammenhängen anderer Vorschriften. Letztere dürfen nicht im Widerspruch zu

495 So z. B. Zuck, „Anforderungen an die Gesetzgebung im Bereich des Mietrechts und der Zivilprozessreform“, in NZM 2001, S. 354, (358), der das Mietrechtsänderungsgesetz als „klassisches Beispiel für einen gesetzgeberischen Tätigkeitsnachweis“ bezeichnet.

496 Schwintowski, „Das Wirtschaftlichkeitsgebot – die Rechtspflicht des Vermieters zur optimalen Wärmeversorgung“, in WuM 2006, S. 115, (115).

497 A.a.O. mit Verweis auf Kemfert, Wochenbericht des DIW ‚Deutschen Institutus für Wirtschaftsforschung, Berlin- 42/2004, Die ökonomischen Kosten des Klimawandels.

dem Auslegungsergebnis einer Norm stehen. Dabei können sich Widersprüche zum einen im Verhältnis rangverschiedener Normen zueinander als auch im Verhältnis gleichrangiger Normen ergeben. Bei mehreren vertretbaren Auslegungsmöglichkeiten für eine Norm muss also diejenige gewählt werden, die mit anderen Normen am ehesten zu vereinbaren sind.[498]

a) Mietrechtsreformgesetz

Der Innovationsschub durch die Mietrechtsreform vom 19.6.2001[499] findet sich neben § 556 BGB auch in anderen Gesetzesänderungen wieder. Diese wirken sich wiederum im Hinblick auf das Auslegungskriterium der Systematik auch auf das Wirtschaftlichkeitsgebot selbst aus.

aa) § 556 a BGB

Auch der durch die Mietrechtsreform neu eingeführte § 556 a BGB[500], welcher den § 4 MHG ersetzt, stellt einen Innovationsschub in Richtung des Umweltschutzes dar.

Nach § 556 a BGB gilt im Grundsatz der Flächenmaßstab als regelmäßiger Umlagemaßstab, vorbehaltlich einer abweichenden Vereinbarung der Mietvertragsparteien. Ausgenommen sind jedoch die Kosten, die entsprechend dem jeweiligen Verbrauch bzw. der jeweiligen Verursachung durch die Mieter erfasst werden. Nach § 556 a Abs. 3 BGB kann zwar § 556 a Abs. 1 BGB abbedungen werden, allerdings würde dies der Wertung des Gesetzes zur Umlagegerechtigkeit bei erfasstem Verbrauch bzw. erfasster Verursachung widersprechen. Ein anderer Umlageschlüssel als der nach dem erfassten Verbrauch bzw. der erfassten Verursachung kann keine gerechte Verteilung der Kosten im Sinne des § 315 BGB bewirken.[501]

Der ökologische Nutzen dieser Vorschrift ist allerdings deshalb beschränkt, weil der § 556 a BGB auf den erfassten Verbrauch bzw. die erfasste Verursachung abstellt. Daraus ergibt sich, dass der Mieter keinen Anspruch auf Einbau von Vorrichtungen hat, die den Verbrauch oder die Verursachung erfassen.[502] Es verbleibt jedoch bei einer Stärkung der Verbrauchsabhängigkeit der Abrechnung

---

498 Wank, Die Auslegung von Gesetzen, 89.

499 BGBl. I, S. 1149.

500 Vgl. hierzu die Ausführungen in Kap. 4, B. II. 3. b).

501 Langenberg, in Schmidt-Futterer, Mietrecht, Groß-Kommentar, 2007, § 556 a BGB Rn. 131, 146; vgl zu § 556 a BGB auch Kap. 4, B. II. 3.

502 Rips, WuM 2001, S. 419 (420); Langenberg, in Schmidt-Futterer, Mietrecht, Groß-Kommentar 2007, 556 a BGB Rn. 131.

von Nebenkosten. Diese schafft einen gezielten Anreiz zu energiebewusstem Verhalten und zur Energieeinsparung.[503]

Durch § 556 a BGB wird eine Verpflichtung zur verbrauchsabhängigen Abrechnung eingeführt während der § 4 Abs. 5 MHG lediglich ein Recht des Vermieters zur einseitigen Vertragsänderung bei erfasstem Verbrauch bzw. erfasster Verursachung ausging. Darüber hinaus erweitert der § 556 a Abs. 2 BGB über § 4 Abs. 5 Nr. 1 MHG die Möglichkeit des Vermieters, durch einseitige schriftliche Erklärung eine verbrauchsabhängige Abrechnung aller verbrauchs- und verursachungsabhängig erfassten Betriebskosten einzuführen. Neben der erhöhten Abrechnungsgerechtigkeit stellt die Gesetzesbegründung auch ausdrücklich auf das Ziel des sparsamen und kostenbewussten Umgangs mit Energie ab.[504]

Diese ausdrückliche Wertung muss im Rahmen der Auslegung des Wirtschaftlichkeitsgebotes auch Berücksichtigung erfahren.

bb) §§ 554, 559 BGB

Der Mieter hat nach § 554 BGB Erhaltungs- und Modernisierungsmaßnahmen zu dulden.[505]

Der § 554 BGB wurde im Rahmen der Mietrechtsreform vom 19.6.2001[506] zugunsten ökologischer Zielsetzungen erweitert (§ 554 BGB entsprach § 541 b BGB a. F.). So wurden die formellen Anforderungen an die Modernisierungsankündigung erleichtert. Während man nach § 541 b Abs. 2 Satz 1 BGB a. F. noch den „Umfang“ und den „Beginn“ der Maßnahme mitteilen musste, sind nunmehr nach § 554 Abs. 3 Satz 1 BGB nur noch der „voraussichtliche Umfang“ und der „voraussichtliche Beginn“ der Maßnahme mitzuteilen. Diese Änderung wirkt sich jedoch unter ökologischen Gesichtspunkten kaum aus, insbesondere wird sie durch die Verlängerung der Ankündigungsfrist von zwei auf drei Monate konterkariert.[507] Wichtiger erscheint, dass sich die Duldungspflicht nicht mehr nur auf Maßnahmen zur Einsparung von Heizenergie beschränkt (so noch § 541 b Abs. 2 Satz 1 BGB a. F.), sondern nunmehr auf alle Energieeinsparungsmaßnahmen erweitert wurde, § 554 Abs. 2 Satz 1 BGB. Hier wird eine deutliche Tendenz in der Gesetzgebung hin zu einer ökologischen Ausrichtung erkennbar. Mit Hinblick auf eine Förderung ökologischer Modernisierungsmaßnahmen

---

503 Rips/Eisenschmid, Neues MietR 2001, 2001, 375.

504 BT Drucks. 14/4553 (Regierungsbegründung zu § 556 a BGB), Beuermann/Blümmel, Das neue Mietrecht 2001, 2001, 122.

505 Vgl. hierzu die Ausführungen in Kap. 4, B. II. 1.

506 BGBl. I, S. 1149.

507 Vgl. hierzu Kap. 5, A. I. 5.

wurde der Mieter zunächst mit dem 4. Mietrechtsänderungsgesetz[508] zur Duldung von Wassereinsparungsmaßnahmen verpflichtet, um dann nochmals mit der Mietrechtsreform zum 19.6.2001[509] die Duldungspflicht auf alle Maßnahmen zur Energieeinsparung zu erweitern. Bei der Einführung des umfassenden Begriffs der Energieeinsparungsmaßnahmen wollte der Gesetzgeber insbesondere auch stromsparende Maßnahmen mit in die Duldungspflicht einbeziehen.[510] Dies erfolgte ausschließlich im Hinblick auf das übergeordnete Interesse an der Durchführung von Energieeinsparungsmaßnahmen zur Reduzierung der Treibhausgasemissionen. Die Interessen der Mietvertragsparteien spielten hierfür keinerlei Rolle.[511] Hier wird eindeutig erkennbar, dass das Mietrecht bereits zur Umsetzung umweltpolitischer Ziele als steuerndes Element fungiert. Eine Gemeinwohlorientierung im Sinne eines allgemein erforderlichen sparsamen Umgangs mit Energieressourcen ist nicht zu übersehen.[512]

Der Gesetzgeber wollte mit der Mietrechtsreform vom 19.6.2001 die Anforderungen an den Inhalt der Modernisierungsankündigung lockern, insbesondere weil die Rechtsprechung hieran äußerst strenge Maßstäbe anlegte.[513] Damit wird die Absicht des Gesetzgebers einer Anreizschaffung energieeinsparender Maßnahmen verdeutlicht.

Nach einer erfolgten energieeinsparenden Modernisierungsmaßnahme ist eine Mieterhöhung nach § 559 BGB möglich. Die Vorschrift ist Teil des sozialen Mietrechtes und hat aber auch daneben eine wohnungs-, wirtschafts-, und umweltpolitische Bedeutung, wobei der letzteren Bedeutung immer mehr Beachtung zu schenken ist. Ursprünglich sollte zwar § 559 BGB (vormalig § 3 MHG) durch eine Anreizschaffung die Altbausubstanz verbessern. Im Wandel der Zeit kommt § 559 BGB nunmehr aber auch die entscheidende Aufgabe zu, auf dem öffentlichen Sektor einen Anreiz für energieeinsparende Maßnahmen zu schaffen.[514]

---

508 BGBl I 1257 – Viertes Gesetz zur Änderung mietrechtlicher Vorschriften vom 21.7.1993

509 BGBl. I, S. 1149.

510 BT Drucks. 439/00, S. 124; s. a. Börstinghaus/Eisenschmid, Arbeitskommentar Neues Mietrecht, 2001, § 554 BGB, S. 186; Eisenschmid, in Schmidt-Futterer, Mietrecht, Groß-Kommentar, 2007, § 554 BGB Rn. 142.

511 Börstinghaus, in Schmidt-Futterer, Mietrecht, Groß-Kommentar, 2007, § 559 BGB Rn. 12.

512 So auch Rips/Eisenschmid, Neues Mietrecht, 2001, 367.

513 BT-Drucks. 14/4553.

514 Lammel, Wohnraummietrecht, 2007, § 3 MHG Rn. 1–3; Kunze/Tietzsch, Miethöhe und Mieterhöhung, 2006, § 559 BGB Rn. 44.

Auch hat das Wirtschaftlichkeitsgebot keine den § 559 Abs. 1 BGB beschränkende Funktion, als dass ein bestimmtes Verhältnis der Mieterhöhung zu der Energieeinsparung gegeben sein müsste. Dies hat der BGH in einer Grundsatzentscheidung mit Urteil vom 3.3.2004[515] unter Abkehr von der früher herrschenden Rechtsprechung[516] klargestellt, nach der noch von einer durch das Wirtschaftlichkeitsgebot vorgegebenen Kappungsgrenze mit einer Begrenzung der Mieterhöhung auf das Doppelte[517] der Heizkostenersparnis ausgegangen worden war.

Durch die Grundsatzentscheidung des BGH wurde aber herausgestellt, dass mit einer solchen Kappungsgrenze das vom Gesetzgeber im Allgemeininteresse verfolgte Ziel der Energieeinsparung konterkariert werden würde.[518] Der Gesetzgeber hat bewusst keine gesetzliche Regelung entsprechend einer Kappungsgrenze in die Mieterhöhungsvorschriften aufgenommen. Eine solche bewusste Entscheidung ist den Gesetzesmaterialien selbst zu entnehmen. Unter Hinweis auch auf umweltpolitische Interessen wird das Ziel einer Anreizschaffung zu Wohnungsmodernisierungen herausgestellt.[519]

Die Grundsatzentscheidung des BGH führt weiterhin aus, dass die eindeutigen Zielvorstellungen des Gesetzgebers eine Bewertung der Modernisierung allein nach Kostengesichtspunkten nicht zulässt. Danach könne auch nicht auf den Grundsatz von Treu und Glauben nach § 242 BGB zurückgegriffen werden. Dem würde auch schon der eindeutige Wortlaut des § 559 Abs. 1 BGB entgegenstehen, nach dem nicht auf eine Energiekosteneinsparung, sondern lediglich auf eine Energieeinsparung abzustellen ist.[520]

Letztlich ist durch die Härteregelung des § 554 Abs. 2 BGB der Mieter auch nicht schutzlos gestellt. Danach hat der Mieter eine Maßnahme zur Energieein-

515 Vgl. BGH, Urteil vom 3.3.2004 – VIII ZR 149/03 = ZMR 2004, S. 424, (424).

516 Vgl. OLG Karlsruhe OLGZ 1985, 252, = WuM 1985, S.17, (17) unter Berufung auf § 13 ModEnG; Sternel, Mietrecht, 1988, Rn. 778; Börstinghaus, in Schmidt-Futterer, Mietrecht, Groß-Kommentar, 2007, § 559 BGB Rn. 81 ff.; Voelskow, in MünchKomm, BGB, 2005, § 3 MHG Rn. 10.

517 U. a. LG Köln, Urteil vom 29.1.1998 – 1 S 173/97 = ZMR 1998, S. 562 f.; LG Lüneburg, Urteil vom 15.11.2000 – 6 S 75/00 = WuM 2001, S. 83–85; Ehlert, in Bamberger/Roth, Kommentar zum Bürgerlichen Gesetzbuch, 2007, § 559 BGB Rn. 30.

518 Vgl. auch AG Lichtenberg NJW-RR 2003, S. 1309, (1309); Schläger, „Anmerkung zu BGH, 3/01, in ZMR 2002, S. 580 f.; Lammel, Wohnraummietrecht, 2007, § 559 BGB Rn. 11, 27; Kinne, ZMR 2003, S. 396, (402).

519 Vgl. Begründung des Gesetzesentwurfes zum Mietrechtsreformgesetz vom 19.6.2001, BT-Drucks. 14/4553 S. 37, 58.

520 So auch Wilcken, „Fernwärme statt Gasetagenheizung – Zum Modernisierungsbegriff in § 554 II BGB, in NZM 2006, S. 521, (522).

sparung dann nicht zu dulden, wenn die Maßnahme für ihn oder seine Familie eine Härte bedeuten würde, die auch unter Würdigung der berechtigten Interessen des Vermieters und anderer Mieter in dem Gebäude nicht zu rechtfertigen ist. Nach § 554 Abs. 2 Satz 2 BGB ist dabei auch die zu erwartende Erhöhung des Mietzinses zu berücksichtigen. Soziale Gesichtspunkte des Mieterschutzes wurden demnach bereits vom Gesetzgeber beachtet. Kostengesichtspunkte der Modernisierungsmaßnahme können aber nur in diesem vom Gesetzgeber eingestellten Abwägungsspielraum Berücksichtigung finden. Eine abstrakte Betrachtung des Verhältnisses der Modernisierungskosten zu der Heizkostenersparnis verbietet sich vielmehr gerade. Bei der Abwägung im Falle eines Härtefalles im Sinne des § 554 Abs. 2 BGB ist auch nicht auf das Verhältnis von Modernisierungskosten zu der Heizostenersparnis abzustellen, sondern vielmehr auf die ganz individuelle Zumutbarkeit im konkreten Falle. Ob die Maßnahme dem Mieter wirtschaftlich zugemutet werden kann, ist nicht nach objektiven Wertmaßstäben zu beurteilen.[521] Auch eine solche Auslegung würde den oben dargelegten und vom BGH festgestellten Zielvorstellungen widersprechen. Vielmehr sollte die Härteregelung des § 554 Abs. 2 BGB nur dem sozialen Mieterrechtsschutz Gewährleistung tragen, so dass es auch hier nur auf eine subjektive Zumutbarkeit ankommen kann.[522]

Der Gesetzgeber verweist in seiner Regierungsbegründung zu § 559 BGB eigens auf das allgemeine Interesse an der Durchführung von Modernisierungen. Auch wird im Besonderen auf die Wirkung der Umweltentlastung hingewiesen.[523] Energieeinsparungsmaßnahmen sollen gefördert werden. Wie in § 554 BGB wurde deshalb die Mieterhöhungsmöglichkeit nicht mehr nur wie bisher auf nachhaltige Heizenergieeinsparmaßnahmen begrenzt, sondern auf alle Arten nachhaltiger Energieeinsparung ausgedehnt.

Zusammenfassend lässt sich wieder feststellen, dass die dem Mietrecht bereits innewohnenden ökologischen Zielrichtungen aufgegriffen und bei der Auslegung speziell des Wirtschaftlichkeitsgebotes Berücksichtigung finden muss.

---

521 Eisenschmid, in Schmidt-Futterer, Mietrecht, Groß-Kommentar, 2007, § 554 BGB Rn. 222; anders aber Blank, in PiG, Band. 60, 92.

522 So wohl auch Wilcken, „Fernwärme statt Gasetagenheizung – zum Modernisierungsbegriff in § 554 II BGB", in NZM 2006, S. 521, (523), der auf den Nachweis des Mieters abstellt, dass er subjektiv nach seinen finanziellen Möglichkeiten die zu erwartende Mieterhöhung nicht oder nur mit großen Schwierigkeiten aufbringen kann.

523 BT-Drucks. 14/4553 zu § 559 BGB.

b) Art. 20 a GG

Darüber hinaus spricht auch die Staatszielbestimmung des Art. 20 a GG für eine legislative Rechtfertigung, das Wirtschaftlichkeitsgebot im Sinne einer Verpflichtung zur maximalen Energieeinsparung auszulegen. Das Wirtschaftlichkeitsgebot erfährt bei seiner Auslegung über das Kriterium der Systematik durch den Art. 20 a GG eine entscheidende Prägung.

Bei der Auslegung des einfachen Rechts ist eine rangkonforme Auslegung als Inhaltskontrolle anzuwenden. Damit muss auch die Wertung des ranghöheren Grundgesetzes bei der Auslegung der einfachen Gesetze beachtet werden. Dies gilt selbst für den Fall, dass die Norm des niederrangigen Rechts dem höherrangigen Recht nicht widerspricht. Auch für diesen Fall gilt, dass immer die Auslegungsmöglichkeit zu wählen ist, welche dem höherrangigem Recht mehr entspricht.[524]

Im Jahre 1994 wurde der Art. 20 a GG zum Schutz der natürlichen Lebensgrundlagen in die deutsche Verfassung eingefügt.[525] Vor Einführung des Art. 20 a GG war der Umweltschutz im Grundgesetz auf die umweltbezogenen grundrechtlichen Schutzpflichten begrenzt. Umweltrechtliche Schutzgüter waren nur solche mit Individualrechtsbezug, wie z. B. das menschliche Leben, die körperliche Unversehrtheit und das Eigentum. Der Schutz der natürlichen Lebensgrundlagen des Art. 20 a GG verleiht dagegen gerade keinem Individualrechtsschutz sondern vielmehr einen Gemeinwohlaspekt Verfassungsrang.[526] Über die Schutzgüter mit Individualrechtsbezug gehören demnach auch Natur und Landschaft, Luft, Wasser und Klima zu den Schutzgüter des Art. 20 a GG. Art. 20 a GG stellt also nicht nur die Lebensgrundlage der Menschen sondern die allen Lebens in den Vordergrund.

Die natürlichen Lebensgrundlagen sind auch in Verantwortung für zukünftige Generationen zu schützen. Der ökologische Schutz der natürlichen Lebensgrundlagen und auch der ökologische Nachweltschutz stellt ein Kollektivinteresse dar. Die normierte Verpflichtung auch für die Nachwelt ist Teil des sogenannten Nachhaltigkeitsprinzips und hat in Art. 20 a GG seinen Niederschlag gefunden.

Der Begriff der Nachhaltigkeit (sustainable development) wurde erstmals durch den Abschlussbericht der World Commission on Environment and Development im Jahre 1987 in die internationale Diskussion eingeführt. Bei der UN-Klimarahmenkonvention 1992 in Rio de Janeiro wurde die Idee der nachhal-

---

524 Wank, Die Auslegung von Gesetzen, 2005, S. 85.

525 Grundgesetzänderung vom 27.10.1994.

526 Von Sommermann, in Münch/Kunig, Grundgesetz, Kommentar, Art. 20 a GG Rn. 10.

tigen Entwicklung zu einem Leitbild der Umwelt und Entwicklungspolitik.[527] Das Nachhaltigkeitsprinzip zielt auf eine dauerhaft tragfähige Harmonisierung ökologischer, ökonomischer und sozialer Ziele (sogenanntes Drei-Säulen-Modell).[528] Diese Begrifflichkeit wurde dann vom Europäischen Gemeinschaftsrecht weiter geprägt.[529] Im Europäischen Gemeinschaftsrecht findet sich das sogenannte Nachhaltigkeitsprinzip insbesondere in der Präambel als auch in Art. 2 und 6 EUV wieder. Art 2 EUV umschreibt die Aufgaben der Gemeinschaft auch mit der Förderung einer nachhaltigen Entwicklung. Die Querschnittsklausel des Art. 6 EGV ergänzt diese Aufgabenfestlegung dann noch. Ausdrücklich wird festgelegt, dass neben den ökonomischen und sozialen Gesichtspunkten auch die ökologische Betrachtungsweise Eingang in den Nachhaltigkeitsbegriff finden muss und jedes Tätigwerden der Gemeinschaft die Einbeziehung der Erfordernisse des Umweltschutzes verlangt.

Auch im europäischen Verfassungsrecht wird das Nachhaltigkeitsprinzip – mit besonderem Hinblick auf den Umweltschutz – ausdrücklich erwähnt. Auf eine nachhaltige Entwicklung wird sowohl in der Präambel als auch in Art. 37 des beim EU-Gipfeltreffen Anfang Dezember 2000 in Nizza beschlossenen europäischen Grundrechts-Katalogs Bezug genommen.

Die überwiegende Meinung in der juristischen Literatur geht davon aus, dass mit Art. 6 EGV eine vollinhaltliche Aufnahme des Nachhaltigkeitsprinzips in das europäische Recht stattgefunden hat. Die Europäische Union ist auch ansonsten bemüht, das Nachhaltigkeitsprinzip in konkretes Verwaltungshandeln umzusetzen. Der Rat verabschiedete am 16.3.2002 in Barcelona die „Europäische Strategie für eine Nachhaltige Entwicklung“ und bekundete so die Absicht, nachhaltige Entwicklung unter gleichgewichtiger Beachtung ökonomischer, ökologischer und sozialer Ziele in der Union umzusetzen.

Auch in Art. 20 a GG ist der Nachhaltigkeitsbegriff ein Rechtsprinzip und beansprucht damit eine verbindliche Rechtsgeltung. Anders als es das klassische Drei-Säule-Modell jedoch vorsieht, ist der Nachhaltigkeitsbegriff des Art. 20 a GG aber von einem ressourcenökonomischen Verständnis geprägt und kann nicht

527 Ketteler, „Der Begriff der Nachhaltigkeit im Umwelt- und Planungsrecht, in NuR 2002, S. 513 ff., mit weiteren Ausführungen zur Entwicklung des Nachhaltigkeitsbegriffes.

528 Sparwasser/Engel/Vosskuhle, Umweltrecht, 2003, § 2 Rn. 23.

529 Vgl. Badura, in Marburger/Reinhard/Schröder, Die Bewältigung von Langzeitrisiken im Umwelt- und Technikrecht, 1998, 43 ff.

auch für die soziale und ökonomische Dimension von Nachhaltigkeit fruchtbar gemacht werden.[530]

Da Art. 20 a GG auch weiterhin ein Staatsziel normiert, ist der Staat objektiv verpflichtet, auf die Verwirklichung dieser nachhaltigen Entwicklung im Sinne eines ökologischen Nachweltschutzes hin zu wirken. Staatliches Handeln wird dahingehend verpflichtet, schädigende Eingriffe zu unterlassen aber eben auch im Sinne einer positiven Tätigkeit bereits eingetretene Umweltschäden nach Möglichkeit zu beheben und Eingriffe abzuwehren.[531]

Dabei endet der Umweltschutz also nicht von Verfassung wegen bei der Bewahrung eines „ökologischen Existenzminimums".[532] Vielmehr muss der Art. 20 a GG darüber hinausgehend als Optimierungsgebot verstanden werden[533], nach dem der Schutz so weitgehend wie rechtlich und faktisch möglich sein muss, ohne andere öffentliche Aufgaben dabei aufgeben zu müssen. Jede Beeinträchtigung muss deshalb anhand eines Gemeinwohlzweckes bzw. anhand der Notwendigkeit zur Verwirklichung privater Freiheit legitimiert werden. Bei einer vermeidbaren Umweltbeeinträchtigung liegt zwingend ein Verstoß gegen Art. 20 a GG vor.[534]

Als Staatsziel beschreibt Art. 20 a GG die Grundausrichtung des Staates vom sozialen Rechtsstaat hin zum sozialen und ökologischen Rechtsstaat.

Dem Bürger erwächst durch den nur objektiv-rechtlich aufzufassenden Art. 20 a GG kein unmittelbarer Leistungsanspruch gegenüber dem Staat[535], wie dies z. B. bei den Grundrechten der Fall ist. Auch können der Staatszielbestimmung keine allgemeinen staatsbürgerlichen Pflichten entnommen werden. Solche könnten sich höchstens durch eine Konkretisierung durch den Gesetzgeber

---

530 Ketteler, „Der Begriff der Nachhaltigkeit im Umwelt- und Planungsrecht", in NuR 2002, S. 513, (517 m.w.N.).

531 Vgl. Jarras, in Jarras/Pieroth, Grundgesetz, Kommentar, 2007, Art. 20 a GG Rn. 5; Murswiek, in Sachs, Grundgesetz, Kommentar, 2003, § 20 a GG Rn. 18; Hömig, in Hömig, Grundgesetz, Kommentar, Art. 20 a GG Rn. 5.

532 BMI/BMJ (Hrsg.), Staatszielbestimmungen/Gesetzgebungsaufträge, Bericht der Sachverständigenkommission, 1983, Rn. 155.

533 Murswiek, in Sachs, Grundgesetz, Kommentar, 2003, Art. 20 a GG Rn. 53; Murswiek, „Staatsziel Umweltschutz, Bedeutung für Rechtsetzung und Rechtsanwendung", in NVwZ 1996, S. 222, (226); Schulze-Fielitz, in Dreier, Grundgesetz, Kommentar, Art. 20 a GG Rn. 26.

534 Murswiek, Staatsziel Umweltschutz, Bedeutung für Rechtsetzung und Rechtsanwendung, in NVwZ 1996, S. 222, (227).

535 Hörnig, in Hömig, Grundgesetz, Kommentar, 2007, Art. 20 a GG Rn. 4; Epiney, in v. Mangoldt/Klein/Starck, Grundgesetz, Kommentar, Art. 20 a GG Rn. 35; Murswiek, in Sachs, Grundgesetz, Kommentar, 2003, Art. 20 a GG Rn. 12.

selbst ergeben. Zu einer solchen gesetzlichen Konkretisierung ist aber der Staat als Normadressat des Art. 20 a GG verpflichtet, weil er auch die zwischenbürgerlichen Beziehungen „staatszielgerichtet“ zu regeln hat.[536] Dies bedeutet zum einen eine entsprechende Gesetzgebung, wobei der Gesetzgeber in einer permanenten Nachbesserungspflicht steht, ent- oder bestehende Defizite zu beseitigen und die Gesetzeslage den neuesten Erkenntnissen in Wissenschaft und Technik anzupassen.[537] Zum anderen wird staatliches Handeln dahingehend verpflichtet, die gesetzlichen Regelungen – insbesondere der wertungsausfüllungsbedürftigen Generalklauseln und unbestimmten Rechtsbegriffe – der Staatzielbestimmung entsprechend anzuwenden und auszulegen.

Dabei kann der Art. 20 a GG sogar mittelbar anspruchsbegründend herangezogen werden. Dies ergibt sich aus der Bindung aller Staatsgewalt durch Art. 20 a GG, wobei der Art. 20 a GG die drei Staatsgewalten mit der gleichen Verbindlichkeit belegt. Ein Unterschied besteht lediglich darin, dass die Legislative mit der Gesetzgebung einen Rahmen schafft, innerhalb dessen die Judikative und die Exekutive verbindlich den Schutzauftrag des Art. 20 a GG, namentlich bei der Ausfüllung von Gesetzeslücken und unbestimmten Rechtsbegriffen verwirklichen muss.[538] Bei der Interpretation und der Ermessensausübung hat der Art. 20 a GG eine leitende Funktion[539], wegen der Verfassungsrechtlichkeit des Art. 20 a GG als Auslegungsgrundsatz sogar eine mit besonderem Gewicht. Dies gilt auch nicht nur für Umweltgesetze sondern für alle Gesetze, deren Funktion und Wirkweise jedenfalls auch auf Umsetzung und Durchsetzung der Umweltschutzziele des Staates gerichtet sind.[540]

Aber auch auf solche Gesetze kann keine Beschränkung erfolgen. Vielmehr ist der Umweltschutzauftrag insbesondere für die Judikative als Auslegungshilfe der gesamten Rechtsordnung zu berücksichtigen und kann sogar in den Bereich der richterlichen Rechtsfortbildung hineinwirken.[541] Von Art. 20 a GG geht da-

536 So auch Bock, Umweltschutz im Spiegel von Verfassungsrecht und Verfassungspolitik, 1990, 328.

537 Schulze-Fielitz, in Dreier, Grundgesetz, Kommentar, 2006, Art. 20 a GG Rn. 81, Rn. 72.

538 Sommermann, in von Münch/Kunig, Grundgesetz, Kommentar, 2001, Art. 20 a GG Rn. 7, wird dort auch als Konkretisierungsprärogative bezeichnet.

539 Vgl. hierzu Schink, „Umweltschutz als Staatsziel“, in DÖV 1997, S. 221, (228), Schwintowski, „Das Wirtschaftlichkeitsgebot – die Rechtspflicht des Vermieters zur optimalen Wärmeversorgung“, in WuM 2006, S. 115, (116).

540 So auch Schwintowski, „Das Wirtschaftlichkeitsgebot – die Rechtspflicht des Vermieters zur optimalen Wärmeversorgung“, in WuM 2006, S. 115, (117) m.w.N.

541 Hörnig,in Hömig, Grundgesetz, Kommentar, 2007, Art. 20 a GG Rn. 7; Epiney, in v. Mangoldt/Klein/Starck, Kommentar, Grundgesetz, 2005, Art. 20 a GG Rn. 96 und 124, nach der für den Umweltschutzauftrag der Judikativen gerade keine vorherige Tätigkeit des Gesetzgebers vonnöten ist.

mit eine Impulswirkung aus. Hierdurch erlangt insbesondere das Nachhaltigkeitsprinzip eine Steuerungswirkung. Wie ein Grundrecht kann dabei die Staatszielbestimmung des Art. 20 a GG auch den Inhalt eines auslegungs- und ergänzungsbedürftigen Vertrages mitbestimmen, wie z. B. die Informationsfreiheit den vertragsgemäßen Gebrauch des Mieters wesentlich mitbestimmt.[542] Mittelbar werden also die Schutzpflichten des Art. 20 a GG trotz seiner objektiv-rechtlichen Ausrichtung auch auf den privaten Einzelnen erstreckt. Umweltschützende Ziele der einfachen Gesetzgebung werden im Nachhinein zu Verfassungskonkretisierungen, was auch bei der Abwägung eine erhebliche Rolle spielt.[543]

Daraus folgt zunächst, dass das Wirtschaftlichkeitsgebot durch die Judikative im Spiegel der umweltrechtlichen Zielsetzungen auszulegen und anzuwenden ist, weil der Staat verpflichtet ist, auf die Verwirklichung des Staatszieles hinzuwirken.[544] Dem entspricht eine positive Entfaltung dieses Staatszieles auch durch den Gesetzgeber. Lassen also die allgemeinen Auslegungsgrundsätze mehrere Möglichkeiten einer Auslegung zu, z. B. eine mehr und eine weniger ressourcenschonende, so muss sich die Judikative in diesem Fall für die umweltschonendste entscheiden. Im Zweifel ist davon auszugehen, dass der Gesetzgeber eine umweltschützende oder eine umweltschonende Lösung ermöglichen wollte.[545] Es muss diejenige Auslegung des Wirtschaftlichkeitsgebotes gewählt werden, welche dem ökologischen Nachweltschutz des Art. 20 a GG am ehesten gerecht wird. Unter umweltschutzrechtlichen Gesichtspunkten ist eine optimale Wärmeversorgung im Sinne einer weitest möglichen Energieeinsparung und damit einer Ressourcenschonung zu gewährleisten.

Dies unterstützt wiederum die hier in Kap. 6, D. II. 1. dargelegte Wortauslegung des Wirtschaftlichkeitsgebotes, wonach mit gegebenen Mitteln eine möglichst hohe Leistung –und damit die optimale Wärmeversorgung- zu erzielen ist.

c) Art. 14 GG

Die Staatszielbestimmung des Umweltschutzes steht zum einen zu anderen Staatszielen und Staatsstrukturprinzipien als auch zu den Grundrechten in prin-

---

542 Vgl. hierzu BVerfG, Beschluss vom 15.10.1991 – 1 BvR 976/89 = NJW 1992, S. 493–494; BVerfG, Beschluss vom 10.3.1993 – 1 BvR 1192/92 wonach die mietrechtlichen Bestimmungen im Lichte des hier betroffenen Grundrechts, Art. 5 Abs.1 Satz 1 Halbsatz 2 GG, ausgelegt werden müssen.

543 Kloepfer, „Umweltschutz als Verfassungsrecht – Zum neuen Artikel 20 a GG“, in DVBl 1996, S. 73, (75).

544 So auch Schwintowski, „Das Wirtschaftlichkeitsgebot – die Rechtspflicht des Vermieters zur optimalen Wärmeversorgung“, in WuM 2006, S. 115, (117).

545 So auch Sommermann, in v. Münch/Kunig, Grundgesetz, Kommentar, 2001, Art 20 a Rn. 30.

zipieller Gleichrangigkeit.[546] Gegenüber den Grundrechten können die Staatsziele zum einen eine grundrechtsbeschränkende und zum anderen eine grundrechtsverstärkende Wirkung haben. Bei der grundrechtsverstärkenden Wirkung kann es i.V.m. den Grundrechten zu einer Verdichtung des Handlungsspielraumes des Gesetzgebers kommen. Für die grundrechtsbeschränkende Wirkung des Art. 20 a GG gilt, dass unter dem Gesichtspunkt der Verhältnismäßigkeit dem Umweltschutz dienende Maßnahmen somit leichter zu rechtfertigen sind.[547]

Der mietereigene Anspruch auf optimale Wärmeversorgung betrifft in direkter Weise das Eigentum des Vermieters, insbesondere weil es Sache des Contractors wird, durch welche – meist ausgetauschte – Heizungsanlage er die Wärme bereitstellen will. Damit entsteht ein Konfliktpotenzial mit Art. 14 GG.

Nach Art. 14 GG ist das Eigentum und damit auch das Eigentum des Vermieters an der Mietsache grundrechtlich geschützt. Es gibt keinen absoluten Begriff des Eigentums, weil der Eigentumsbegriff vielmehr immer der Anpassung an die gesellschaftlichen Verhältnisse bedarf.[548] Aus diesem Grunde hat der Gesetzgeber nach Art. 14 Abs. 1 und 2 GG auch die Möglichkeit durch Inhalts- und Schrankenbestimmungen den Eigentumsbegriff immer wieder neu zu bestimmen. Diese stellen zwar auch Eingriffe in das gesetzlich garantierte Eigentum dar. Solche Eingriffe sind jedoch in Form von Inhalts- und Schrankenbestimmungen, Art. 14 Abs. 1 und 2 GG, als auch Enteignungen, § 14 Abs. 3 GG, möglich. Für die Inhalts- und Schrankenbestimmungen besteht allerdings die Schranke des Gesetzes- und Ausgestaltungsvorbehaltes in Art. 14 Abs. 1 Satz 2 GG und für die Enteignungen die Schranke des qualifizierten Gesetzesvorbehaltes in Art. 14 Abs. 3 Satz 2 GG.

Für die verfassungsrechtliche Rechtfertigung von Inhaltsbestimmungen gilt, dass diese eine verhältnismäßige Regelung durch Gesetz voraussetzt. Dabei muss im Rahmen der Verhältnismäßigkeit die Sozialpflichtigkeit des Eigentums (objektives Rücksichtnahmegebot) gemäß Art. 14 Abs. 2 GG einer besonderen Prüfung unterzogen werden. Während Inhalts- und Schrankenbestimmungen abstrakt-generelle Eigentumsbestimmungen darstellen, sind Enteignungen jede final konkret individuelle Entziehung eigentumsrechtlicher Positionen zur Inan-

546 Kloepfer, Umweltrecht, 2004, § 3 Rn. 23; Sommermann, in v. Münch/Kunig, Grundgesetz, Kommentar, 2001, Art. 20 a GG Rn. 34.

547 Behrens, Auswirkungen von Staatszielbestimmungen aufgrund der Änderungen am Beispiel der Aufnahme des Tierschutzes in Art. 20 a GG, 2002, 10; Sommermann, in v. Münch/Kunig, Grundgesetz, Kommentar, 2001, Art. 20 a GG Rn. 34.

548 Vgl. Antoni, in Hömig, Grundgesetz, Kommentar, 2007, Art. 20 a GG Rn. 4.

spruchnahme für öffentliche Zwecke.[549] Ein mietereigener Anspruch auf optimale Wärmeversorgung begründet sich aber nicht auf ein Gesetz oder eine Einzelmaßnahme, welche bewusst darauf zielt, eigentumsrechtliche Positionen zu entziehen. Vielmehr trifft alle Vermieter von vornherein die Verpflichtung einer optimalen Wärmeversorgung als belastende Regelung gleich. Damit schränkt das Gesetz die konkrete Rechtsposition noch nicht ein. Die Verpflichtung zur optimalen Wärmeversorgung aktualisiert die allgemein und im Vorhinein obliegende Verpflichtung zur Gewährung des vertragsgemäßen Gebrauches.

Der Eingriff in Art. 14 GG durch eine Inhalts- und Schrankenbestimmung ist verfassungsrechtlich gerechtfertigt, wenn diese verhältnismäßig ist und die Sozialbindung des Eigentums berücksichtigt wird. Im Rahmen der Verhältnismäßigkeitsprüfung sind dabei die Anerkennung des Privateigentums und sein sozialer Bezug und Bedeutung für die Allgemeinheit gegeneinander abzuwägen.[550] Für die Frage was Allgemeinwohlinteresse umfasst, kommt dem Gesetzgeber grundsätzlich die politische Gestaltung und Prognose zu. Erforderlich ist nur, dass die in die Abwägung eingestellten Gemeinwohlbelange hinreichend präzisiert werden.[551] Bei einer besonderen sozialen Bedeutung werden danach auch weitergehende Einschränkungen möglich sein. Einer solchen besonderen sozialen Bedeutung unterliegt auch das soziale Mietrecht, da große Teile der Bevölkerung eben auf die Nutzung dieses fremden Eigentums existentiell angewiesen sind.[552] Für das Gemeinwesen unverzichtbar ist des Weiteren der Klimaschutz. Dieser stellt ein erhebliches Allgemeinwohlinteresse dar, welches wegen seiner besonderen Bedeutung auch eine weitergehende Einschränkung der Eigentumsposition rechtfertigt.

Mit dem Verweis auf Art. 14 GG wird teilweise vertreten, dass die unternehmerische Entscheidung des Vermieters generell nicht durch Mieterentscheidungen ersetzt werden kann[553]. Teilweise wird dabei eine Entscheidung zugunsten des Mieters – in Form eines umsetzbaren Rechtsanspruchs – davon abhängig gemacht, dass sich die Entscheidung des Vermieters nicht mehr mit den Grundsätzen eines ordentlichen Kaufmanns vertreten lässt, also eines Kaufmanns, der

549 Vgl. Jarras, in Jarras/Pieroth, Grundgesetz, Kommentar, 2007, Art. 14 Rn. 39; Wieland, in Dreier, Grundgesetz, Kommentar, 1996, Art. 14 Rn. 66 ff.

550 Vgl. hierzu BVerfG, Beschluss vom 2.3.1999 – 1 BvL 7/91 = NJW 1999, S. 2877–2880.

551 Depenhauer, in v. Mangoldt/Klein/Starck, Kommentar, Grundgesetz, 2005, Art. 14 GG Rn. 225.

552 BVerfGE 50, 290, 340; Jarras, in Jarras/Pieroth, Grundgesetz, Kommentar, 2007, Art. 14 Rn. 42; so auch Antoni, in Hömig, Grundgesetz, Kommentar, 2007, Art. 14 GG Rn. 12: das Maß hängt davon ab, ob das Objekt in einem sozialen Bezug und einer sozialen Funktion steht.

553 So z. B. LG Berlin, Urteil vom 24.1.1989 – 64 S 326/88 = ZMR 1989, S. 305–307.

zum einen wirtschaftlich denkt und zum anderen aber auch das Wohl seinen Vertragspartners im Auge hat.[554] Diese Ansicht stellt aber einseitig auf wirtschaftliche Überlegungen ab und übersieht, dass eben auch die ökologischen Gesichtspunkte zu berücksichtigen sind.

Ein besonders starkes Gewicht kommt dem Allgemeinwohlinteresse des Klimaschutzes schon durch Art. 20 a GG zu. Die verfassungsrechtliche Verbürgung von Kollektivinteressen darf nicht als weniger dringlich angesehen werden, als der Schutz von Individualinteressen. Dabei setzt auch die unvermeidliche Unsicherheit bei der Gestaltung des Nachweltschutzes die Rechtfertigungslast des Gesetzgebers herab.[555] Damit sind durch die verfassungsrechtliche Verbürgung stärker als bisher in der Rechtsprechung vernommen-ökologische Lenkungsziele zu berücksichtigen.

Dem steht auch nicht entgegen, dass es vorrangig nach Art. 20 a GG eine Aufgabenlast des Staates ist. Gerade Art. 14 GG sieht mit dem Hinweis auf die Möglichkeit der Regelungs- und Ausgestaltungsfreiheit des Gesetzgebers vor, dass auch dem Einzelnen die Erfüllung einer gemeinwohlbezogenen Pflicht durch eine beschränkende Auslegung seines Eigentums auferlegt werden kann.[556]

Darüber hinaus ist auch zu bedenken, dass ein vernünftiger und einsichtiger Eigentümer auch von sich aus schon entsprechend handeln, also sein Eigentum zugunsten des Allgemeinwohlinteresses einschränken würde (Lehre von der Situationsgebundenheit des Eigentums).[557] Der Vermieter selbst hat keinerlei finanzielle Nachteile sondern vielmehr einen Nutzen von der Bereitstellung einer optimalen Wärmeversorgung. Die Betriebskosten stellen zunächst für den Vermieter nur einen bloßen durchlaufenden und damit vordergründig zu vernachlässigenden Posten dar. Für die Mieter, welche meist nur eine begrenzte Summe für Wohnzwecke mitbringen, kommt es bei der Anmietung auf die Gesamtbelastung durch die Nettokaltmiete und die Betriebskosten an. Mit modernster Heizungsanlagentechnik und einem ständigen Anlagencontrolling versehene Mietobjekte bedeuten eine gesteigerte Vermietbarkeit und damit Wettbewerbsfähigkeit, weil hierdurch der Betriebskostenanteil abgesenkt werden kann. Die Gesamtbelastung kann also bei gleichbleibender Nettokaltmiete sogar sinken. Damit wird auch in einem laufenden Mietverhältnis verhindert, dass auf-

554 So z. B. Eisenschmid, in Schmid-Futterer, Mietrecht, Groß-Kommentar, 2007, § 535 BGB Rn.111; Langenberg, WuM 2001, S. 523 (531).

555 Menzel, „Das Konzept der nachhaltigen Entwickklung“, in ZRP 2001, S. 221, (226).

556 Vgl. hierzu auch Sparwasser/Engel/Vosskuhle, Umweltrecht, 2003, § 3 Rn. 51.

557 Vgl. Pieroth/Schlink, Grundrechte, 2006, Rn. 931; ähnlich BVerfG, Beschluss vom 2.3.1999 – 1 BvL 7/91 = NJW 1999, S. 2877–2880.

grund steigender Betriebskosten und damit auch einer steigenden Gesamtbelastung ein Mietverhältnis gekündigt wird. Sowohl Mieter als auch Vermieter haben also ein nachhaltiges Interesse daran, den notwendigen Bezug von Heizenergie und damit auch die Wohnkosten nicht unnötig zu erhöhen. Zudem wird dem Vermieter durch den Contractor auch jegliche Investitionsverantwortung genommen, so dass dem wirtschaftlichen Vorteil für den Vermieter auch keine wirtschaftlichen Risiken oder Nachteile gegenüberstehen.

Neben dem Allgemeinwohlinteresse des Klimaschutzes ist mit der Energieeinsparung noch ein weiterer bisher eher vernachlässigter Aspekt verbunden. Hohe Energiekosten haben für die Betroffenen nämlich auch eine gesamtwirtschaftliche Dimension, weil sie Kaufkraft nicht nur auf der Mieterseite abschöpfen.[558] Auch der Vermieter wird durch zu hohe Nebenkosten bei der Festlegung seiner Nettokaltmiete eingegrenzt, weil es für die Vermietbarkeit eines Mietobjekts immer mehr auf die Gesamtkosten inklusive der Nebenkosten ankommt und letztere die dem Vermieter verbleibende Nettokaltmiete drücken.

Insgesamt muss deshalb die gesetzliche Ausgestaltung eines ökologischen Mietrechts als rechtfertigende Inhalts- und Schrankenbestimmung des Grund- und Wohnungseigentums gemäß Art. 14 Abs. 1 Satz 2 GG angesehen werden. Das gleiche gilt für eine an den ökologischen Zielsetzungen orientierte Auslegung des Wirtschaftlichkeitsgebotes. Ein Verstoß gegen Art. 14 GG scheidet für die Annahme eines mietereigenen Anspruchs auf optimale Wärmeversorgung aus.

d) Gemeinschaftsrecht

Eine legislative Rechtfertigung ist jedoch nicht nur dem deutschen Gesetzgeber vorbehalten. Vielmehr kann eine solche auch durch den europäischen Gesetzgeber erfolgt sein.

Das Auslegungskriterium der Systematik erfordert auch eine gemeinschaftsrechtskonforme Auslegung von deutschem Recht als Teil der allgemeinen rangkonformen Auslegung.[559]

Die Verbesserung der Energieeffizienz ist für die EU ein Ziel mit stetig wachsender Bedeutung. Mit Ratifizierung des Kyoto-Protokolls am 31.5.2002 hat sich die EU verpflichtet, in der Periode 2008–2012 seine Treibhausemissionen um insgesamt mindestens 8 % zu senken. Die Verbesserung der Energieeffizienz stellt deshalb für die EU ein Aktionsfeld mit immer größer werdender Bedeutung dar.

---

558 Vgl. Rips, "Europäische Vorgaben für das deutsche Mietrecht", in WuM 2004, S. 175, (179).

559 Wank, Die Auslegung von Gesetzen, 2005, 82.

In einem Grünbuch über Energieeffizienz vom 22.6.2005 hat die EU ehrgeizige Zielvorgaben für die Energieeinsparung vorgeschlagen. Als Gründe für die Notwendigkeit einer Verbesserung der Energieeffizienz wird neben der Wettbewerbsfähigkeit der EU und der Versorgungssicherheit vor allem der Umweltschutz gesehen.[560] Auch anlässlich des informellen G8-Treffens in Hampton Court 2005 wurde zu einer neuen Energiepolitik in Europa durch die EU-Kommission aufgerufen. Darauf folgte erneut Anfang 2006 ein Grünbuch zur Energiepolitik und später Maßnahmevorschläge in Form des „Aktionsplans für Energieeffizienz".[561] Zahlreiche Richtlinien wurden bereits im Hinblick auf eine verbesserte Energieeffizienz erlassen. Neben der Richtlinie über die Gesamtenergieeffizienz von Gebäuden (2002/91/EG), die Richtlinie zur Kraft-Wärme-Kopplung (2004/8//EG) und die Richtlinie zur Endenergieeffizienz (COD 2003/300)[562] ist auch noch eine Ökodesign-Richtlinie in der Diskussion.

Die Energiedienstleistungsrichtlinie[563] soll die Angebotsseite der Energiedienstleistungen fördern und den Verbrauch durch Anreizschaffung auf Angebotsseite senken.[564] Die EU trägt mit der Richtlinie in erster Linie umwelttechnischen Fragen Rechnung. Insbesondere soll die Energieeffizienz in den Endverbrauchssektoren durch Verbrauchssenkung und Auswahl der für die optimale Wärmeversorgung geeigneter Energiedienstleister verbessert werden.[565] Es ist die Endverbrauchsseite, welche durch ihr Verbrauchsverhalten und ihre Wahl des geeigneten Energiedienstleisters wesentlich auf einer Verbesserung der Energienutzung hinwirken kann. Beides rückt die Richtlinie in den Vordergrund.[566]

---

560 Deutscher Bundestag, Wissenschaftliche Dienste, Nr. 20/06 (20.3.2006).

561 Piebalgs, „Europäische Energiepolitik für den Gebäudesektor, in Pöschk, Energieeffizienz in Gebäuden, 2007, 17.

562 „Richtlinie 2006/32/EG des Europäischen Parlaments und des Rates über Endenergieeffizienz und Energiedienstleistungen und zur Aufhebung der Richtlinie 93/76/EWG des Rates" vom 14.3.2006, COD 2003/300; ABl. EU Nr. L 114, S. 64 ff.

563 A.a.O.

564 Deutscher Bundestag, Wissenschaftliche Dienste, Nr. 21/06 (30.3.2006).

565 So auch Schwintowski, „Das Wirtschaftlichkeitsgebot – die Rechtspflicht des Vermieters zur optimalen Wärmeversorgung", in WuM 2006, S. 115, (116).

566 Vgl. im Weiteren die Ausführungen unter Kap. 4., B. I. 3.

Auch die EU-Richtlinie über die Gesamtenergieeffizienz von Gebäuden[567] hat den Umweltschutzgedanken insbesondere in seiner Begründung mit seinem Verweis auf Art. 6 EGV in den Vordergrund gerückt. Bezug genommen wird darüber hinaus auf Art. 174 EGV, nach dem natürliche Ressourcen umsichtige und rationelle Verwendung finden müssen. Ergänzend wird deshalb festgeschrieben, dass die Steigerung der Energieeffizienz wesentlicher Bestandteil der politischen Strategien und Maßnahmen zur Erfüllung der im Rahmen des Kyoto-Protokolls eingegangenen Verpflichtungen ist und in jedes Konzept zur Erfüllung weiterer Verpflichtungen einbezogen werden muss. Des Weiteren wird die Steuerung der Energienachfrage als gemeinschaftliches Ziel erwähnt.

Andererseits wird allerdings in Art. 1 der Richtlinie klargestellt, dass das Ziel der Verbesserung der Gesamtenergieeffizienz von Gebäuden in der Richtlinie nur unter Berücksichtigung der Kostenwirksamkeit seine Ausgestaltung findet. Kostenwirksamkeit kann in diesem Zusammenhang aber nur meinen, dass die eingesetzten Kosten in einem vertretbaren Verhältnis zur Wirksamkeit der Maßnahmen im Sinne einer Energieeinsparung stehen. Dem steht jedoch grundsätzlich nicht entgegen, dass darüber hinaus mit den eingesetzten finanziellen Mitteln auch das Maximum einer Wirksamkeit im Sinne einer maximalen Energieeinsparung erreicht werden muss.

In der Begründung der Richtlinie wird unter Punkt 19 festgehalten, dass die regelmäßige Wartung von Heizungskesseln und Klimaanlagen durch qualifiziertes Personal zu einer optimalen Leistung aus ökologischer, sicherheitstechnischer und energetischer Sicht führe. In Art. 8 wird dann zwar nur festgelegt, dass eine regelmäßige Inspektion zu gewährleisten ist, was für Heizkessel mit einer Nennleistung von mehr als 100 kW auf mindestens alle zwei Jahre festgelegt wird. Damit wird allerdings nur verdeutlicht, dass für diesen Mindestfall die Kostenwirksamkeit in jedem Falle gewahrt wird. Daraus ist allerdings nicht zu schließen, dass alles weitergehende nicht mehr einer erforderlichen Kostenwirksamkeit gerecht wird. Die Formulierung legt eine Mindestanforderung fest und lässt ausdrücklich die Fälle offen, in denen auch weitergehende Maßnahmen der Kostenwirksamkeit entsprechen. Für eine Verbesserung der Energieeffizienz

567 Punkt 1 der Richtlinienbegründung: "Nach Art. 6 des Vertrages müssen die Erfordernisse des Umweltschutzes bei der Festlegung und Durchführung der Gemeinschaftspolitiken und -maßnahmen einbezogen werden...".

sind gerade auch diese Maßnahmen für die erwünschte optimale Leistung in ökologischer und energetischer Sicht erforderlich. Auch die Richtlinienbegründung betont das Optimum einer Leistung – im Sinne einer maximalen Energieeinsparung. Ziel ist es daher ein Maximum an Energieeinsparung zu erreichen, wobei die dahingehenden Maßnahmen in einem vertretbaren Kosten-Nutzenverhältnis stehen sollen. Das bedeutet gleichzeitig aber auch, dass für den Falle eines vertretbaren Kosten-Nutzenverhältnisses mit den eingesetzten finanziellen Mitteln immer ein Optimum an Wirksamkeit zu erzielen ist.

Die Richtlinie kann in ihrer konkreten Ausgestaltung nur Mindestvoraussetzungen wie z. B. die regelmäßige Inspektion einer Heizungsanlage alle zwei Jahre vorgeben. Es wurde jedoch bereits dargelegt, dass ein tage- und stundenweises Controlling der Heizungsanlage wie beim Wärmecontracting vonnöten ist, um das Maximum an Energieeffizienz zu erzielen. Die Erreichung dieses Optimums an Leistung wird als ein Ziel im Gemeinschaftsrecht immer wieder – wie hier in der Richtlinienbegründung der Richtlinie über die Gesamtenergieeffizienz von Gebäuden – hervorgehoben. Ziel ist es eben nicht nur einen Leistungspegel zu erreichen, der in einem vertretbaren Kosten-Nutzenverhältnis steht. Dies ist nur eine Mindestanforderung. Gemeinschaftsrechtliches und gemeinschaftspolitisches Ziel ist es vielmehr den Nutzen auf das mögliche Maximum anzuheben. Dies geht weit über ein nur vertretbares Kosten-Nutzenverhältnis hinaus.

Das Europarecht legitimiert demnach eine umfassende Anstrengung zur Verbesserung der Energieeffizienz. Die oben dargestellten Zielsetzungen europäischen Rechts müssen auch bei der rangkonformen Auslegung einfachen Rechts Eingang finden. Das Mietrecht im Allgemeinen und das Wirtschaftlichkeitsgebot im speziellen müssen sich dieser europarechtlichen Zielsetzung bei Gesetzesauslegungen im Sinne einer dahingehenden Auslegung öffnen. Für die Auslegung des Wirtschaftlichkeitsgebotes bedeutet dies, dass dies nicht bei einem nur vertretbaren Kosten-Nutzenverhältnis stehen bleiben darf. Vielmehr findet eine hier angestrebte Verbesserung der Energieeffizienz eben nur dann statt, wenn mit den eingesetzten finanziellen Mitteln das Maximum an Energieeffizienz bzw. Energieeinsparung erreicht wird.

Auch diesbezüglich wird also wieder die hier vertretene Wortlautauslegung bestätigt, wonach das Wirtschaftlichkeitsgebot über ein bloß vertretbares Kosten-Nutzenverhältnis auch erfordert, dass mit den eingesetzten finanziellen Mitteln das hierdurch mögliche Maximum an Energieeffizienz bzw. Energieeinsparung erzielt wird.

Auch das Europarecht legitimiert demnach den Anspruch auf eine optimale Wärmeversorgung hergeleitet aus dem Wirtschaftlichkeitsgebot.

4. Zusammenfassung, Ergebnis

Die Auslegung nach Entstehungsgeschichte, Sinn und Zweck und Systematik unterstützt wiederum die hier in Kap. 6, D. II. 1. dargelegte Wortauslegung des Wirtschaftlichkeitsgebotes, wonach mit gegebenen Mitteln eine möglichst hohe Leistung – und damit die optimale Wärmeversorgung – zu erzielen ist.

Geht man wiederum wie die herrschende Rechtsprechung und Literatur nur von der Erforderlichkeit eines vertretbaren Kosten-Nutzenverhältnisses aus, so zwingt die Staatszielbestimmung des Art. 20 a GG zumindest dazu nicht nur den mietereigenen Nutzen zu berücksichtigen. Vielmehr ist auch dem Nutzen für die Umwelt in seiner besonderen Bedeutung Beachtung zu schenken. Damit muss man sich von einer bloß zweiseitigen Betrachtungsweise bzw. Verhältnissetzung von Mieter und Vermieter verabschieden. Durch die Beachtung von Umweltinteressen kommt es zu einem Dreiecksgeflecht. Eine solche ökologische Zielsetzung wird also durch ranghöheres Recht von außen an das Mietrecht herangetragen.

Auch der europäische Gesetzgeber trägt solche ökologischen Zielsetzungen an das Mietrecht heran, welche im Rahmen der Gesetzesauslegung, insbesondere hier im Rahmen des Wirtschaftlichkeitsgebotes, Berücksichtung finden muss.

Aber auch das Mietrecht selbst ist bereits durchzogen von ökologischen Zielsetzungen, die sich in der Auslegung des Wirtschaftlichkeitsgebotes auch niederschlagen müssen.

Der Nutzen für die Umwelt kann in einem Kosten-Nutzenverhältnis nicht mehr unberücksichtigt bleiben. Vielmehr verpflichtet gerade dieser Nutzen zu einer maximalen Energieeinsparung und damit einer optimalen Wärmeversorgung. Sowohl der deutsche als auch der europäische Gesetzgeber bieten hierfür die legislative Rechtfertigung.

Eine solche Auslegung des Wirtschaftlichkeitsgebotes führt wiederum i.V.m. dem geschuldeten vertragsgemäßen Gebrauch zu einer vertraglichen Verpflichtung des Vermieters, eine optimale Wärmeversorgung zu stellen.

B. Aufklärung bzw. Transparenz für den Mieter durch Gesetzeskodifizierungen

Trotz dem ein mietereigener Anspruch auf optimale Wärmeversorgung durch das aktuelle Mietrecht im Wege der oben vorgenommenen Auslegung hergeleitet werden kann, drängen die ehrgeizigen nationalen und internationalen Klimaschutzziele auf weitergehende Maßnahmen zur CO_2-Emissionsreduktion. Es wurde zwar aufgezeigt, dass bestimmte energieeinsparende Maßnahmen durchaus mit dem aktuellen Mietrecht konform gehen (wie z. B. der ökologische Mietspiegel) oder aber rechtsdogmatisch vertretbar wären. Will man allerdings den ökonomisch-rechtlichen Fehlsteuerungen entgegenwirken, so ist auch das zeitliche und tatsächliche Moment nicht unberücksichtigt zu lassen. Eine Umsetzung und Realisierung energieeinsparender Modernisierungsmaßnahmen wird oftmals nur mit erheblichen Verzögerungen und Widerständen auf dem Mietwohnungsmarkt vonstatten gehen.

Auch ist die Feinsteuerungskapazität der Justiz kein kalkulierbares Moment. Dadurch ist das Erreichen der Klimaschutzziele mit einer Rechtsunsicherheit verbunden. Diese wird auch noch einmal durch die nur begrenzte justizielle Steuerungsfunktion verstärkt. So kann die Justiz ihre Steuerungsfunktion zwar an politische Vorgaben binden, muss es aber nicht. Wenn die Justiz erst aufgrund eines deutlich zu tage tretenden Wandels der gesellschaftlichen Anschauungen und Wertvorstellungen eine mehr ökologische Ausrichtung in ihrer Rechtsprechung erkennen lassen wird, so ist dies für die Erreichung der Klimaschutzziele nicht ausreichend.

Zahlreiche Haushalte erreicht das Mietrecht auch gar nicht mehr. Der Divergenz zwischen dem Mietrecht und seiner faktischen Anwendung muss entgegengewirkt werden. In der faktischen Anwendung unterscheidet sich das Mietrecht nämlich oftmals stark von immanenten Zielsetzungen. Dies ist zum einen darauf zurückzuführen, dass die Mieter uninformiert und dem freien Spiel der Kräfte des Wohnungsmarktes ausgesetzt sind.[568] Zum anderen ist die gesellschaftliche Interessenvertretung des Klimaschutzes immer noch nicht derart stark vertreten wie die Interessen von Vermietern und Mietern. Eine legislative Reaktion in Form eines transparenten und zielgerichteten zivilrechtlichen Umweltschutzes ist deshalb dringend vonnöten.

Die Staatzielbestimmung des Art. 20 a GG führt aber zu einer permanenten Nachbesserungspflicht[569] und muss deshalb zu einer gesetzlichen Konkretisierung führen. Der Gesetzgeber muss bestehende Defizite beseitigen. Die Legislative kann hier nicht nur einen Rahmen schaffen, innerhalb derer die Judikative dann den Schutzauftrag des Art. 20 a GG im Sinne einer staatszielgerichteten Auslegung ausfüllen muss. Das Nachhaltigkeitsprinzip des Art. 20 a GG gebietet es vielmehr, die Steuerungswirkung auf jeder staatlichen Ebene effektiv auszuschöpfen.

Insbesondere beim Mietrecht muss das Augenmerk auf die Legislative gelenkt werden, weil es sich beim Mietrecht um ausgeprägtes Interessenrecht handelt,

---

568 Im besonderen Hinblick auf die Mietrechtsreform 2001: Zeimes, Die Reform des Mietrechts, 2001, 3.

569 Schulze-Fielitz, in Dreier, Grundgesetz, Kommentar, 1996, Art. 20 a GG Rn. 81, Rn. 72.

dessen Interessen von mitgliederstarken, traditionell gut organisierten und damit einflussreichen Verbänden[570] wahrgenommen wird.[571] Allgemeine volkswirtschaftliche Interessen wie die des Klimaschutzes werden hingegen nur unzureichend bis gar nicht durch Interessenverbände vertreten. Es gilt deshalb, solcherlei Interessen bereits bei der Gesetzgebung mehr als nur zu beachten sondern vielmehr auch konsequent umzusetzen. Dabei besteht eine legislative Nachbesserungspflicht insbesondere im Hinblick auf die bereits beschriebenen ökonomisch-rechtlichen Fehlsteuerungen.

Die Pflicht zur legislativen Reaktion im Sinne eines zivilrechtlichen Umweltschutzes ergibt sich damit also aus der Staatszielbestimmung des Art. 20 a GG. Werden Klimaschutzziele hauptsächlich aber durch die Umsetzung europarechtlicher Richtlinien in nationales Recht vollzogen und ist dies mit einer Beschränkung auf das ordnungsrechtliche Instrument – zumindest aber mit einer Ausklammerung der indirekten, aber effizienten Steuerungswirkung des Mietrechts – verbunden, so sollte auch das Europarecht nicht aus den Augen verloren werden. Die Durchsetzung europarechtlicher Ziele ist an den Subsidiaritätsgrundsatz gekoppelt, Art. 5 Abs. 2 EG. Nur solche Maßnahmen sind von der Kompetenz des EG-Vertrages abgedeckt, die durch eine Gemeinschaftsmaßnahme effektiver und effizienter erbracht werden können.[572] Das CO_2-Einsparpotenzial wird aber durch das aktuelle Mietrecht bei weitem nicht genutzt. Dies zu beheben, ist damit vordringliche Aufgabe des deutschen Gesetzgebers und steht demnach in seiner Dringlichkeit noch vor der nationalen Umsetzung von europarechtlichen, auf CO_2-Emissionsreduktion gerichteten Richtlinien.

Grundsätzlich sind bei der modernen Gesetzgebung dabei zwei gegensätzliche Formen voneinander abzugrenzen. Diese können mit „Kodifikationsgesetzge-

---

570 Auf Mieterseite der Deutsche Mieterbund e.V. (DMB) und auf Vermieterseite insbesondere der Zentralverband der Dt. Haus-, Wohnungs- und Grundeigentümer e.V. (Haus & Grund) aber auch der Gesamtverband der Wohnungswirtschaft (GdW) und der Bundesverband freier Wohnungsunternehmen (BFW).

571 So auch Börstinghaus, „Das Mietrechtsreformgesetz – eine erste Stellungnahme aus der (gerichtlichen) Praxis“, in NZM 2000, S. 583, (583); hierzu auch ausführlich Bison, „Die Regulierung des Mietwohnungsmarktes, 1996, S. 223 ff.

572 Vgl. hierzu Schlemmermeyer/Schwintowski, „Das deutsche Handelssystem für Emissionszertifikate: Rechtswidrig?“, in ZNER 2006, S. 196–199, welche den Emissionshandel als beihilferechtswidrig einstufen. Herausgestellt wird, dass der europäische Gesetzgeber nur solche Instrumente zur Durchsetzung europarechtlicher Ziele ergreifen kann, deren Einsatz erforderlich, geeignet und am mildesten ist, wobei insbesondere der Grundsatz der Subsidiarität zu beachten ist. Herausgearbeitet wird, dass das Emissionsziel über das Energieeinsparungsgesetz viel preiswerter als über das Emissionshandelssystem erreicht werden kann.

bung“ und „Steuerungsgesetzgebung“ umschrieben werden.[573] Bei der Kodifikationsgesetzgebung geht es primär darum, einen bislang als Usus fort überlieferten, aber bereits intensiv wissenschaftlich bearbeiteten Normenbestand in der Gesetzgebung niederzulegen.

Die Mietrechtsreform aus dem Jahre 2001[574] war dagegen im Wesentlichen eine Kodifikationsgesetzgebung, mit der in erster Linie eine Vereinfachung und Neugliederung erreicht werden sollte. Daneben finden sich nur wenige Steuerungsnormen. Gerade diese Normen sehen sich dann einer verstärkten Diskussion in den wohnungspolitischen Interessengruppen ausgesetzt.

Will man aber den oben beschriebenen ökonomisch-rechtlichen Fehlsteuerungen effizient entgegenwirken, so muss man sich der Steuerungsgesetzgebung bedienen. Diese weist eine enge Verbindung mit der Politik auf. Sie ist ein politisches Instrument, um das Verhalten von Normadressaten in eine intendierte Richtung mithilfe der Gesetzgebung zu lenken.

Dem kann auch nicht der Einwand der „Entprivatisierung“ des Zivilrechts entgegengehalten werden. Teilweise wird davon ausgegangen, dass die dem Zivilrecht immanente Privatautonomie als Ausdruck eines Eigeninteresses grundsätzlich Fremd- und Gemeinschaftsinteressen wie die des Umweltschutzes negiere.[575] Auch wird zum Teil befürchtet, dass die umweltschützende indirekte Steuerungsgesetzgebung im Zivilrecht, die zur Freisetzung gesellschaftlicher Selbststeuerungskräfte führen soll, eine gesellschaftliche Ersatzregulierung zur Folge haben kann, der jedoch dann die rechtsstaatliche und demokratische Kontrolle sowie ein hinreichender Schutz vor Gruppenübermacht fehle.[576] Das Zivilrecht mit dem Individuum als Mittelpunkt sei dann nur mehr auf allgemeine Gesellschaftszwecke gerichtet.

Diese Ansichten übersehen jedoch, dass das der Privatautonomie zugrundeliegende Eigeninteresse nicht zwangsläufig mit Gemeinschaftsinteressen kollidieren muss. Vielmehr besteht sogar die Möglichkeit einer Interessenparallelität[577] bzw. einer Koinzidenz zwischen privaten Rechtspositionen und Umweltgütern. So kann ein Schutz privater Rechte auch unmittelbar öffentliche Güter schützen.

---

573 So auch Simon, „Das Mietrechtsreformgesetz als Beispiel kodifikatorischer Gesetzgebung“, in NZM 2001, S. 2, (3).

574 Mietrechtsreformgesetz vom 19.6.2001, BGBl. I, S. 1149.

575 Kloepfer, Umweltrecht, 2004, 436.

576 Kloepfer, „Umweltschutz als Verfassungsrecht: Zum neuen Art. 20 a GG“, in NuR 1990, S. 337, (339).

577 Vgl auch Fritz, Umweltschutz als Inhalts- und Schrankenbestimmung, 1997, 58 m.w.N.

Das Ziel in der Wohnungspolitik muss neben sozialen Aspekten (Versorgung mit bezahlbarem Wohnraum) auch die Schaffung ökologisch unbedenklichen Wohnraums sein. Festgestellte Ordnungsdefizite sollten durch eine entsprechend gegensteuernde Gesetzgebung legislativ behoben werden. Genauso wie man zur Mieterschutzgesetzgebung greift, um soziale Schieflagen zu beseitigen, muss man sich auch einer „Umweltschutzgesetzgebung“ bedienen. Die mietrechtliche Gesetzgebung muss an dieser Stelle prospektiv auf die Zukunft ausgerichtet werden.

I. Gesetzliche Verankerung des ökologischen Mietspiegels

Wie bereits unter Kap. 4, B II. 2. b), bb) dargelegt, bietet der ökologische Mietspiegel weitreichende Vorteile insbesondere im Hinblick auf ein gerechteres Vergleichsmietensystem und seiner Anreizwirkung zu energieeinsparenden Investitionen des Vermieters. Trotzdem wurde ein ökologischer Mietspiegel einzig allein und erstmals in nur einer Stadt Deutschlands als qualifizierter Mietspiegel eingeführt. Auch die Anzahl der qualifizierten Mietspiegel ist nicht sehr hoch.[578] Dies hängt nicht zuletzt damit zusammen, dass die aktuelle Gesetzeslage die Erstellung eines ökologischen Mietspiegels viel eher hemmt als fördert. Solche Hemmnisse gilt es zugunsten einer möglichst flächendeckenden Einführung des ökologischen Mietspiegels abzubauen. Mit einer gesetzlichen Normierung des ökologischen Mietspiegels wäre darüber hinaus mit einem Abbau von Rechtsunsicherheit und der wohl effektivsten – weil schnellsten – flächendeckenden Einführung zu rechnen. Die gesetzliche Normierung würde in diesem Fall auch eine Steuerungswirkung bedeuten.

Einer Normierung zugänglich wäre zunächst die Einführung eines zusätzlichen Wohnwertmerkmals „wärmetechnische Beschaffenheit“ bzw. „energetischer Zustand“, welches neben die anderen bereits normierten fünf Wohnwertmerkmalen treten müsste. Zum anderen wäre eine gesetzlich festgelegte Rasterung denkbar, welche die bereits normierten fünf Wohnwertmerkmale aufgliedern und beschreiben würde. Die „wärmetechnische Beschaffenheit“ müsste dann als ein Rasterungspunkt z. B. im Wohnwertmerkmal der Ausstattung gesetzlich festgelegt werde.

Im Folgenden werden die durch die aktuelle Gesetzeslage befindlichen Hemmnisse, welche der Einführung eines ökologischen Mietspiegels oftmals entgegenstehen, dargestellt und einer gesetzlichen Normierung gegenübergestellt.

578 Vgl. hierzu die Übersicht in Cromm/Giegler, Mietspiegel in Deutschland, 2006, 124.

1. Wohnwertmerkmale

Wie bereits unter Kap. 4, B. II. b), aa) dargelegt, sind bei der Erstellung der Vergleichsmiete fünf gesetzlich benannte Wohnwertmerkmale zu beachten. Nach § 558 Abs. 2 Satz 1 BGB ist die Vergleichbarkeit der berücksichtigten Wohnungen grundsätzlich allein an Hand der Merkmale Art, Größe, Ausstattung, Beschaffenheit und Lage zu beurteilen. Diese Aufzählung ist abschließend[579] auch für den Fall, dass andere Merkmale für die Mietpreisbildung erhebliche Bedeutung haben.[580] Sie bedeutet aber wiederum nicht, dass alle diese fünf Wohnwertmerkmale zwingend mit in die Mietspiegelerstellung einzubeziehen sind. Insbesondere liegt auch keine gesetzliche Definition darüber vor, was genau unter den fünf aufgezählten Wohnwertmerkmale zu verstehen ist. Deshalb ist auch die Gestaltungsvielfalt der Übersichten sehr groß. Dies eröffnet weitgehende Manipulationsmöglichkeiten.

Zwar kann das Wohnwertmerkmal „wärmetechnische Beschaffenheit" unter das Wohnwertmerkmal der Beschaffenheit subsumiert werden.[581] So hat auch die Begründung des Regierungsentwurfes darauf hingewiesen, dass solche Gesichtspunkte in die Merkmale Ausstattung und Beschaffenheit einfließen können. Aus diesem Grunde wurden die Wohnwertmerkmale unverändert aus § 2 Abs. 1 Satz 1 Nr. 2 MHG übernommen. Eine solche Berücksichtigung setzt jedoch voraus, dass eine entsprechende Marktentwicklung vorliegt. Es wäre also nicht gesetzeskonform, wenn Wohnungen unter ökologischen Gesichtspunkten als höherwertig eingestuft werden, als dies die Marktentwicklung rechtfertigt.

Eine solche Marktentwicklung wurde erstmals durch das Forschungsprojekt „Ökologischer Mietspiegel- Empirische Untersuchung über den möglichen Zusammenhang zwischen der Höhe der Vergleichsmiete und der wärmetechnischem Beschaffenheit des Gebäudes" ausführlich dargelegt.[582] Es wurde festgestellt, dass ein signifikanter Einfluss der wärmetechnischen Beschaffenheit eines Gebäudes auf die Nettomiete gegeben ist.[583] Wenn aber eine Beeinflussung auf die Nettomiete gegeben ist, so ist auch von einer dahingehenden Marktentwicklung auszugehen. Es bleibt allerdings zumindest streitbar, ob der Einfluss eine

---

579 Both, in Herrlein/Kandelhard, Mietrecht, Kommentar, 2007, §558 BGB Rn. 43, wohl auch Börstinghaus, in Schmidt-Futterer, Mietrecht, Groß-Kommentar, 2007, § 558 BGB Rn. 49.

580 Emmerich, in Staudingers, Kommentar zum Bürgerlichen Gesetzbuch, 2005, § 558 BGB Rn. 19, 28.

581 Vgl. oben Kap. 4, B. II. 2. b) bb).

582 Vgl. Knissel/Alles, Ökologischer Mietspiegel, 2003, 5.

583 Für Gebäude mit guter wärmetechnischer Beschaffenheit wurde dabei ein Zuschlag von 0,37 € pro m^2 Wohnfläche und Monat addiert.

Einstellung dieses Merkmals in den Mietspiegel rechtfertigt. Es bleibt dabei den Mietspiegelerstellern selbst überlassen, eine entsprechende Marktentwicklung einzuschätzen und ihr in Form der Einstellung des Wohnwertmerkmals „wärmetechnische Beschaffenheit" gerecht zu werden. Eine entsprechende Anpassung an eine Marktentwicklung wird aber nur sehr zögerlich vonstatten gehen, so dass auch die oben beschriebenen Vorteile nicht in dem für den Klimaschutz notwendigen Umfang zum Tragen kommen.

Die Bewertung einer entsprechenden Marktentwicklung gestaltet sich schwierig und von vornherein streitanfällig. Dem kann aber eine gesetzliche Normierung in Form eines weiteren gesetzlich normierten Wohnwertmerkmals – der „wärmetechnischen Beschaffenheit" – entgegenwirken.

2. Politikum Mietspiegel

Ursache einer zögerlichen Verbreitung des ökologischen Mietspiegels ist auch, dass die gesamte Mietspiegelerstellung immer noch ein Politikum ist. Die Realisierung der mietrechtlichen Vorschriften zeigt nicht nur bei der Aktualisierung, Anerkennung und der Nachprüfbarkeit der wissenschaftlich anerkannten Methoden Schwächen.[584] Darüber hinausgehend bleibt die Bestimmung der dem Mietspiegel zugrunde zu legenden Vergleichsmerkmale Sache der Mietspiegelersteller.

Nur knapp 66 % aller Mietspiegel aber werden von der Stadtverwaltung herausgegeben. In den übrigen Fällen sind die Interessenverbände der Mieter bzw. Vermieter die alleinigen Herausgeber.[585] Interessenverbände werden aber nicht nur bei der Art der Datenerhebung sondern auch bei der Zusammenstellung der Vergleichsmerkmale nicht nach wissenschaftlichen, sondern nach politischen Kriterien entscheiden. Solche politischen Entscheidungen, welche zudem von der jeweiligen Macht des Verbandes abhängen und keine demokratische Legitimation mit sich bringen, dürfen aber nicht Maßstab einer gesetzlichen Regelung sein.[586] Ein „ausgehandelter Mietspiegel" kann weder den Anforderungen an eine repräsentative Vergleichsmiete und damit einer Markttransparenz gerecht werden noch ist gewährleistet, dass Marktentwicklungen auch tatsächlich berücksichtigt werden. Dies gilt insbesondere für die ökologische Ausrichtung hin zum Klimaschutz, welcher bei der Mietspiegelerstellung wohl noch nicht in glei-

584 Vgl. hierzu Cromm/Giegler, Mietspiegel in Deutschland, 2006, 234.

585 Insbesondere Mieterverein und Haus & Grund.

586 So auch Blank, „Mietrechtsreform im Rechtsausschuss", in NZM 2001, S. 167, (169).

cher Machtkonstellation einen Interessenträger gefunden hat. Durch die gesetzliche Einführung des Wohnwertmerkmals der „wärmetechnischen Beschaffenheit“ entzieht man den Spielball der Politik und den Interessenverbänden.[587] Der Gesetzgeber kann sich hier nicht weiter entziehen. Mit einer gesetzlichen Normierung des Wohnwertmerkmals der „wärmetechnischen Beschaffenheit“ kann der Unschärfe des Vergleichsmietenbegriffs entgegengesteuert und aktuelle Manipulationsmöglichkeiten beseitigt werden, welche sich zur Zeit hemmend auf die Investitionstätigkeit der Vermieter bei Energieeinsparmaßnahmen auswirken.

3. Finanzieller Aspekt

Darüber hinaus ist die Erstellung eines ökologischen Mietspiegels aber auch mit erheblichen Kosten für Städte und Gemeinden verbunden. Auch dies wirkt sich hemmend für die Erstellung eines ökologischen aber auch eines qualifizierten Mietspiegels aus. Einige Städte verzichten aus reinen Kostengründen sogar auf den qualifizierten Mietspiegel.[588] Die Operationalisierung des Merkmals der „wärmetechnischen Beschaffenheit“ über den Energiekennwert erfordert immer noch einen erheblichen finanziellen, organisatorischen und zeitlichen Aufwand.[589]

Hierbei ist zu bedenken, dass die Qualität eines Mietspiegels im Wesentlichen von der Erhebungsmethode abhängt. Zu unterscheiden ist zwischen Primärerhebungen oder nicht-zufälligen Erhebungsdaten (Angaben von Maklern und Maklervereinigungen, Mietangaben der Verbände, Gutachterausschüsse...) und Sekundärauswertungen. Welche Art der Erhebungsmethode gewählt wird, ist auch häufig eine finanzielle Frage, da die Gemeinden und Städte für die Kosten der Mietspiegelerstellung selbst aufkommen müssen.[590] Nicht nur die Frage, ob überhaupt ein qualifizierter Mietspiegel erstellt wird sondern auch die Frage, welche Kosten bei welcher Erhebungsmethode für welches Wohnwertmerkmal entste-

---

587 Vgl. Emmerich, in Staudingers, Kommentar zum Bürgerlichen Gesetzbuch, 2005, § 558 d BGB Rn. 4 m.w.N.

588 Cromm/Giegler, Mietspiegel in Deutschland, 2006, 233.

589 Vgl. hierzu Knissel, u. a., Vereinfachte Ermittlung von Primärenergiekennwerten zur Bewertung der wärmetechnischen Beschaffenheit in ökologischen Mietspiegeln, 2006, in dem dargestellten Forschungsprojekt wird eine Reduzierung gerade dieses Aufwandes angestrebt.

590 Vgl. zu den Kosten eines qualifizierten Mietspiegels: Cromm/Giegler, Mietspiegel in Deutschland, 2006, 161 ff.

hen, spielt bei der Mietspiegelerstellung eine große Rolle. Einer solchen Entwicklung kann durch die Einführung eines zwingend zu berücksichtigenden Wohnwertmerkmals „wärmetechnische Beschaffenheit“ entgegengewirkt werden. In der Konsequenz würde die Entscheidung zur Erstellung eines qualifizierten Mietspiegels unabhängig von der finanziellen Belastung auch zwingend die Entscheidung zur Erstellung eines ökologischen Mietspiegels bedeuten.

4. Vergleichbarkeit der Mietsachen

Die Ersteller der Mietspiegel sind im Rahmen der aktuellen Gesetzeslage nicht zur Einführung des Wohnwertmerkmals der „wärmetechnischen Beschaffenheit“ verpflichtet. Zwar müssen die im Mietspiegel angeführten Wohnungen vergleichbar sein. Von einer Vergleichbarkeit der Wohnungen ist nach den im Gesetz genannten Wohnwertmerkmalen aber bereits dann auszugehen, wenn die Wohnungen hinsichtlich dieser Merkmale nur im Wesentlichen, d. h. im Großen und Ganzen annähernd miteinander vergleichbar sind. Unterschiede in Einzelheiten spielen keine Rolle, während größere Unterschiede gegebenenfalls durch frei zu schätzende Zu- und Abschläge auszugleichen sind.[591] Die Ersteller der Mietspiegel können ganz zwanglos das Risiko eingehen, dass ein Merkmal zwar Einfluss auf die Nettomiete nimmt und dieses aber trotzdem nicht mit ein beziehen, weil nur eine annähernde Vergleichbarkeit von Gesetz und Rechtsprechung gefordert wird. Darüber hinaus ist es streitbar, was und in welchem Maße Einfluss auf die Nettomieten nimmt. Dies wird immer noch eine manipulationsanfällige Bewertung von Gemeinden und Interessenvertretern sein.

Der Gesetzgeber ist nicht konsequent genug, wenn er einerseits mit § 558 BGB bezweckt, ein Verfahren zur Verfügung zu stellen, nach welchem die Anpassung der Mieten an die allgemeine wirtschaftliche Entwicklung erfolgen kann[592], andererseits davon aber nur in unzureichendem Maße Gebrauch gemacht wird. Eine Entwicklung hin zu einer ökologischen Ausrichtung ist nicht zu bestreiten. Diese nimmt – wie bereits dargelegt – auch Einfluss auf die Nettomieten. Dem wird aber das aktuelle Vergleichsmietensystem in seiner Praxis nicht gerecht.

Damit genügen die Mietspiegel aber nicht mehr dem Anliegen an eine repräsentative Abbildung der Vergleichsmieten. So können ohne die Berücksichti-

---

591 Emmerich, in Staudingers, Kommentar zum Bürgerlichen Gesetzbuch, 2005, § 558 BGB Rn. 29; Lammel, Wohnraummietrecht, 2007, § 558 BGB Rn. 52–56; Börstinghaus, in Blank/Börstinghaus, Miete, Kommentar, 2004, § 558 BGB Rn. 21.

592 Gramlich, Mietrecht, Kommentar, 2001, § 558 BGB S. 94.

gung des Wohnwertmerkmals der „wärmetechnischen Beschaffenheit" auch Modernisierungen an Altbauten gar nicht berücksichtigt werden. Das Merkmal der Beschaffenheit wird traditionell über das Baualter bzw. verschieden Baualtersklassen erfasst. Es besteht aber die dringende Vermutung, dass durch jahrzehntelange Modernisierungstätigkeiten die ursprünglichen baualtersspezifischen Wohnwertmerkmale immer mehr verwischen.[593] Die modernisierungsbedingten Veränderungen werden nicht ausreichend erfasst. Das Baualter kann überhaupt nicht mehr sinnvoll die Beschaffenheit der Wohnung charakterisieren. Altbau bedeutet zunehmend nicht mehr nur schlechte Ausstattung oder Substandard, insbesondere dann, wenn umfangreich modernisiert wurde.[594] Der energetische Zustand eines Hauses kann dabei unabhängig vom Baualter erfasst werden oder aber Modernisierungsmaßnahmen finden Eingang in die Baualtersklassifizierung oder die Einordnung des modernisierten Wohnraums in eine bestimmte Baualtersklasse.[595]

Die Gefahr, dass die Mietspiegel gar keine ausreichende Vergleichbarkeit gewährleisten, realisiert sich dann auch in den weitreichenden Rechtsfolgen eines qualifizierten Mietspiegels, insbesondere der Vermutungswirkung eines qualifizierten Mietspiegels. Zwar handelt es sich um eine widerlegliche Vermutung.[596] Sie hat aber nach § 292 ZPO die Folge, dass die beweisbelastete Partei im Prozess nicht mehr zu tun braucht, als auf den Mietspiegel zu verweisen. Die andere Seite muss dann den Gegenbeweis führen, also dass der Mietspiegelwert falsch ist.[597] Dabei reicht es nicht aus, wenn man darlegt, dass auch die „wärmetechnische Beschaffenheit" Auswirkungen auf die Nettomiete hat, und im Mietspiegel nicht berücksichtigt wurde. Dies macht den Mietspiegel noch nicht falsch. Der energetische Zustand ist nicht gesetzlich vorgeschrieben, so dass er auch nicht zwingend berücksichtigt werden muss.

Ziel des Mietspiegels kann es aber nicht sein, nur eine Erleichterung und Vereinfachung in gerichtlichen Mieterhöhungsauseinandersetzungen herbeizuführen. Die Mietspiegel sollen gerade das Mietpreisgefüge möglichst objektiv darstellen.

Wenn der Gesetzgeber solch weitreichende Rechtsfolgen an einen qualifizierten Mietspiegel knüpft, muss er auch eine Vergleichbarkeit gewährleisten.

---

593 Alles/Dauwe-Arnold, Das Mietspiegelmerkmal Beschaffenheit, 1998, 1.

594 Alles, Die ortsüblichen Vergleichsmieten in Frankfurt a.M., 2001, 26.

595 Vgl. insbesondere zu letzterem: Börstinghaus/Clar, Mietspiegel Erstellung und Anwendung, 1997, 62.

596 Vgl. Regierungsbegründung BT-Drucks. 14/4553 (§ 558 d BGB).

597 Haas, § 558 d BGB Rn. 7.

Wie oben dargelegt ist hierzu auch und nicht zuletzt die gesetzliche Normierung des Wohnwertmerkmals „wärmetechnische Beschaffenheit" erforderlich.

Einer gesetzlichen Normierung kann auch nicht entgegengehalten werden, dass es nicht Aufgabe von Mietspiegeln sei, Anreize für Investitionen zu geben, die politisch wünschenswert sind.[598] Zum einen bestimmt der Gesetzgeber, welches Ziel er mit der Erstellung von Mietspiegeln verbindet. Eine neue gesetzliche Normierung der Einführung des Wohnwertmerkmals der „wärmetechnischen Beschaffenheit" kann als Steuerungsinstrument im Sinne einer Steuerungsgesetzgebung fungieren. Darüber hinaus existiert, wie bereits dargelegt, eine entsprechende aktuelle Marktentwicklung, nach welcher von einem Einfluss des energetischen Zustandes auf die Netto-Mieten auszugehen ist. Wenn darüber hinaus die Einstellung der „wärmetechnischen Beschaffenheit" in den Mietspiegel eine mietpreisdämpfende oder mietpreistreibende Wirkung mit sich bringt, so steht dies nicht zwangsläufig einer objektiven Darstellung des Mietpreisgefüges entgegen.[599]

II. Heizkostenspiegel

Mieter und Vermieter blicken verstärkt auf die Höhe der Betriebskosten, seit die durchschnittliche Preissteigerungsrate bei den Betriebskosten regelmäßig über derjenigen der Nettomiete liegt.

Dabei sind jedoch Kostensenkungspotenziale gerade bei den Betriebskosten für alle Akteure auf dem Wohnungsmarkt nicht schnell und klar ersichtlich. Es fehlt insbesondere an der Transparenz. Der Schaffung dieser Transparenz als auch der Ermittlung von kritischen Werten (wie z. B. Ausreißerwerte nach oben) kann ein Betriebskostenspiegel dienen.[600]

Mit den Betriebskostenspiegeln werden Übersichten über die vor Ort gezahlten Preise für bestimmte, zur Bewirtschaftung eines Gebäudes oder Grundstücks notwendigen Güter oder Dienstleistungen erstellt. Heizkostenspiegel sind dabei spezielle, eben auf die Heiz- und Warmwasserkosten beschränkte Betriebskostenspiegel. Da ein ökologischer Nutzen sich nur für verbrauchsabhängige Betriebskosten ergeben kann, wird im Weiteren auch nur noch auf den Heizkostenspiegel als Teilbereich des Betriebskostenspiegels eingegangen werden.

598 So zumindest Haas, Das neue Mietrecht, 2001, § 558 BGB Rn. 3.

599 A. A. Cromm/Giebler, Mietspiegel in Deutschland, 2006, 235.

600 So auch Schmidt, „Betriebskostenspiegel – Vergleichsinstrument der Zukunft?", in WuM 2002, S. 359, (359).

Die Festlegung von Durchschnittswerten soll dabei zunächst eine Transparenz schaffen, die den Mietern dient, um gezielt Mietobjekte auch nach der Höhe der Betriebskosten auszuwählen und somit auch in einer ganz anderen Verhandlungsbasis dem Vermieter gegenüber treten zu können. Daneben soll auch der Vermieter Vorteile durch die neu hinzugekommene Transparenz erhalten. Durch die Transparenz können Kostensenkungspotenziale sichtbar werden, auf die der Vermieter nunmehr durch ein gezieltes Betriebskostenmanagement reagieren kann. Dies macht nun insbesondere deshalb Sinn, weil die Mieter aufgrund der stetig steigenden Mieten auch auf die Höhe der Betriebskosten achten werden. Die Vermietbarkeit des Wohnungsbestandes und damit die Gewinnerzielung hängt mehr und mehr von der Höhe der anfallenden Betriebskosten ab. Durch den geschaffenen Modernisierungsanreiz erlangt der Heizkostenspiegel auch umweltpolitische Bedeutung.

Im laufenden Mietverhältnis stellt der Heizkostenspiegel aber auch ein Hilfs- bzw. Kontrollmittel zur Beachtung des Wirtschaftlichkeitsgrundsatzes im Sinne einer Transparenzschaffung für die Mieter dar. Eine gesetzlich vorgesehene Regelung/Möglichkeit zur Kontrolle des Wirtschaftlichkeitsgebotes kann man dem Mietrecht aber nicht entnehmen. Es ist vielmehr eine praktische Notwendigkeit dem Mieter Möglichkeiten wie die eines Heizkostenspiegels zur Kontrolle der Einhaltung des Wirtschaftlichkeitsgebotes an die Hand zu geben. Das Wirtschaftlichkeitsgebot verlangt also vom Vermieter eine aktive Vorsorge und ständige Kontrolle. Neben einer kostenorientierten Leistungsbestimmung, der kostenorientierten Auswahl der Leistungserbringer und der Kostenkontrolle spielet die Angemessenheit der Kosten dabei die entscheidende Rolle. Bei der Frage, ob die Kosten angemessen sind oder nicht, ist zunächst darauf abzustellen, was vor Ort oder in der näheren Umgebung durchschnittlich für Leistungen dieser Art gezahlt werden muss, sofern ein regionaler oder lokaler Faktor eine Rolle spielt.[601] Die Ermittlung dieser ortsüblichen Betriebskosten stellt den Vermieter wie auch den ihn kontrollierenden Mieter bislang regelmäßig vor mitunter unlösbare Probleme. Statistische Übersichten über die für eine bestimmte Betriebskostenart auf dem örtlichen Markt durchschnittlich bezahlten Preise besaßen regelmäßig nur größere Wohnungsunternehmen, die diese für den internen Gebrauch anfertigten und nicht öffentlich zur Verfügung stellten. Die Ermittlung der ortsüblichen Betriebskosten war damit oftmals nur mittels eines aufwändigen, die einzelnen Marktsegmente auswertenden Sachverständigengutachtens möglich, und somit auf die verhältnismäßig wenigen Fälle beschränkt, in denen der Streit

601 V. Seldeneck, Betriebskosten im Mietrecht, 1999, 551.

über die angemessenen Höhe der jeweiligen Betriebskostenart gerichtlich ausgetragen wurde.

Abhilfe kann hier durch die allgemein zugänglichen Preisübersichten und -statistiken in Form der Heizkostenspiegel geschaffen werden, die sowohl den Mietparteien als auch den mit Betriebskostenstreitigkeiten befassten Richtern einen schnellen und kostengünstigen Überblick über die lokal üblichen Betriebskosten verschaffen.[602]

Trotz möglicher ökologischer und ökonomischer Vorteile für Mieter als auch Vermieter ist dem Mietrecht ein Heizkostenspiegel mit der Ausweisung ortsüblicher Heizkosten ähnlich einer ortsüblichen Vergleichsmiete nicht bekannt. Weder gibt es besondere Definitionsparameter entsprechend der aus dem Mieterhöhungsrecht bekannten Wohnwertmerkmale, noch ist auf die jeweils gezahlten Kosten eines bestimmten Zeitraums abzustellen und etwa ein bestimmtes Mischungsverhältnis zwischen „Marktbetriebskosten" im Sinne von aktuell zu zahlenden Preisen und „Bestandsbetriebskosten" im Sinne von früher und bei einem anderen Preisniveau vereinbarten und seither noch immer gezahlten Preisen zu unterscheiden. Ebenso wenig wird die Feststellung der Kosten immer auf das Gemeindegebiet einzuschränken sein. Wenn man dem Heizkostenspiegel aber einen ökologischen Nutzen zuspricht, wäre eine gesetzliche Normierung im Sinne der oben beschriebenen Steuerungsgesetzgebung erforderlich. Dies gilt auch schon deshalb, weil ein „ausgehandelter" Heizkostenspiegel, wie man ihn bei den Mietspiegeln oft findet, mangels Aussagekraft völlig unbrauchbar wäre. Die statistische Repräsentativität ist demnach bei einem Heizkostenspiegel ein unbedingtes Muss. Für die Erstellung eines Heizkostenspiegels wird daher regelmäßig eine Primärdatenerhebung mit einer sich anschließenden wissenschaftlich-repräsentativen Auswertung der erhobenen Daten zu fordern sein. Bei der Festlegung der Vergleichsmerkmale tut man sich zusehendst schwer. Mit der Ermittlung von Zusatzinformationen sollen objektive Faktoren gefunden werden, welche die Höhe der gezahlten Betriebskosten beeinflussen. Hiermit sollen sich aussagekräftige Vergleichswerte ermitteln lassen.

Die Verwendung von Ergebnissen eines Heizkostenspiegels wären auch im Gerichtsverfahren – ähnlich wie beim Mietspiegel – denkbar und wünschenswert. Auch ist eine rechtliche Grundlage zur Aufstellung von Betriebskostenspiegeln selbst erforderlich. Wie beim Mietspiegel selbst auch, wären regelmäßige Aktualisierungen der Vergleichswerte durch Gesetzesnormierung erforderlich.

Der ökologische Nutzen eines Heizkostenspiegels ist jedoch nur beschränkt. So geht aus ihm regelmäßig zwar hervor, ob es sich bei den lokal üblichen Be-

---

602 So schon Emmert, „Wirtschaftlichkeitsgebot und Betriebskostenspiegel", in WuM 2002, S. 467, (468).

triebskosten um lokal angemessene Kosten handelt. Die Verpflichtung des Vermieters zur kostengünstigen Bewirtschaftung kann aber bei der Angemessenheit der Kosten im Sinne ihrer Ortsüblichkeit nicht enden.[603] Deshalb muss immer auf den konkreten Einzelfall abgestellt und auf die individuellen Einsparungsmöglichkeiten des Vermieters Rücksicht genommen werden.[604]

Des Weiteren hängen die Heizkosten zu einem großen Teil vom individuellen Verbrauch der einzelnen Mieter ab. Zumindest ist aufgrund dieses Einflussfaktors nicht auszumachen, wo das Kostensenkungspotenzial zu suchen und zu finden ist. Heizkosten hängen vom individuellen Verbrauch, vom mietereigenen Heizungs- und Lüftungsverhalten aber auch von der Heizanlage bzw. der Wärmedämmung des Grundstücks ab. Selbst wenn man also aufgrund der ausgewiesenen Durchschnittswerte im Heizkostenspiegel einen Ausreißer ausfindig macht, so ist nicht zu erkennen, wo und in welchem Umfang sich ein Kostensenkungspotenzial ergibt.[605] Dagegen kann man allerdings einwenden, dass der Betriebskostenspiegel dies gar nicht als Aufgabe hat. Zumindest lässt sich bei einem Ausreißer erkennen, dass Kostensenkungspotenziale gegeben sind. Für potenzielle Mieter in Verhandlungssituationen ergibt sich damit zunächst ein Wissen, welches ihnen ohne Heizkostenspiegel so nicht bekannt wäre. So kann der Vermieter angehalten werden, sich zumindest bezüglich des Modernisierungsgrades von Heizanlage und Dämmung zu rechtfertigen. Ein ökologischer Nutzen könnte also durchaus davon getragen werden. Dies ist jedoch hypothetisch. Der weitergehende Nutzen eines Heizkostenspiegels als Kontrollmechanismus zur Aufzeigung konkreter Kostensenkungspotenziale ist damit sehr eingeschränkt. Ein gezieltes Betriebskostenmanagement ist damit für verbrauchsabhängige Betriebsposten so gut wie nicht möglich.

Des Weiteren fehlt es an aussagekräftigen Vergleichsmerkmalen ähnlich denen der Wohnwertmerkmale beim Mietspiegel. Zwar werden Zusatzinformationen wie Gebäudegröße, Alter und Modernisierungsgrad des Gebäudes, Anzahl der Mietparteien sowie der Grundstücksgröße als objektive Faktoren, welche die Höhe der gezahlten Betriebskosten beeinflussen, zur Ermittlung von aussagekräftigen Vergleichswerten hinzugezogen. Bei einer so weitgehenden Aufschachtelung bleibt allerdings die Frage, was dann ein Betriebskostenspiegel noch für einen Sinn machen soll. Es bleibt dann nämlich als einziger Einfluss-

603 So auch v. Seldeneck, „Das Wirtschaftlichkeitsgebot beim Ansatz von Betriebskosten", in ZMR 2002, S. 393, (395); Kinne, in Kinne/Schach/Bieber, Miet- und Mietprozessrecht, 2005, § 556 BGB Rn. 40; v. Seldeneck, Betriebskosten im Mietrecht, 1999, Rn. 2607 ff.

604 Emmert, „Wirtschaftlichkeitsgebot und Betriebskostenspiegel", in WuM 2002, S. 467, (468).

605 Schmidt, „Betriebskostenspiegel – Vergleichsinstrument der Zukunft?", in WuM 2002, S. 359, (361).

faktor für die Höhe der verbrauchsabhängigen Betriebskosten noch der Verbrauch selbst übrig, der aber einzig und allein durch die Mieter selbst beeinflussbar ist. Die Höhe der Heizkosten wird alleine durch den Modernisierungsgrad und den Verbrauch des einzelnen Mieters beeinflusst. Der Verbrauch muss von vornherein außer Betracht bleiben, so dass gerade über den Modernisierungsgrad ein Durchschnittswert ermittelt werden sollte. Der im Heizkostenspiegel angegebene Wert sollte ein Durchschnittswert sowohl bezüglich eines durchschnittlichen Heizverhaltens als auch einer durchschnittlichen Modernisierung darstellen. Wenn ein Mieter sowieso Kenntnis über den Modernisierungsgrad hat (diese Kenntnis benötigt er auch zum Lesen des Heizkostenspiegels), dann nützt ihm auch ein Durchschnittswert über das durchschnittliche Heizverhalten der vorherigen Mieter nur wenig. Er ist es selbst, der das Heizverhalten bestimmt und vorhersehbar macht. Ein Vorteil könnte sich für ihn lediglich dann ergeben, wenn er selbst keine Kenntnis über ein gewöhnliches Heizverhalten und die dadurch entstehenden Kosten hat. Dem Ziel, die Immobilie selbst besser hinsichtlich ihres Energieverbrauches einschätzen zu können, kommt man allerdings nicht näher. Eine Transparenz über die wichtigsten, für den Mieter nicht zu beeinflussenden Faktoren wie der Modernisierungsgrad ergeben sich durch die heutigen Betriebskostenspiegel nicht. Der Mieter ist wieder auf die Auskunft seines Vermieters bezüglich des Modernisierungsgrades angewiesen. Selbst dann wird er wieder nicht wissen, wie dieser Modernisierungsgrad einzuschätzen ist, d. h. ob der vorliegenden Modernisierungsgrad unterdurchschnittlich, durchschnittlich oder überdurchschnittlich ist.

III. Energieausweis

Die Transparenz über den energetischen Zustand der Mietsache kann eine Anreizwirkung auf Vermieterseite dergestalt hervorrufen, als dass über den Energiebedarf informierte Mietinteressenten Einfluss auf die Vermietbarkeit einer Mietsache nehmen. Wird einem Mietinteressenten vor Mietvertragsabschluss direkt und in für ihn verständlicher Weise der energetische Zustand der Mietsache vor Augen geführt, so wird dies insbesondere bei über- oder aber unterdurchschnittlichen Energiebedarfswerten die Entscheidung über die Anmietung dieser Mietsache mitentscheiden. Dieser Einfluss auf die Vermietbarkeit wiederum stellt einen Anreiz an den Vermieter dar, durch energetische Modernisierungen die Vermietbarkeit der Mietsache sicherzustellen.

Auch ohne die Annahme jeglicher Anreizwirkung ist es für die Durchführung von energetischen Modernisierungen hilfreich, wenn nicht sogar erforderlich, dass man als Vermieter Kenntnis über den energetischen Zustand seiner Mietsache hat. Dies ist aber für den bautechnischen Laien oftmals gar nicht zu erkennen.

Eine solche Anreizwirkung und Informationsverschaffung soll allerdings durch die Einführung eines sogenannten Energieausweises gewährleistet werden. Die EnEV[606] stellt dementsprechend in § 16 eine öffentlich-rechtliche Pflicht auf, bei Neuerrichtung, Verkauf und Vermietung einen Energieausweis vorzulegen. Diese Verpflichtung geht auf die Vorgaben in der EU-Richtlinie über die Gesamtenergieeffizienz von Gebäuden vom 16.12.2002 zurück.[607]

Die EnEV unterscheidet zwischen Energieausweisen auf Grundlage des berechneten Energiebedarfs, § 18 EnEV, und Energieausweisen auf Grundlage des erfassten Energieverbrauchs, § 19 EnEV, wobei jeder Ausweis Kennwerte über die Gesamtenergieeffizienz von Gebäuden und Empfehlungen für energetische Verbesserungsmaßnahmen ausweist.

Mit den ausgewiesenen Kennwerten zum energetischen Zustand des Gebäudes wird eine Transparenz für potenzielle Mieter aber auch für den Vermieter selbst geschaffen. Diese neue Transparenz soll schließlich von dem Vermieter nach den erwünschten energetischen Modernisierungen als Marketinginstrument verstanden werden, um sich von anderen absetzen zu können.[608] Damit beeinflusst der Energieausweis auch unmittelbar den Immobilienwert und die Ertragssituation[609], was zu dem vom Gesetzgeber bezweckten Anreiz energetischer Modernisierungsmaßnahmen führen wird. Voraussetzung hierfür ist jedoch, dass der nachfrageorientierte Wohnungsmarkt dem Mieter die Auswahl unter mehreren Objekten ermöglicht.[610]

Allerdings wird der Energieausweis für die Miete im Bestand nur wenig Bedeutung erlangen, was sich negativ auf die Anreizwirkung für energieeinsparende Investitionen auswirken wird. Die Pflicht einen Energieausweis zu erstellen, ist öffentlich-rechtlich konzipiert. Im mietrechtlichen Rechtsverkehr hat der

---

606 Verordnung über energiesparenden Wärmeschutz und energiesparende Anlagentechnik bei Gebäuden vom 24.7.2007, Energieeinsparverordnung, BGBl. Jahrgang 2007 I Nr. 34, S. 1519.

607 Die Richtlinie war von allen EU-Mitgliedstaaten bis spätestens 4.1.2006 in nationale Rechtsvorschriften umzusetzen. Mit der EnEV 2004 hatte Deutschland einen Großteil der Richtlinie bereits umgesetzt. Mit der 2007 durchgeführten Änderung der EnEV wurde jedoch noch schwerpunktmäßig die Einführung von Energieausweisen -über den Fall der Neuvermietung hinaus, vgl. § 13 EnEV a. F. – auch für den Fall der Vermietung und dem Verkauf zur öffentlich-rechtlichen Pflicht.

608 Vgl. Stellungnahme des Bundesrates vom 27.4.2007, Drucks. 282/07.

609 So auch Horst, „Wohnraummietrechtliche Aspekte des Energiepasses", in NZM 2006, S. 1, (3).

610 Sternel, „Energiepass und Gewährleistung", in NZM 2006, S. 495, (498).

Energieausweis nur für die Information eines Mietinteressenten bei dem Neuabschluss eines Mietvertrages Bedeutung. Bei Mietverhältnissen im Bestand ist dagegen eine Vorlage des Energieausweises schon öffentlich-rechtlich gar nicht vorgesehen. Auf Bestandsmieten kann sich der Energieausweis also nicht positiv im Sinne einer Anreizwirkung für energieeinsparende Investitionen auswirken.

Aber auch bei der Neuvermietung bedeutet der Energieausweis in der mietrechtlichen Praxis keinen Anspruch des Mieters auf Erstellung oder Vorlage eines Energieausweises selbst. Zwar dient die öffentlich-rechtliche Verpflichtung im Verhältnis Staat-Vermieter der Information des Mieters. Nach § 5 a Satz 3 EnEG kommt dem Energieausweis allerdings eben auch nur dieser informatorische Charakter zu.[611] Die Information ist allerdings nicht Selbstzweck der öffentlich-rechtlichen Verpflichtung. Vielmehr geht es letztlich um das Ziel der Energieeinsparung.[612] Der öffentlich-rechtlichen Verpflichtung zur Erstellung und Zugänglichmachung eines Energieausweises korrespondiert also kein zwangsläufiger Anspruch des Mieters. Kommt der Verkäufer bzw. Vermieter seiner öffentlich-rechtlichen Pflicht nicht nach, so steht es dem Mietinteressenten zunächst nur offen von dem Abschluss eines Mietverhältnisses abzusehen.[613] Korrespondiert mit der öffentlich-rechtlichen Verpflichtung aber kein mietereigener Anspruch, ist mit einer Umsetzung der angestrebten Energieeinsparungsmaßnahmen nur schleppend zu rechnen. Dies hängt auch wiederum mit dem sich lediglich in einem labilen Gleichgewicht befindlichen Mietwohnungsmarkt und den damit typischen Anpassungsverzögerungen und Widerständen zusammen.[614]

Mietrechtliche Gewährleistungsansprüche scheitern im Übrigen für den Mieter oftmals gerade an diesem beschränkten informatorischen Charakter des Energieausweises. Nach der zugrundeliegenden europäischen Richtlinie sollen sich gerade aus der Erstellung bzw. der Nichterstellung des Energieausweises keine unmittelbaren Konsequenzen ergeben.[615] Der Energieausweis wird im Regelfall nicht Vertragsbestandteil und auch nicht zu einer zugesicherten Eigenschaft und konkretisiert auch nicht den vertragsgemäßen Verbrauch. Hierzu fehlt es schon am notwendigen Erklärungswillen des Vermieters, wenn er nur

611 Vgl. außerdem Stellungnahme des Bundesrates vom 27.4.2007, Drucks. 282/07.

612 Sternel, „Energiepass und Gewährleistung", in NZM 2006, S. 495, (498).

613 Sternel, „Energiepass und Gewährleistung", in NZM 2006, S. 495, (496).

614 Vgl. Cromm/Giegler, Mietspiegel in Deutschland, 2006, 32.

615 Vgl. Drasdo, „Von der Energieeinsparverordnung zur Energieeffizienz-Richtlinie", in NJW-Spezial 2005, S. 193, (194).

seiner öffentlich-rechtlichen Pflicht nachkommt.[616] Auch bei einem im Energieausweis ausgewiesenen hohen Energieverbrauch liegt noch kein Mangel im Sinne des mietrechtlichen Gewährleistungsrechts vor, weil die energetische Ist-Beschaffenheit der Mietsache in diesem Falle der vertraglichen Soll-Beschaffenheit entspricht.[617] Es kann lediglich eine Haftung aus § 242 Abs. 2 BGB in Betracht kommen, wenn der Vermieter schuldhaft von einem inhaltlich unzutreffenden Energieausweis Gebrauch macht und dem Mieter hieraus ein Schaden entsteht[618] oder aber Energieausweisersteller und Vermieter kollusiv zu Lasten des Mietinteressenten zusammenwirken.[619] Auch kann aus den Angaben des Energieausweises auf keinen Anspruch des Mieters auf Durchführung energetischer Sanierungsmaßnahmen oder aber einer Einhaltung der im Energieausweis angegebenen Werte geschlossen werden. Dem widerspricht schon, dass dem Mieter infolge eines vorgelegten Energieausweises die energetischen Umstände des Gebäudes bekannt sind, § 536 b BGB. Zwar kann bei einem ausgewiesenen verhältnismäßig hohen Energiebedarf oder -verbrauch von einem verletzten Wirtschaftlichkeitsgebot ausgegangen werden, allerdings entspricht der durch den Energieausweis ausgewiesene energetische Ist-Zustand der Wohnung dem vertraglichen Soll-Zustand. Wenn er aber Kenntnis hat, so würde ein Verstoß gegen das Verbot widersprüchlichen Verhaltens vorliegen, wollte der Mieter sich nunmehr auf eine Verletzung des Wirtschaftlichkeitsgebotes berufen.[620]

Insgesamt dürfte die Steuerungswirkung von öffentlich-rechtlichen Vorschriften alleine für ein ehrgeiziges Klimaschutzziel nicht ausreichend sein. Zwar wird der Energieausweis zur bußgeldbewährten Pflicht, jedoch mangelt es, wie bereits oben dargelegt, oft schon allein an einer wirksamen Durchsetzung bzw. einem Vollzug der öffentlich-rechtlichen Vorschriften. Erst wenn Ansprüche im Privatrechtsverkehr – hier also Ansprüche des Mieters – mit öffentlich-rechtlichen Verpflichtungen korrespondieren, kann mit einer effizienten Umsetzung gerechnet werden.

---

616 Ebenso Horst, „Wohnraumrechtliche Aspekte des Energiepasses", in NZM 2006, S. 1, (3).

617 So auch Beyer, „Aktuelle Aspekte des Grundsatzes der Wirtschaftlichkeit im Wohnraummietrecht", in NZM 2007, S. 1, (6).

618 Blank, in Schmidt-Futterer, Mietrecht, Groß-Kommentar, 2007, Vorbemerkung zu § 535 BGB Rn. 26a.

619 Friers, „Der Energieausweis – Stand der Dinge nach der Entscheidung des Bundesrates", in DWW 7-8/2007, S. 236, (238).

620 So auch Beyer, „Aktuelle Aspekte des Grundsatzes der Wirtschaftlichkeit im Wohnraummietrecht", in NZM 2007, S. 1, (6).

C. Gesetzliche Verankerung der Kostenumlegung auf den Mieter

Gesetzliche Regelungen dienen der zweckmäßigen und optimalen Befriedigung der gesellschaftlichen Interessen im Sinne einer gerechten Ordnung dieser Interessen. Der Gesetzgeber gelangt zu dieser in seinem Verständnis gerechten Ordnung durch eine Steuerungsgesetzgebung, welche eben nicht einfach ein Durchschnitt oder Querschnitt der in der Gemeinschaft vorhandenen Interessen darstellt.[621] Die Gerechtigkeitsfrage wird vom Gesetzgeber vorab entschieden, so dass für den Normadressaten dann die gesetzlich ausgestalteten Tatbestände im Sinne vorab entschiedener Problemlösungen bzw. Entscheidungskriterien verbindlich sind.

Zwar besteht auch für die gesetzlich nicht durchstrukturierten Bereiche für die Rechtsprechung grundsätzlich die Möglichkeit von Gesetzesauslegungen und richterlichen Rechtsfortbildungen für auslegungsbedürftige Gesetze bzw. Gesetzeslücken. Im Rahmen der *ratio legis* und der Wertentscheidungen der Verfassung bedarf es hierzu noch nicht einmal einer Regelungslücke. Dabei kann aber eine solche Tätigkeit der Rechtsprechung immer zu einem Interessenwiderstreit zwischen Gerechtigkeit und Rechtssicherheit führen. Nur eine gesetzliche Kodifizierung kann dem entgegenwirken.

Auch darf nicht verkannt werden, dass selbst für den Fall eines nicht durch Gesetze strukturierten Bereiches die Rechtsprechung keineswegs dazu gezwungen ist, die legislative Stelle einzunehmen und mit deren Kompetenzen Rechtsfortbildung zu betreiben. Vielmehr kann sie ihre Entscheidungsbegründung ebenso streng an rechtliche Argumente binden. Immerhin ist die Judikative nur aufgerufen eine rechtliche Lösung zu finden, nicht dagegen eine objektive beste, bei welcher man alle möglicherweise betroffenen Interessen mit einbezogen hat. Es trifft damit nicht zu, dass mangelnde legislative Vorgaben in Form von Regeln notwendig dazu führen müssen, dass die Judikative als Ersatzgesetzgeber einspringen muss.[622] Man kann sich also auch bei der Frage der Kostenumlegung nicht auf einer Möglichkeit der Lösung durch die Rechtsprechung ausruhen. Es ist nicht Sache der Rechtsprechung rechtspolitische Argumente heranzuziehen, ganz zu schweigen davon, dass er hierfür aufgrund von funktionalen Gründen auch gar nicht geeignet ist. Hier wäre der Gesetzgeber vielmehr gefragt.

Am Beginn jeder Gesetzgebung steht ein „Problemimpuls", die Feststellung des Ungenügens des derzeitigen Rechtszustandes und die Forderung nach

621 Zippelius, Juristische Methodenlehre, 2006, 10.

622 Vgl. Langenbucher, Die Entwicklung und Auslegung von Richterrecht, 1996, 25 ff.

Rechtsänderung. Problemimpulse können aus dem politischen Raum aber auch aus dem juristischen Raum kommen. Bei letzterem steht das Verfassungsrecht im Vordergrund, welches ausdrückliche Gesetzgebungsaufträge enthält. Zunehmend kommen Vorgaben für die Gesetzgebung aber auch aus dem Völker- und Europarecht.[623] Ein solcher Problemimpuls wurde durch die oben dargestellte ökonomisch-rechtlichen Fehlsteuerung bereits dargestellt, der insbesondere im privatrechtlichen Sektor besteht. Anders als ordnungsrechtliche Instrumentarien kann der privatrechtliche Umweltschutz weitergehende Vermeidungsanreize im Hinblick auf Energieeinsparungen setzen. Dieser muss sich der Gesetzgeber auch im Rahmen des Privatrechtes bedienen, weil die Nutzung des Privatrechts als Instrumentarium indirekter staatlicher Steuerung ein erhebliches Einsparpotenzial ausmacht.[624] Energieeinsparende Maßnahmen durch den Vermieter können durch ein Tätigwerden des Gesetzgebers vorangetrieben und das in Kap. 5 dargestellte Kosten-Nutzen-Dilemma aufgehoben werden.

Hierbei spielt die Frage der Kostenumlegung auf den Mieter eine entscheidende Rolle. Es darf nicht zu falschen Kostensignalen kommen.[625]

Daneben muss ein individueller wirtschaftlicher Anreiz bestehen, Umweltnutzungen zu minimieren. Flexible Steuerungselemente (wie die mietrechtliche Mieterhöhung) müssen also auch gekoppelt sein mit einem Anreizmechanismus. Letztlich müssen Spielräume in die Rechtsordnung integriert werden, damit insbesondere die individuelle betriebswirtschaftliche Kostenstruktur von Umweltnutzungen im Hinblick auf die jeweils anfallenden Vermeidungskosten Berücksichtigung finden.[626]

I. Wärmecontracting

Im Falle des Wärmecontracting gibt es wie bereits dargelegt, die Möglichkeit durch entsprechende Gesetzes- und Vertragsauslegung zu einer Umlegbarkeit der Kosten auf den Mieter zu kommen. Eine diesbezügliche gesetzliche Kodifizierung wäre aber als Vorabentscheidung effektiver, da sie über die Möglichkeiten einer Gesetzesauslegung und einer richterlichen Rechtsfortbildung für auslegungsbedürftige Gesetze bzw. Gesetzeslücken hinausgeht.

---

623 Vgl. zur Gesetzgebungsmethodik, Vogel, Juristische Methodik, 1998, 199 ff.

624 Vgl. hierzu die Ausführungen in Kap. 5., B.

625 Sparwasser/Engel/Vosskuhle, Umweltrecht, 2003, § 2 Rn. 31, 32.

626 Sparwasser/Engel/Vosskuhle, Umweltrecht, 2003, § 2 Rn. 113.

Eine Gesetzesauslegung ist immer mit einer Wertungsentscheidung verbunden. Zwar muss sich die Rechtsprechung bei einer Wertungsentscheidung auch innerhalb der Rechtsordnung bewegen. Trotzdem verbleibt es für das letztendliche Abwägungsergebnis bei Unwägbarkeiten. Insgesamt stellt sich die Gesetzesinterpretation als ein argumentativer Auswahl- und Entscheidungsprozess dar, der sich oft an verschiedenen, miteinander konkurrierenden Zielen orientiert und in der Regel einen Kompromiss zwischen konkurrierenden Interessen anstrebt, der als gerecht erscheint und mit dieser Bedingung den Nutzen optimiert.

Eine eindeutige gesetzliche Normierung, welche eine entsprechende Kostenumlage auf den Mieter gestatten würde, hätte den Vorteil, dass dann vom Gesetzgeber verbindlich vorabentschieden wurde. Einer Auslegung bedürfte es dann nicht mehr. Die Unschärfezone einer Wortbedeutung lässt sich durch Auslegung nur begrenzt einengen, weil Gesetzesbegriffe regelmäßig einen Bedeutungsspielraum haben (wie beim Wirtschaftlichkeitsgebot). Dies hängt damit zusammen, dass Auslegung keine exakte Methode ist, sondern zumeist auf eine Entscheidung zwischen mehreren zur Diskussion stehenden Auslegungsgrundsätzen und Auslegungsmöglichkeiten hinausläuft.[627]

Das Recht soll Zwecke verwirklichen, d. h. der Erhaltung oder Gewinnung bestimmter Güter dienen und die hierauf gerichteten Interessen (Bedürfnisse) befriedigen. In den Abwägungen stecken schwierige Gerechtigkeitsfragen über Fragen des Ranges und der Schutzwürdigkeit der kollidierenden Freiheiten und Interessen. Der Geltungsbereich und Begriffsumfang von Normen wird somit auch mit Blick auf die betroffenen Interessen bestimmt, so dass Auslegungen sich auch immer folgenorientiert vollziehen.[628]

Es ist nicht sichergestellt, dass die Ziel- und Wunschvorstellungen des Gesetzgebers mit der Wertentscheidung der Rechtsprechung übereinstimmen. Solcherlei Unwägbarkeiten können aber im Hinblick auf die bundesrechtlichen Klimaschutzziele nicht hingenommen werden. Fraglich ist, ob man dies bei einer so wichtigen Frage, wie der Kostenumlegung beim Wärmecontracting der Rechtsprechung überlassen sollte. Aufgrund der ehrgeizigen Klimaschutzziele der Bundesrepublik sollte sich hier der Gesetzgeber einschalten.

Hierbei ist insbesondere auch zu berücksichtigen, dass der Staat durch die Staatszielbestimmung des Art. 20 a GG auch dazu verpflichtet ist, die zwischen-

627 Zippelius, Juristische Methodenlehre, 2006, 11.

628 Zippelius, Juristische Methodenlehre, 2006, 59 ff.

bürgerlichen Beziehungen „staatszielgerecht" zu regeln.[629] Diesen direkten staatzielgerichteten Auftrag hat er durch eine entsprechende Gesetzgebung zu vollziehen. Dies darf nicht der Rechtsprechung überlassen werden, welche auch nicht zu einer rechtspolitisch zielgerichteten Ausformung des Rechtes befugt ist.

Das Problem mangelnder legislativer Vorgaben stellt sich auch als eine Gefährdung des Gewaltenteilungsgrundsatzes dar. Der Judikativen werden Entscheidungen übertragen, anstatt diese auf parlamentarischer Ebene zu beantworten. Zwar können Gesetze auch ergänzt und berichtigt werden. Zu bedenken ist aber, dass der Richter keine Funktion übernehmen kann, die nach dem Grundsatz der Gewaltenteilung dem Gesetzgeber zukommt.[630] Der Gesetzgeber kann Fragen der Gesetzesergänzung, die oft weit in die Rechtspolitik hineinreichen, mit stärkerer demokratischer Legitimation, insbesondere mit der gebotenen Auseinandersetzung mit der Öffentlichkeit, und oft auch mit breiteren Informationsgrundlagen lösen, als ein Gericht dies tun kann

Je weniger außerdem legislative Vorarbeit geleistet ist, desto stärker wird die Verantwortung des ehrgeizig gesteckten Klimaschutzzieles einfach auf die Judikative übertragen.

Zusammenfassend lässt sich für den Fall des Wärmecontractings feststellen, dass aufgrund der höchstrichterlichen Rechtsprechung des BGH derzeit noch keine Möglichkeit einer Kostenumlegung auf den Mieter besteht. Für den Vermieter verbleibt das Risiko erheblicher finanzieller Nachteile. Hier besteht dringender gesetzlicher Handlungsbedarf. Je weniger legislative Vorarbeit durch den Gesetzgeber geleistet wird, umso stärker wird die Verantwortung einfach auf die Judikative übertragen. Dies kann im Hinblick auf die ehrgeizig gesteckten Klimaschutzziele als auch den Gewaltenteilungsgrundsatz nicht richtig sein.

Es macht nur wenig Sinn das Wärmecontracting in die Mieterhöhungsvorschriften der §§ 559 ff. BGB mit einzubeziehen, weil die Modernisierung bzw. dessen Kosten durch den Contractor nicht gesondert in der Abrechnung bzw .im Wärmepreis wird ausgewiesen werden können. Dies ist dem Contractor schon aus Wettbewerbsgründen nicht möglich. Vielmehr müsste eine eigenständige gesetzliche Regelung speziell für den Fall des im laufenden Mietverhältnis eingeführten Wärmecontracting erlassen werden. Beim Wärmecontracting könnte man – trotz der zur Zeit entgegenläufigen höchstrichterlichen Auslegung – durch eine bestimmte hier vertretene Auffassung schon zu einer Kostenumlegung auf die Mieter kommen. Dies birgt aber Unsicherheiten und Unwägbarkeiten, wel-

629 Vgl. Bock, Umweltschutz im Spiegel von Verfassungsrecht und Verfassungspolitik, 1990, 328; vgl zu Art. 20 a GG außerdem Kap. 6., A. II. 3. b).

630 Vgl. hierzu die Ausführungen bei Zippelius, Juristische Methodenlehre, 2006, 64 ff.

che sich durch die Rechtsprechung zum Wärmecontracting bereits verwirklicht haben und nur durch eine eigenständige gesetzliche Ausgestaltung vermieden werden kann.

II. Modernisierung

Eine gesetzliche Verankerung einer vollständigen Kostenumlegung auf den Mieter macht im Falle einer energetischen Modernisierung nur begrenzt Sinn.

Um das Kosten-Nutzen-Dilemma zu umgehen, müssten für den Bereich der energieeinsparenden Modernisierung sämtliche Kosten für die Modernisierungsmaßnahme auf den Mieter umgelegt werden. Dem gegenüber stünde zwar ein Nutzen des Mieters in Form einer Energieeinsparung, in welcher Höhe wäre jedoch vollkommen fraglich. Dies gilt insbesondere deshalb, weil der Mieter auch solche Modernisierungen dulden muss, bei denen die Energieeinsparung in keinem wirtschaftlichen Verhältnis zu den Kosten der Maßnahme steht und weil eine Modernisierungsmieterhöhung selbst nur eine nachhaltige Energieeinsparung voraussetzt. Die Höhe der Energieeinsparung ist damit zunächst irrelevant. Für den Mieter würde so die nicht hinnehmbare Gefahr bestehen, mit übermäßigen Kosten belastet zu werden. Dies wäre im Falle einer nur ganz geringen Energieeinsparung auch nicht mit ökologischen Interessen zu rechtfertigen. Der soziale Mieterschutz muss in diesem Falle Vorrang haben. Zumindest müsste im Falle einer gesetzlichen Verankerung der vollständigen Kostenumlegung auf den Mieter sichergestellt sein, dass der Mieter auch einen den Kosten entsprechenden Nutzen hat.

Diese Problematik der nicht sichergestellten Energieeinsparung in gewissem Umfang steht einer gesetzlichen Verankerung entgegen. Würde allerdings eine Energieeinsparung in einem gewissem Umfang nachgewiesen werden können, so wäre auch eine dementsprechende Kostenumlage auf den Mieter sinnvoll. Nur so könnte man dem Kosten-Nutzen-Dilemma und damit der oben beschriebenen ökonomisch-rechtlichen Fehlsteuerung entgegenwirken.

Zumindest aber ist für energieeinsparende Modernisierungen eine höhere Modernisierungsumlage als die derzeitigen 11 % sinnvoll. Dabei kann der Einsparerfolg insofern maßgebend sein, als dass eine solche höhere Umlage an den Erfolg geknüpft auch befristet und gestaffelt werden kann.[631]

---

631 Troge, Energiesparen in Wohnungen und Häusern – ein wichtiger Baustein für den Klimaschutz, in Pöschk (Hrsg.), Energieeffizienz in Gebäuden, 28 f.

D. Gesetzliche Verankerung der Teilwarmmiete

I. Grundidee

§ 535 Abs. 2 BGB verpflichtet den Mieter, die vereinbarte Miete zu entrichten. Der Gesetzgeber geht in § 535 Abs. 2 BGB von einer einheitlichen Miete aus, mit der alle Leistungen des Vermieters abgegolten sind.[632]

Für die auf der vermieteten Sache liegenden Lasten wird noch mal in § 535 Abs. 1 Satz 3 BGB klargestellt, dass die Verpflichtung des Eigentümers zur Lastentragung durch die Vermietung nicht auf den Mieter übergeht. Solche Lasten sind die auf der Sache liegenden Verpflichtungen zu Leistungen, die aus der Sache zu entrichten sind, den Nutzungswert mindern[633] und den Vermieter demnach als Eigentümer oder dinglich Berechtigten treffen.[634]

Das BGB geht also im Grundsatz davon aus, dass der Vermieter sämtliche Kosten, die über die Grundmiete – also dem festen Entgelt für die reine Gebrauchsüberlassung – hinausgehen in die Miete im Sinne des § 535 BGB einkalkuliert ist.[635]

Gesetzliches Leitbild ist demnach die sogenannte Bruttomiete[636], in der die sogenannten kalten Betriebskosten[637] als auch die Heizkosten in dem geleisteten Mietzins nicht beziffert enthalten sondern vielmehr in die Miete einkalkuliert sind. Unterschieden werden kann dabei die Bruttowarm- und die Bruttokaltmiete. Bei der Bruttowarmmiete sind in der Miete die kalten Betriebskosten sowie die Kosten für Heizung und Warmwasser enthalten während bei der Bruttokaltmiete in der Miete lediglich die (kalten) Betriebskosten ohne Kosten für Heizung und Warmwasser enthalten sind.[638]

---

632 OLG Stuttgart, Beschluss vom 13.7.1983 – 8 RE Miet 2/83 = WuM 1983, S. 285–287; Eisenschmid, in Schmidt-Futterer, Mietrecht, Groß-Kommentar, 2007, § 535 BGB Rn. 569.

633 Vgl. Heinrichs, in Palandt, Bürgerliches Gesetzbuch, 2007, § 103 BGB Rn. 1; Lützenkirchen/Jennißen, Betriebskostenpraxis, 2002, Rn.1.

634 Vgl. Blank, in Blank/Börstinghaus, Miete, Kommentar, 2004, § 535 BGB Rn. 376.

635 Vgl Emmerich, in Emmerich/Sonnenschein, Miete, Kommentar, 2007, § 535 BGB Rn. 34; Eisenschmid, in Schmidt-Futterer, Mietrecht, Groß-Kommentar, 2007, § 535 BGB Rn. 570; Beuermann/Blümmel, Das neue Mietrecht 2001, 2001, § 556 BGB S. 117.

636 Auch als Inklusiv- oder Pauschalmiete bezeichnet.

637 Also alle Betriebskosten außer den Heizkosten.

638 Vgl. zu den Begrifflichkeiten Emmerich, in Staudingers, Kommentar zum Bürgerlichen Gesetzbuch, 2005, § 535 BGB Rn. 63; Emmerich, in Emmerich/Sonnenschein, Miete, Kommentar, 2007, § 535 BGB Rn. 38, 39.

Wie bereits dargestellt[639], kann eine Abweichung vom gesetzlichen Leitbild der Bruttomiete jedoch in den gesetzlichen Grenzen des § 566 Abs. 1 BGB vertraglich vereinbart werden. Beim Abschluss von Mietverträgen hat sich in den letzten Jahren eine solche Vereinbarung der gesonderten Tragung von kalten Betriebskosten als auch der Heizkosten durchgesetzt.[640] In einem solchen Fall spricht man dann von der Nettokaltmiete, bei der die Miete ohne (kalte) Betriebskosten und ohne Kosten für Beheizung und Warmwasser verstanden wird.

Die Versorgungspflicht mit Heizwärme selbst bestimmt sich zunächst nach den individualrechtlichen Vereinbarungen im Mietvertrag. Sind dort keine Regelungen getroffen, so gilt die dispositive Vorschrift des § 535 Abs. 1 Satz 2 BGB, nach welcher der Vermieter die Mietsache dem Mieter in einem zum vertragsgemäßen Gebrauch geeigneten Zustand überlassen muss und sie während der Mietzeit in diesem Zustand erhalten muss. Ist ein Mietobjekt z. B. mit einer Heizanlage ausgestattet, so ergibt sich daraus eine Beheizungspflicht aus schlüssiger Vereinbarung der Mietrechtsparteien.[641] Der Vermieter schuldet dann die Versorgung als mietvertragliche Nebenpflicht[642], wobei er die Anlage in betriebsbereitem Zustand halten und für ausreichendes Heizmaterial sorgen muss.[643] Damit hat er also auch grundsätzlich die Beheizungskosten zu tragen, zumindest für eine Beheizung, die dem vertragsgemäßen Gebrauch der Mietsache entspricht.

Warmmietverträge, bei denen die Heizkosten in der Miete enthalten sind oder aber Heizkostenpauschalen, bei denen der Mieter jeden Monat einen bestimmten Betrag zahlt, über den aber nicht gesondert abgerechnet wird, sind allerdings dann unzulässig, wenn die HeizkV[644] Anwendung findet und kein gesetzlich vorgesehener Ausnahmefall vorliegt. Werden zwei oder mehr Wohnungen von einer Heizungsanlage versorgt, müssen die Heiz- und Warmwasserkosten grundsätzlich nach der HeizkV verbrauchsabhängig erfasst und auf die Nutzer verteilt

---

639 Vgl. Kap. 4, B. II. 3. a).

640 Vgl. Bundesministerium für Verkehr, Bau- und Wohnungswesen, „Hinweise zur Erstellung von Mietspiegeln", S. 23.

641 Vgl. Sternel, Mietrecht, 1988, Rn. 57.

642 Vgl. Schmid, in Schmid, Mietrecht, Kommentar, 2006, § 535 BGB Rn. 503; Schmid, Handbuch der Mietnebenkosten, 2007, Rn. 6013; Eisenschmid, in Schmidt-Futterer, Mietrecht, Groß-Kommentar, 2007, § 535 BGB Rn. 341, der jedoch nur von einer Heizpflicht – ohne die Einordnung in eine Nebenpflicht – spricht.

643 Eisenschmid, in Schmidt-Futterer, Mietrecht, Groß-Kommentar, 2007, § 535 BGB Rn. 341.

644 Verordnung über die verbrauchsabhängige Abrechnung der Heiz- und Warmwasserkosten in der Fassung der Bekanntmachung vom 20.1.1989 – BGBl. I, S. 115.

werden. Der in den einzelnen Mieterwohnungen erfasste Verbrauch bildet dann die Grundlage für die Abrechnung. Sinn und Zweck hinter diesem Zwang ist, dass man mit der Abrechnung nach Verbrauch den Sparsamen mit niedrigen Kosten belohnen will und somit eine Energieeinsparung fördern will. Sind die Heizkosten aber in der Miete enthalten oder werden sie pauschal bezahlt, besteht kaum Anreiz zu sparen.[645]

Sowohl die (Brutto- oder Netto-)Warmmiete des BGB als auch die (Brutto- oder Netto-)Kaltmiete mit verbrauchsabhängiger Abrechnung der HeizkV haben aus ökologischer Sicht entscheidende Nachteile.

Bei der Warmmiete sind die Heizkosten bereits in die Miete selbst einkalkuliert und werden nicht mehr gesondert umgelegt. Damit kann aber auch keinerlei Einfluss mehr auf das Nutzerverhalten der Mieter genommen werden. Das Nutzerverhalten bestimmt aber zu einem großen Teil das Heizvolumen und damit gleichzeitig auch das Emissionsvolumen. Es besteht für die Mieter bei der Warmmiete kein finanzieller Anreiz sparsam zu heizen, da sich ihr Heizverhalten nicht in der Höhe der Miete widerspiegelt[646]. Die Warmmiete provoziert damit geradezu ein verschwenderisches Heizverhalten der Mieter. Dies bedeutet für den Klimaschutz erhebliche Nachteile wegen eines erhöhten Emissionsvolumens.

Mit der Warmmiete werden die Kosten auch nicht dem jeweiligen Nutzzieher bzw. Verursacher zugewiesen. Damit wird man dem Verursacherprinzip des Art. 20 a GG nicht gerecht.[647]

So hat der Vermieter bei einem sehr verschwenderischen Umgang seiner Mieter mit Heizenergie letztendlich weniger Mieteinnahmen, weil er von der eingenommenen Miete einen größeren Teil (größer als von ihm einkalkuliert) an das Energieunternehmen abgeben muss. Dies wird auch nur schwerlich durch eine vorsichtige Kalkulierung vermieden werden können. Wird der in die Miete einkalkulierte Teil für die Heizkosten von vornherein sehr hoch bemessen, so wird wegen der insgesamt gestiegenen Miete die Mietsache schwieriger zu vermieten sein. Darüber hinaus ist eine genaue vorherige Einschätzung des Heizverhaltens nur sehr schwer möglich.

Der Mieter dagegen muss bei Vereinbarung einer Warmmiete hinnehmen, dass sein Nutzerverhalten keinerlei Einfluss auf seine finanzielle Belastung hat. Ein sparsames Heizverhalten wird finanziell nicht „belohnt" werden. Unter Um-

---

645 Vgl. Lammel, in Schmidt-Futterer, Mietrecht, Groß-Kommentar, 2007, § 1 HeizkV Rn. 1; Sternel, Mietrecht 1988, Rn. 385; vgl. außerdem die Ausführungen in Kap. 4, B. II. 3.

646 Ähnlich auch Lammel, in Schmidt-Futterer, Mietrecht, Groß-Kommentar, 2007, § 1 HeizkV Rn. 9.

647 Zu Art. 20 a GG vgl. die Ausführungen in Kap. 6, A. II. 3. b).

ständen ist auch der Vermieter bei der Kalkulation der Miete von einem völlig überhöhten Heizverhalten ausgegangen, das dem des Mieters in keiner Weise entspricht. Dies führt für den Mieter zu einer für die vom Vermieter erbrachte Leistung völlig überhöhten Miete, was wiederum zu einem Ungleichgewicht der erbrachten Leistungen führt.

Die HeizkV will gerade die oben genannten Nachteile einer Warmmiete vermeiden. Ziel der HeizkV ist es, dem jeweiligen Verbraucher seinen eigenen Verbrauch und die durch seinen Verbrauch verursachten Kosten kenntlich zu machen und ihm damit erstmals die Möglichkeit zu geben, sein Nutzerverhalten zu erkennen und gegebenenfalls zu ändern.[648] Dem Verbraucher soll damit die Möglichkeit der Kosteneinsparung und eine Anregung zur Energieeinsparung gegeben werden. Dies entspricht auch der Ermächtigungsgrundlage für die HeizkV im Energieeinsparungsgesetz, § 3 a, wonach Heizenergie eingespart werden soll. Für die Umwelt bedeutet es eine geringere Belastung mit ausgestoßenen Schadstoffen, je weniger Energie verbraucht wird.[649]

Neben dem Heizverhalten der Mieter gibt es allerdings noch wesentlich andere Einflussfaktoren für den Umfang des Emissionsvolumens bei der Wohnraumbeheizung.[650]

Es ist grundsätzlich zu unterscheiden zwischen einem verbrauchsabhängigen und einem nicht verbrauchsabhängigen Teil der Heizkosten. Bei dem nicht verbrauchsabhängigen Teil ist wiederum zu unterscheiden zwischen dem Teil, auf den der Vermieter durch investive Maßnahmen selbst Einfluss nehmen kann und dem Teil auf den er keinen Einfluss nehmen kann. Auf lagebedingte Wärmebedarfsunterschiede (z. B. die Lage der einzelnen Wohnungen in einem Mehrfamilienhaus) kann der Vermieter z. B. keinen Einfluss nehmen, obwohl auch diese verbrauchsunabhängig sind. Zu dem durch den Vermieter beeinflussbaren Teil zählen wie bereits in Kap.2, B. dargestellt der Primärenergiebedarf und damit auch der energetische Zustand eines Hauses. Diese Einflussfaktoren des Emissionsvolumens liegen außerhalb des Einflussbereiches des Mieters und sind demnach verbrauchsunabhängig, stehen jedoch im Einflussbereich des Vermieters.

Aufgrund dieses verbrauchsunabhängigen Teils der Heizkosten, auf den der Vermieter Einfluss nehmen kann, kommt es zu dem bereits beschriebenen Kos-

---

648 Vgl. Lammel, Heizkostenverordnung, 2004, § 1 Rn.1.

649 Vgl. Lammel, in Schmidt-Futterer, Mietrecht, Groß-Kommentar, 2007, § 1 HeizkV Rn. 1.

650 Vgl. hierzu die Ausführungen in Kap. 2, B. II.

ten-Nutzen-Dilemma.[651] Der Vermieter hat von energieeinsparenden Modernisierungen keinen direkten Nutzen, da sowieso alle Heizkosten auf den Mieter umgelegt werden. Die Investitionen muss der Vermieter dabei aus den Kaltmieteinnahmen oder aber aus oft gemiedenen Finanzierungsmitteln bestreiten.

Zwar berechtigen die Modernisierungsmaßnahmen zur Mieterhöhung der Kaltmiete nach § 559 BGB, eine solche Mieterhöhung ist jedoch mit den in Kap. 5, A. beschriebenen Nachteilen verbunden und kann nur einen begrenzten Teil zur Refinanzierung der Energieeinsparmaßnahmen beitragen.

Sowohl die Warmmiete als auch die verbrauchsabhängige Abrechnung nach der HeizkV sind demnach nicht soweit ausgereift, als dass sie zu einer maximalen Energieeinsparung bzw. Energieeffizienz anreizen und führen würden. Vielmehr hemmen beide Varianten Energieeinsparungen zu verwirklichen. Während bei der Warmmiete der Mieter keinen Anreiz zum Überdenken seines Verbrauchsverhaltens erfährt, ist es bei der Kaltmiete mit jährlicher Abrechnung über die Heizkosten nach der HeizkV der Vermieter, welcher keinen Anreiz zu energieeinsparenden Modernisierungen erfährt.

Die Idee der Teilwarmmiete vereint sowohl die Vorteile der Warmmiete als auch der verbrauchsabhängigen Abrechnung nach der HeizkV.

Ursprünglich wurde die Idee einer Teilwarmmiete vom langjährigen Frankfurter Umweltdezernenten Tom Koenigs 1997 in die politische Diskussion eingebracht. Diese wurde im Rahmen eines Expertengesprächs in Frankfurt am Main beim Energiereferat 1999 weiter konkretisiert.[652] Im Jahre 2001 befasste sich eine Studie des Instituts Wohnen und Umwelt in Darmstadt intensiv mit der Teilwarmmiete und konkretisierte das Modell in wesentlichen Schritten.[653]

Die Teilwarmmiete ist zunächst von der Teilinklusivmiete zu unterscheiden. Bei letzterer handelt es sich um eine Grundmiete, die einzelne Betriebskostenpositionen berücksichtigt. Daneben sind jedoch weitere -meist verbrauchsabhängige- Betriebs- und Heizkosten aufgrund ausdrücklicher Vereinbarung auf den Mieter umlegbar.[654] Obwohl es sich dabei rechtlich um eine einheitliche Leis-

651 Vgl. hierzu die Ausführungen in Kap. 5, A.

652 Vgl. Knissel u. a., Mietrechtliche Möglichkeiten zur Umsetzung von Energieeinsparmaßnahmen im Gebäudebestand, 2001, 35.

653 Vgl. Knissel u. a., Mietrechtliche Möglichkeiten zur Einergieeinsparmaßnahmen im Gebäudebestand, 2001, 35–54.

654 Vgl. Lützenkirchen, Wohnraummiete, 2002, 111.

tung handelt, besteht die Teilinklusivmiete wirtschaftlich gesehen aus der Komponente der Nettomiete und der Komponente des Betriebskostenanteils.[655]

Bei der Teilwarmmiete dagegen werden nicht einzelne Betriebskostenpositionen in der Grundmiete berücksichtigt, sondern Teile der Heizkosten. Die sogenannten kalten Betriebskosten[656] spielen demnach für die Idee der Teilwarmmiete keine Rolle.

Die Idee der Teilwarmmiete sieht nun eine Aufspaltung der Heizkosten in „Grundheizkosten" und „nutzungsabhängige Heizkosten" vor, wobei die Grundheizkosten mit der Grundmiete zu der sogenannten Teilwarmmiete zusammengefasst werden. Die in den Mietzins einkalkulierten Grundheizkosten sind dann Teil der zweiseitigen Leistungsbeziehung der Mietvertragsparteien, d. h. der Vermieter muss hierfür seinerseits auch eine Leistung erbringen. Diese besteht bei der Idee der Teilwarmmiete darin, die Mietsache auf eine gewisse Mindesttemperatur zu beheizen. Die Mindesttemperatur beschreibt den Teil der Beheizung auf den der Vermieter direkte Einwirkungsmöglichkeit hat.[657] Dies ist wie bereits oben beschrieben, der Teil der Heizkosten, der sich aus dem energetischen Zustand der Mietsache ergibt.

Der Mieter trägt die sogenannten nutzungsabhängigen Heizkosten, die er durch sein eigenes sparsames oder verschwenderisches Verhalten hervorruft, die also von seinem Nutzerverhalten abhängig sind und nicht Teil der Miete sind, da über sie am Ende des Jahres verbrauchsabhängig abgerechnet wird. Die Idee der Teilwarmmiete wird also davon getragen, dass die Grundheizkosten vom Primärenergiebedarf bzw. dem energetischen Zustand des Gebäudes und die nutzungsabhängigen Heizkosten vom Verbrauchsverhalten der Mieter abhängig sind.

Hierdurch wird zum einen das Kosten-Nutzen-Dilemma[658] ausgeschaltet. Führt der Vermieter nunmehr energieeinsparenden Modernisierungen durch, so kann er die Grundbeheizung mit geringeren finanziellen Mitteln ermöglichen, weil durch den verbesserten energetischen Zustand des Gebäudes Energie eingespart wird. Diese eingesparte Energie kommt bei der Teilwarmmiete aber direkt dem Vermieter zugute, weil er vom Mieter weiterhin seine festgelegten

---

655 Vgl. Langenberg, in Schmidt-Futterer, Mietrecht, Groß-Kommentar, 2007, § 556 BGB Rn. 19; Langenberg, Betriebskostenrecht der Wohn- und Geschäftsraummiete, 2002, B IV Rn. 12 und 13.

656 Also alle Betriebskostenarten außer den Heizkosten.

657 Vgl. zu der Idee der Teilwarmmiete insgesamt Knissel u. a., Mietrechtliche Möglichkeiten zu Energieeinsparmaßnahmen im Gebäudebestand, 2001, 36 mit den detaillierten Ausführungen zur Bestimmung der Grundheizkosten.

658 Vgl. hierzu die Ausführungen in Kap. 5, A.

Grundheizkosten bezieht. Eventuell hat das Gebäude wegen der energieeinsparenden Modernisierungen auch eine Wertsteigerung erfahren. Für den Mieter bleiben die energieeinsparenden Modernisierungen warmmietenneutral, d. h. für ihn ändert sich in der Gesamtheit der Mietzahlung nichts.

II. Rechtliche Einschätzung

1. Gesetzliches Leitbild einer einheitlichen Miete

Das Konstrukt der Teilwarmmiete entspricht nicht dem gesetzlichen Leitbild einer einheitlichen Miete. Vielmehr sind bei der Teilwarmmiete die Heizkosten insofern aufgeteilt, als dass nur ein Teil – nämlich die Grundheizkosten – von der Miete umfasst sind, die nutzungsabhängigen Kosten aber ausgegliedert werden. Es bedarf einer Gesetzesänderung, um die Teilwarmmiete als gesetzliches Leitbild einzuführen.

a) Vereinbarung einer Teilwarmmiete

Zur Vereinbarung der Teilwarmmiete bedarf es einer ausdrücklichen Vereinbarung der Parteien. Es bedarf dabei einer inhaltlich bestimmten und eindeutigen Vereinbarung.

Das aktuelle Mietrecht stellt hinsichtlich der Mietstrukturierung dispositives Recht dar. Haben die Vertragsparteien die gesetzliche Lastenverteilung des § 535 Abs. 1 Satz 3 BGB nicht durch Vereinbarung hinsichtlich Zusammensetzung und Strukturierung der Miete abgeändert, so ist vom gesetzlichen Leitbild der Bruttomiete auszugehen. Den Vertragsparteien steht es allerdings aufgrund der expliziten Ermächtigungsgrundlage des § 556 Abs. 1 BGB frei, vertraglich eine anderweitige Regelung zu treffen.

In der Mietstruktur sind die Parteien bei der Gestaltung frei.[659] Dem steht auch nicht § 556 Abs. 2 Satz 1 BGB entgegen, wonach die Umlage durch Vorauszahlung oder Pauschale möglich ist. Ein anderer Umlagemodus ist möglich, weil eine Abänderung zum Nachteil des Mieters möglich ist, § 556 Abs. 4 BGB.[660]

Bei der Teilwarmmiete liegt eine solche Strukturierung der Miete in die Grundmiete und in die Grundheizkosten vor. Eine solche Strukturierung ist durch entsprechende Vereinbarung der Parteien wie oben dargestellt möglich.

---

659 Vgl. Beuermann/Blümmel, Das neue Mietrecht 2001, 2001, § 556 S. 117.

660 Vgl. Langenberg, in Schmidt-Futterer, Mietrecht, Groß-Kommentar, 2007, § 556 Rn. 8.

In laufenden Mietverhältnissen bedarf eine Änderung der Mietstruktur grundsätzlich einer Vereinbarung der Parteien. Auch Klauseln, die dem Vermieter einseitig die Umstellung der Mietstruktur, insbesondere von bruttokalt oder teilinklusiv auf netto gestatten sind unwirksam.[661]

Liegt keine ausdrückliche Vereinbarung einer Teilwarmmiete vor, dann kann auch keine ergänzende Vertragsauslegung zu dem Ergebnis einer vereinbarten Teilwarmmiete gelangen.

Die Auslegung eines Vertrages richtet sich nach §§ 133, 157 BGB. Danach ist eine vertragliche Regelung zunächst nach seinem Wortlaut auszulegen. Kann der Wortlaut zu einer Auslegung nichts beitragen, so orientiert sich die Vertragsauslegung am dispositiven Recht.[662] Dies folgt daraus, dass das dispositive Recht neben einer Entlastungs- und Reservefunktion auch eine Richtlinien- und Leitbildfunktion hat. Eine ergänzende Vertragsauslegung scheidet damit grundsätzlich aus, wenn eine Vertragslücke durch Heranziehung des dispositiven Rechts geschlossen werden kann.

Das aktuelle Mietrecht, in welchem die einheitliche Bruttowarmmiete gesetzliches Leitbild ist, würde eine Vertragsauslegung demnach nur zu dem Ergebnis der Vereinbarung einer Bruttowarmmiete, nicht aber einer Teilwarmmiete, führen können.

Findet sich keine ausdrückliche Vereinbarung einer Ausgliederung des Mietzinses in Grundmiete und Nebenkosten, so ist davon auszugehen, dass eine solche Ausgliederung der gesamten Nebenkosten sogar dem Parteiwillen widersprechen würde. Es besteht insbesondere keine allgemeine Vermutung dahingehend, dass Nebenkosten immer zusätzlich zu zahlen sind.[663] Es ist nämlich auch für den Fall der gesamten Ausgliederung der Nebenkosten nicht auszumachen, wem dies finanziell zugute kommen würde.

Auch bei der Teilwarmmiete werden die Betriebskosten bis auf einen Teil der Heizkosten –die Grundheizkosten– ausgegliedert. Auch hier gilt wieder, dass der Mieter mit der Ausgliederung über den Gesamtmietzins hinausgehende Kosten tragen muss, die nach dem gesetzlichen Leitbild eines einheitlichen Mietzinses eigentlich der Vermieter tragen müsste. Des Weiteren entspricht die Vereinbarung einer Teilwarmmiete auch noch keiner Verkehrssitte. Sie ist in der Vermietungspraxis noch unbekannt und durchaus kompliziert in Konzept und Umsetzung. Die Vereinbarung einer Teilwarmmiete bedeutet Rechtsunsicherheit für

661 Vgl. AG Hamburg-Blankensee, Urteil vom 20.3.1997 – 509 C 454/96 = WuM 1998, S. 418; Langenberg, Betriebskostenrecht der Wohn- und Geschäftsraummiete, 2002, BI Rn. 5.

662 Vgl. Heinrichs, in Palandt, Bürgerliches Gesetzbuch, 2007, § 157 BGB Rn. 4.

663 Vgl. AG Lübeck, Urteil vom 10.1.1986 – 11 C 5684/85 = WuM 1986, S. 92.

beide Mietvertragsparteien. Individuelle als auch objektive Kriterien werden deshalb gegen die Annahme einer Teilwarmmiete in der Vertragsauslegung sprechen.

Findet sich im Mietvertrag keine ausdrückliche Vereinbarung zur Mietstrukturierung, so kann auch eine ergänzende Auslegung nicht zu dem Ergebnis einer vereinbarten Teilwarmmiete kommen.

b) Änderung der gesetzlichen Leitbildfunktion

Soll die Einführung der Teilwarmmiete nicht von einer ausdrücklichen Vereinbarung der Mietvertragsparteien abhängig gemacht werden, so bedarf es der Änderung des gesetzlichen Leitbildes eines einheitlichen Mietzinses.

Erforderlich wäre, den Mietbegriff nicht als einen einheitlichen sondern als einen der Teilwarmmiete entsprechend strukturierten zu definieren. Dann würde sich für viele Fälle der Vertragsauslegung die Vereinbarung einer Teilwarmmiete ergeben, da dispositives Recht – wie oben dargestellt – auch den Sinn und Zweck hat, sich bei der Vertragsauslegung Orientierung zu verschaffen. Gestaltet man dieses gesetzliche Leitbild als dispositives Recht, bliebe den Parteien auch weiterhin die Möglichkeit eine andere Strukturierung zu wählen.

Normiert man dagegen die Teilwarmmiete als nicht abdingbares Recht, so wäre dies zunächst ein Eingriff in die Privatautonomie.

Das in § 305 BGB festgeschriebene Prinzip der Vertragsfreiheit ist Haupterscheinungsform der Privatautonomie, welche grundlegendes Prinzip des bürgerlichen Rechts ist. Neben der Abschlussfreiheit umfasst die Vertragsfreiheit auch die Freiheit inhaltlicher Gestaltung.[664]

Allerdings sind im Privatrecht zunehmend Objektivierungstendenzen festzustellen. So prägen der Grundsatz von Treu und Glauben die Gesetzesauslegung. Neben Verkehrs- und Vertrauensschutzaspekten führt auch die ergänzende Auslegung oftmals zu nicht vereinbarten Nebenpflichten. Die Privatautonomie wird dadurch „aufgeweicht".[665]

Das hinter dieser „Aufweichung" stehende Interesse ist oftmals ein übergeordnetes objektives Interesse. Die Gesetzesauslegung muss auch diesen übergeordneten objektiven Interessen Beachtung zukommen lassen. Als ein solches übergeordnetes objektives Interesse ist der Klimaschutz und damit die CO_2-Einsparung anzusehen. Die Vertragsfreiheit könnte also durchaus auch aus Gründen des Klimaschutzes durch die gesetzliche Verankerung der Teilwarmmiete eine Einschränkung erfahren.

---

664 Vgl. Palandt (Heinrichs), Einführung v. § 145 BGB Rn. 7 ff.

665 Vgl. Hörn, zur Problematik der Privatautonomie, in JURA 1984, S. 57 ff.

Zusammenfassend ist festzuhalten, dass eine Teilwarmmiete durch ausdrückliche Regelung im Mietvertrag vereinbart werden kann. Über eine ergänzende Vertragsauslegung bei einer auslegungsbedürftigen Regelung gelangt man allerdings nicht zu einer Teilwarmmiete. Es bedarf einer ausdrücklichen Regelung. Durch Gesetzesänderung kann man das gesetzliche Leitbild der einheitlichen Miete in eine Teilwarmmiete ändern. Der gesetzliche Mietbegriff könnte vom Gesetzgeber allerdings sowohl dispositiv als auch zwingend ausgestaltet werden.

c) Heizkostenverordnung

Der Ansatz der Teilwarmmiete widerspricht nicht den Vorschriften der HeizkV.

Innerhalb des sachlichen und persönlichen Anwendungsbereichs der Heizkostenverordnung ist die Heizkostenabrechnung verbrauchsabhängig zu gestalten, § 6 HeizkV. Sinn und Zweck ist es, dem Mieter seinen Verbrauch bzw. die Abhängigkeit seiner Kosten vom Verbrauch vor Augen zu führen.[666]

Dabei muss allerdings nicht der gesamte Kostenkatalog der §§ 7, 8 HeizkV umgelegt werden. Ausreichend ist es, wenn die reinen Energiekosten nach den Vorschriften der HeizkV umgelegt werden.[667]

Bezüglich des Umlegungsmaßstabes sieht § 7 Abs.1 HeizkV einen kombinierten Maßstab vor, der sich teilweise am Verbrauch, im Übrigen an festen Kriterien orientiert. So sind vom Betrieb der zentralen Heizungsanlage mindestens 50 %, höchstens 70 % nach dem erfassten Wärmeverbrauch der Nutzer zu verteilen. Die übrigen sogenannten Grundkosten sind generell nach einem Flächen- oder Rauminhaltsmaß zu verteilen. Damit wird berücksichtigt, dass im Einzelfall bis zu einem Drittel der Heiz- und Warmwasserkosten unabhängig von der individuellen Nutzung entstehen[668] und auch der Mieter von der bloßen Betriebsbereitschaft der Heizungsanlage profitiert, der im Verhältnis zu den anderen Mietern sehr wenig Heizenergie verbraucht.[669]

---

666 Vgl. Lammel, Heizkostenverordnung, 2004, § 1 Rn. 1; Lammel, in Schmidt-Futterer, Mietrecht, Groß-Kommentar, 2007, § 1 HeizkV Rn. 1.

667 Vgl. Lammel, in Schmidt-Futterer, Mietrecht, Groß-Kommentar, 2007, § 2 HeizkV Rn. 7.

668 Vgl. Bub/Treier, Handbuch der Geschäfts- und Wohnraummiete, 1999, Rn. 95.

669 Vgl. Lammel, in Schmidt-Futterer, Mietrecht, Groß-Kommentar, 2007, § 7 HeizkV Rn. 2.

Bei der Teilwarmmiete sind die geleisteten Grundheizkostenbeträge bei der jährlichen Heizkostenabrechnung wie Vorauszahlungsbeträge einzustellen.[670] Die Abrechnung selbst berücksichtigt den Verteilungsschlüssel des § 7 HeikV. Nach einer erfolgten Modernisierung ist der neu errechnete Grundheizkostenanteil als fiktiv geleistete Vorauszahlung (tatsächlich geleistet wurde ja der alte Grundheizkostenanteil) in die Abrechnung einzustellen, darüber hinaus aber weiterhin der volle ursprüngliche Grundheizkostenanteil zu zahlen. Aus der Differenz zwischen den alten und den neuen Grundheizkosten ergeben sich die eingesparten Grundheizkosten, die dem Vermieter letztlich als Gewinn verbleiben und mit denen er die Modernisierungsmaßnahme refinanzieren kann.

Es kann nun unterschieden werden, ob die für die gesamte Mietsache errechnete Differenz zwischen den alten und den neuen Grundheizkosten -also der Gewinn des Vermieters- verbrauchsunabhängig oder verbrauchsabhängig auf die Mieter verteilt wird. In beiden Fällen liegt aber kein Verstoß gegen die HeizkV vor.

Es verbleibt sowohl bei einer verbrauchsabhängigen als auch bei einer verbrauchsunabhängigen Verteilung der oben beschriebenen Differenz bei einer Abrechnung nach dem Umlegungsmaßstab des § 7 HeizkV als auch der in § 6 HeizkV geforderten verbrauchsabhängigen Kostenverteilung. Des Weiteren verbleibt es dabei, dass der Mieter die gesamten umlegungsfähigen Heizkosten selbst trägt.

Nach erfolgter Modernisierung zahlt der Mieter allerdings mehr als sein tatsächlicher Verbrauch es bedingen würde bzw. mehr als die vom Wärmedienstleister in Rechnung gestellten Kosten für die Wärmeversorgung, da er über diesen tatsächlichen Verbrauch auch noch die Differenz zwischen den alten und den neuen Grundheizkosten an den Vermieter bezahlen muss. Er zahlt sozusagen zusätzlich dafür, dass der Vermieter modernisiert hat.[671]

Dies widerspricht allerdings nicht der HeizkV. Es verbleibt den Parteien, über die entstandenen Kosten der Wärmeversorgung hinaus noch die Umlage weiterer Kosten wie z. B. Modernisierungskosten zu vereinbaren. Diese gehen über die bloße Heizkostenumlegung hinaus. Die „Mehrkosten“ werden auch nicht in die Heizkostenabrechnung eingestellt, da sie sich schon durch die Beibehaltung des alten Grundheizkostenanteils ergeben und demnach Teil des Mietzinses

670 So zumindest wenn man die Grundheizkosten nach der von Knissel favorisierten „rechnerischen Bestimmung“ festlegt, vgl. Knissel, Mietrechtliche Möglichkeiten von Energieeinsparmaßnahmen im Gebäudebestand, 2001, 38 ff. – nur für diese „rechnerische Bestimmung“ der Grundheizkosten gelten die nachfolgenden Ausführungen.

671 Vgl. hierzu Knissel u. a., Mietrechtliche Möglichkeiten zur Umsetzung von Energieeinsparmaßnahmen im Gebäudebestand, 2001, 41.

sind. Die gesetzgeberischen Zwecke der HeizkV werden durch die „Mehrbelastung" nicht tangiert.

Es wird also nichts daran geändert, dass der Mieter zumindest sämtliche reinen Energiekosten selbst trägt und diese darüber hinaus nach dem Verteilungsschlüssel des § 7 HeizkV umgelegt werden. Er zahlt lediglich darüber hinaus einen fixen oder aber verbrauchsabhängigen Betrag mehr, der Teil des Mietzinses bleibt und nicht Eingang in die Heizkostenabrechnung findet. Dieses „Mehr" an Bezahlung muss weder einer verbrauchsabhängigen Kostenverteilung entsprechen noch nach dem Verteilungsschlüssel des § 7 HeizkV auf die Mieter umgelegt werden.

Die Teilwarmmiete[672] widerspricht demnach nicht der HeizkV.

III. Bewertung

1. Erhöhung des Betriebskostenanteils

Die Vereinbarung einer Teilwarmmiete kann für den Vermieter auch bei steigenden Energiepreisen nachteilig sein, so dass von der Vereinbarung einer Teilwarmmiete wohl eher abgesehen wird.

Bei der Bestimmung der Grundheizkosten ist der Energiepreis zwar eine bestimmende Determinante und hat demnach Einfluss auf die Höhe der Grundheizkosten. Allerdings dürfte ein späterer Anstieg der Energiepreise für den Vermieter wieder nachteilig sein, weil er einen solchen Anstieg zunächst an den Mieter nicht direkt weitergeben kann.

Bei steigenden Betriebskosten stellt sich für den Vermieter grundsätzlich immer die Frage der Mieterhöhung bzw. der Umlegung der gestiegenen Kosten auf den Mieter. Schon aus der Formulierung in § 560 BGB wird deutlich, dass der Gesetzgeber den Anwendungsbereich für eine Mieterhöhung wegen gestiegener Betriebskosten auf Betriebskostenpauschalen und -vorauszahlungen beschränkt. Eine Bruttomiete bzw. Teilinklusivmiete kann wegen gestiegener Betriebskosten nur im Rahmen einer Mieterhöhung nach § 558 BGB erhöht werden.[673] Der Ver-

672 Unter Berechnung der Grundheizkosten mittels der „rechnerischen Bestimmung" nach Knissel u. a., Mietrechtliche Möglichkeiten zur Umsetzung von Energieeinsparmaßnahmen im Gebäudebestand, 2001, 39.

673 Vor dem 31.8.2001 war wegen des Wortlautes des § 2 MHG umstritten, ob wegen gestiegener Betriebskosten nur Betriebskostenpauschalen erfasst werden oder darüber hinaus auch Bruttomieten erhöht werden können, vgl. Regierungsbegründung BT-Drucks. 14/4553, abgedruckt in Beuermann/Blümmel, Das neue Mietrecht, 2001, 157.

mieter kann nach § 558 BGB eine Anpassung an die ortsübliche Vergleichsmiete vornehmen. Wenn er sich allerdings dabei auf einen Mietspiegel stützt, in dem nur Nettomieten enthalten sind, muss der Vermieter die in der Miete tatsächlich enthaltenen Betriebskosten auf die Mietspiegelwerte aufschlagen. Damit wurde zwar die enthaltene Nettomiete erhöht, nicht jedoch der in der Grundmiete enthaltene Betriebskostenanteil. Falls also das örtliche Mietenniveau keine Mieterhöhung nach § 558 BGB zulässt, besteht für den Vermieter sogar keinerlei Chance einer Mieterhöhung. Die Vereinbarung einer Bruttomiete birgt also immer die Gefahr steigender Betriebskosten, die nicht auf den Mieter umlegbar sind. Das gleiche gilt für die Teilinklusivmiete, dort zumindest für den in der Grundmiete enthaltenen Betriebskostenanteil. Die Vereinbarung einer Teilinklusivmiete kann also für den Vermieter bei steigenden Betriebskosten auch nachteilig sein.

Bei steigenden Brennstoffkosten sieht der Ansatz der Teilwarmmiete vor, dass diese Energiepreisschwankungen durch eine Korrektur der Grundheizkosten bzw. der Teilwarmmiete an den Mieter weitergegeben werden.[674] Eine Erhöhung der Betriebskosten sieht der § 560 BGB aber wie dargestellt ausdrücklich nur für Betriebskostenpauschalen und -vorauszahlungen vor. Der Grundheizkostenanteil einer Teilwarmmiete ist allerdings weder Betriebskostenpauschale noch -vorauszahlung. Wie der Betriebskostenanteil einer Teilinklusivmiete ist auch der Grundheizkostenanteil einer Teilwarmmiete Teil der Miete selbst. Zwar wird der Grundheizkostenanteil bei Bestimmung des Energiekennwertes nach der rechnerischen Methode auch als getätigte Vorauszahlung in die Verbrauchsabrechnung eingestellt, dies ändert jedoch nichts daran, dass sie unabhängig vom Verbrauch und deshalb in jedem Falle zu entrichten ist und eine Rückerstattung nicht in Frage kommt. Als Teil der Miete steht dem Grundheizkostenanteil auch eine Leistung des Vermieters gegenüber.

Damit findet § 560 BGB keine Anwendung und es bleibt beim Grundsatz „pacta sunt servanda", eine einseitige Erhöhung seitens des Vermieters scheidet demnach aus. Eine Anpassung des Grundheizkostenanteils bei Energiepreisschwankungen widerspricht demnach der aktuellen Gesetzeslage.

Da aber mit steigenden Brennstoffkosten zu rechnen ist, würden diese damit beim Vermieter verbleiben. Der nach einer Modernisierung entstandene Gewinn würde dadurch wieder relativiert werden, ggf. käme es sogar auch nach erfolgter Modernisierung und einer damit verbundenen Energieeinsparung beim Mieter zu einem Renditeverlust beim Vermieter.

674 So zumindest Knissel u. a., „Mietrechtliche Möglichkeiten zur Umsetzung von Energieeinsparmaßnahmen im Gebäudebestand", 2001, 38.

2. Mieterhöhung nach § 558 BGB

Eine Mieterhöhung nach § 558 BGB (auch bei Energiepreisanstieg) ist jedoch auch bei vereinbarter Teilwarmmiete möglich. Selbst wenn also eine Erhöhung der Betriebskosten nach § 560 BGB bei der Teilwarmmiete nicht möglich ist, verbleibt es bei der Möglichkeit einer Mieterhöhung bis zur ortsüblichen Vergleichsmiete. Wie bei Inklusiv- und Teilinklusivmieten muss auch die Teilwarmmiete an den Mietbegriff des jeweiligen Mietspiegels angeglichen werden.[675]

In einem Mieterhöhungsverfahren muss sichergestellt sein, dass die Vertragsmiete und die Vergleichsmiete die gleiche Mietstruktur aufweisen, da anderenfalls die Vergleichsmaßstäbe nicht stimmen. In den letzten Jahren hat sich die Vereinbarung von Nettokaltmieten durchgesetzt, so dass auch in den Mietspiegeln überwiegend dieselbe ausgewiesen ist.[676]

Handelt es sich bei der zu erhöhenden Miete um eine Brutto-, Teilinklusiv- oder Teilwarmmiete, ist es notwendig, die individuelle Vertragsmiete in einen Nettomietteil und in einen Teil, der die nicht umgelegten, anteiligen Betriebskosten enthält aufzuteilen. Diese ermittelten durchschnittlichen nicht umgelegten, aber zutreffenden Betriebskosten müssen zur durchschnittlichen Nettomiete des Mietspiegels später wieder hinzugezählt werden.[677]

Bei der Teilwarmmiete ist dies insofern unproblematisch, als dass der Grundheizkostenanteil größenmäßig fest steht. Anders als bei der Brutto- und der Teilinklusivmiete, bei denen der Zuschlag zur Nettomietwerttabelle des Mietspiegels erst noch ermittelt werden muss, steht bei der Teilwarmmiete der Grundheizkostenanteil größenmäßig fest. Die Umrechnung dürfte deshalb selbst für juristische Laien nicht allzu umständlich sein. Dies würde die Akzeptanz der Teilwarmmiete fördern.

3. Verfahren zur Bestimmung der Grundheizkosten

Das Verfahren zur Bestimmung der Grundheizkosten ist aber in sich schon sehr kompliziert und für den Laien schwer verständlich. Insbesondere muss dabei zwischen energetischen und nicht energetischen Modernisierungsmaßnahmen

675 Vgl. OLG Stuttgart, Beschluss vom 13.7.1983 – 8 RE Miet 2/83 = WuM 1983, S. 285–287.

676 Vgl. „Hinweise zur Erstellung von Mietspiegeln", herausgegeben vom Bundesministerium für Verkehr, Bau- und Wohnungswesen.

677 Vgl. Börstinghaus, in Schmidt-Futterer, Mietrecht, Groß-Kommentar, 2007, § 558 a BGB Rn. 57, 58.

unterschieden werden, was oftmals in der Praxis mit erheblichen Schwierigkeiten verbunden sein dürfte.

Bei der Bestimmung der Grundheizkosten muss auf den Energiekennwert des Gebäudes zurückgegriffen werden. Nach der EnEV muss bei jedem Verkaufs- oder Vermietungsfall der sogenannte Energieausweis zugänglich gemacht werden. In diesem wird entweder der Primär- und Endenergiebedarf oder aber der Energieverbrauch und -verbrauchswert anzugeben. Diese Energieausweise haben eine Gültigkeit von 10 Jahren.

Anhand der Kennwerte – zumindest der im Bedarfsausweis – können dann die Grundheizkosten entwickelt werden. Allerdings hat ein Energieausweis eine Gültigkeit von 10 Jahren. Vor einer solchen ständigen Aktualisierung werden jedoch viele Vermieter zurückschrecken, weil sie nicht nur Kosten sondern auch den damit verbundenen Aufwand scheuen

4. Verzerrung im Mietspiegel

Für den Fall des Neuabschlusses eines Mietvertrages ist fraglich, ob auch der Neumieter die nach der Modernisierung entstandenen eingesparten Grundheizkosten an den Vermieter zahlt, obwohl er dann eigentlich die Teilwarmmiete einer nicht modernisierten Mietsache zahlt. Ob sich potenzielle Mieter bei Neuabschluss hierauf einlassen, bleibt eher fraglich.

Eine Auswirkung auf die ortsübliche Vergleichsmiete kommt für den Fall in Betracht, dass der Vermieter nach erfolgter Modernisierung bei Neuabschluss nunmehr einen anderen – nämlich geringeren – Grundheizkostenanteil verlangt. Da es dem potenziellen Mieter immer auf die Gesamtbelastung durch die Mietsache ankommen wird, ist es dem Vermieter nunmehr möglich, den Nettomietanteil anzuheben. Dies wird sich auf Dauer auch in einem Anstieg der ortsüblichen Vergleichsmiete zeigen. Dieser Anstieg der Vergleichsmiete würde aber auch für nicht modernisierte Mietsachen gelten, so dass nicht mehr von einer Verteilungsgerechtigkeit ausgegangen werden kann. Es liegt ein verzerrtes Bild vor.

5. Fazit

Eine Teilwarmmiete ist durch mietvertragliche Vereinbarung jederzeit möglich. Die aktuelle Gesetzeslage widerspricht diesem Ansatz nicht, fördert ihn allerdings auch nicht. Der Vermieter wird die Idee der Teilwarmmiete eventuell schon wegen der verwehrten Möglichkeit einer Grundheizkostenerhöhung bei gestiegenen Brennstoffkosten ablehnen. In jedem Fall aber stellt sich das Verfahrens zur Bestimmung der Grundheizkosten als noch zu kompliziert und für den Laien undurchsichtig dar.

Kapitel 7: Rechtsfolgen und Durchsetzungsprobleme des mietereigenen Anspruchs auf optimale Wärmeversorgung

A. Erfüllungsanspruch und die rechtlichen Folgen

I. Erfüllungsanspruch, § 535 Abs. 1 Satz 2 BGB i.V.m. dem Wirtschaftlichkeitsgebot

Ein Erfüllungsanspruch setzt zunächst voraus, dass es sich bei dem in Kap. 6, D. hergeleiteten mietereigenen Anspruch auf optimale Wärmeversorgung um eine Hauptleistungspflicht im Sinne des § 535 BGB oder eine Nebenleistungspflicht des Mietvertragsverhältnisses handelt.

Kommt der Vermieter seiner Beheizungspflicht nur mit einer unwirtschaftlichen Heizungsanlage nach, geht man in Rechtsprechung und Literatur teilweise lediglich von einem mietereigenen Recht auf Freihaltung von den unnötigen Kosten im Rahmen einer Betriebskostenabrechnung aus.[678] Unter der Voraussetzung einer vereinbarten Nettokaltmiete mit monatlichen Nebenkostenvorauszahlungsbeträgen kann der Vermieter danach bestenfalls diejenigen Kosten in einer Betriebskostenabrechnung auf den Mieter umlegen, die durch eine wirtschaftlich arbeitende Anlage entstanden wäre. Ein Erfüllungsanspruch auf Beseitigung der Unwirtschaftlichkeit im Sinne von § 535 BGB wird dabei nicht zugestanden. Begründet wird dies teilweise damit, dass die Tauglichkeit zum vertragsgemäßen Gebrauch nicht eingeschränkt sei, wenn die Beheizbarkeit als solche nicht beeinträchtigt ist sondern sich nur in Kostengesichtspunkten wiederspiegelt.[679] Darüber hinaus wird teilweise auf die Entschließungsfreiheit des Vermieters hingewiesen, wonach die Wahl der Beheizungsart grundsätzlich dem Vermieter verbliebe.[680] Dem Vermieter sei es z. B. dann nicht mehr möglich etwa eine Anlage installieren zu lassen, die so große Leistungsreserven aufweist, dass die ordnungsgemäße Versorgung des Mietobjekts auch noch unter nur theoretisch ungünstigen Verhältnissen sichergestellt ist. Er müsste sich nämlich dann dem Vorwurf ausgesetzt sehen, sie sei fehlerhaft, weil

678 Lützenkirchen/Jennißen, Betriebskostenpraxis, 2002, Rn. 292; LG Hamburg, Urteil vom 5.5.1988 – 7 S 166/87 = NJW-RR 1988, S. 907.

679 So auch das LG Hamburg, Urteil vom 5.5.1988 – 7 S 166/87 = NJW-RR 1988, S. 907.

680 OLG Düsseldorf, Urteil vom 14.2.1985 – 10 U 189/84 = WuM 1986, S. 16, 17.

ihr Betrieb mit hohen Kosten verbunden sei.[681] Letztlich gehen diese Ansichten nur von einer positiven Vertragsverletzung durch den Vermieter aus, weil der Mieter mit überflüssigen Kosten belastet wird.

Eine Auseinandersetzung über die Einordnung in Leistungspflichten oder aber bloße Rücksichtnahmepflichten erfolgt nicht oder nur unzureichend. Nur erstere ziehen einen Erfüllungsanspruch nach § 535 BGB nach sich. Es kommt dabei zunächst darauf an, was vom Vermieter als Erfüllung geschuldet ist. Dafür ist der Begriff des vertragsgemäßen Gebrauches im Sinne des § 535 BGB auszulegen. Es ist nicht grundsätzlich Sache des Vermieters die Beheizungsart zu bestimmen, vielmehr ist dies im Rahmen einer Auslegung über die geschuldeten mietvertraglichen Pflichten erst zu bestimmen. Kommt man aber zu dem Auslegungsergebnis, dass eine wirtschaftliche Heizungsanlage geschuldet ist, so muss dem Mieter auch ein Erfüllungsanspruch auf eine eben solche zuerkannt werden. Es wäre inkonsequent, den Wirtschaftlichkeitsgrundsatz nur für die Begründung einer Nebenpflicht (keine Belastung des Mieters mit Kosten resultierend aus Unwirtschaftlichkeit) heranzuziehen. Ebenso muss er bei der Auslegung von Hauptleistungs- und Nebenleistungspflichten herangezogen werden.

Von der überwiegenden Rechtsprechung wird aber auch zumindest bei unwirtschaftlich arbeitenden Anlagen und damit verbundenen hohen Kosten für den Mieter von einem Mangel der Mietsache ausgegangen.[682] Ein solcher Mangel der Mietsache impliziert aber immer zugleich den Anspruch des Mieters auf Erfüllung durch Beseitigung des Mangels, § 535 Abs. 1 Satz 2 BGB.[683] Die Pflicht zur Bereitstellung einer wirtschaftlich arbeitenden Heizungsanlage wurde dabei als Teil der Gebrauchsgewährungspflicht und auch als Hauptleistungspflicht angesehen.

Der Anspruch auf optimale Wärmeversorgung geht aber weit über den Anspruch auf eine wirtschaftliche Heizungsanlage hinaus. Ein Erfüllungsanspruch nach § 535 BGB setzt voraus, dass es sich bei dem mietereigenen Anspruch auf

---

681 Langenberg, Betriebskostenrecht der Wohn- und Geschäftsraummiete, 2002, 202 f.

682 So wohl LG Waldshut Tiengen, Urteil vom 28.12.1990 – 1 S 57/90 = NJW –RR 1991, S. 592 f.; LG Hamburg, Urteil vom 1.12.1987 – 16 S 1/88 = WuM 1988, S. 353; AG Bensheim, Urteil vom 10.6.1987 – 6 C 795/86, WuM 1987, S. 315 f.; AG Emden, Urteil vom 28.10.2988 – 5 C 1197/86 = NJW-RR 1989, S. 523; LG Berlin, Urteil vom 13.11.1995 – 67 S 262/95 = WuM 1996, S. 156 f.; OLG Düsseldorf, Urteil vom 4.11.1982 – 10 U 109/82 = WuM 1984, S. 54 f.; OLG Düsseldorf, Urteil vom 4.11.1982 – 10 U 109/82, ZMR 1983, S. 377.

683 Ehlert, in Bamberger/Roth, Kommentar zum Bürgerlichen Gesetzbuch, 2007, § 536 Rn. 37; Eisenschmid, in Schmidt-Futterer, Mietrecht, Groß-Kommentar, 2007, § 536 BGB Rn. 275; Hannemann, in Hannemann/Wiek/Emmert, Handbuch des Mietrechts, 2006, § 21 Rn. 53; Kraemer, in Bub/Treier, Handbuch der Geschäfts- und Wohnraummiete, 1999, III. B Rn. 1374.

optimale Wärmeversorgung um einen Hauptleistungsanspruch im Sinne des § 535 BGB oder eine Nebenleistungspflicht handelt.

Die Gewährung und die Erhaltung des vertragsgemäßen Zustandes ist Hauptleistungspflicht.[684] Insbesondere die Erhaltung des vertragsgemäßen Gebrauches soll dabei dem Charakter als Dauerschuldverhältnis gerecht werden.[685]

Unter Kap.6, D. wurde festgestellt, dass die optimale Wärmeversorgung über das Wirtschaftlichkeitsgebot zu einem Teil des vertragsgemäßen Gebrauches wird, der sich dann zu einem Anspruch auf optimale Wärmeversorgung verdichtet. Für die Annahme einer Hauptleistungspflicht ist allerdings entscheidend, dass durch diese Pflicht zur optimalen Wärmeversorgung die Eigenart des jeweiligen Schuldvertragstyps geprägt und selbiger bestimmt wird. Prägend für den schuldrechtlichen Mietvertrag ist die Gewährung und Erhaltung des vertragsgemäßen Gebrauches gegen Entrichtung der vereinbarten Miete. Als Teil des vertragsgemäßen Gebrauches nimmt die optimale Wärmeversorgung aber gleichzeitig Teil am Gegenseitigkeitsverhältnis der mietvertraglichen Hauptleistungspflichten. Zwar wohnt der optimalen Wärmeversorgung als Teil des vertragsgemäßen Gebrauches auch ein Eigenzweck inne. Der Eigenzweck des Klimaschutzes wird aber durch ökologische Zielsetzungen außerhalb und innerhalb des Mietrechts über das Wirtschaftlichkeitsgebot in den vertragsgemäßen Gebrauch implementiert. Dadurch verliert dieser Zweck seine Selbständigkeit und geht im Gegenseitigkeitsverhältnis der mietrechtlichen Pflichten und Ansprüche auf. Es handelt sich demnach bei dem unter Kap.6, D. hergeleiteten mietereigenen Anspruch auf optimale Wärmeversorgung um eine Hauptleistungspflicht im Sinne des § 535 BGB. Der Mieter hat demnach einen Erfüllungsanspruch auf eine optimale Wärmeversorgung nach § 535 Abs. 1 BGB i.V.m. dem Wirtschaftlichkeitsgebot.

II. Mieterhöhung nach § 559 BGB bzw. § 558 BGB

Setzt der Mieter seinen Anspruch auf optimale Wärmeversorgung gegenüber dem Vermieter durch, so kann der Vermieter nicht im Gegenzug die Miete nach § 559 BGB erhöhen. Bei Einführung des Wärmecontracting wird zumeist eine neue Heizungsanlage eingebaut, welche aufgrund einer besonders energiespa-

684 Eisenschmid, in Schmidt-Futterer, Mietrecht, Groß-Kommentar, 2007, § 535 BGB Rn. 1; Teichmann, in Jauernig, Bürgerliches Gesetzbuch, Kommentar, 2007, § 535 BGB Rn. 7; Ehlert, in Bamberger/Roth, Kommentar zum Bürgerlichen Gesetzbuch, 2007, § 535 BGB Rn. 165, 183.

685 Teichmann, in Jauernig, Bürgerliches Gesetzbuch, Kommentar 2007, § 535 BGB Rn. 13.

renden Arbeitsweise den Anforderungen an eine Modernisierung im Sinne des § 554 BGB erfüllt. Allerdings ist es, wie bereits im Kap. 5, A. I. 3. dargestellt, gerade nicht der Vermieter, sondern vielmehr der Contractor, welcher Bauherr der baulichen Maßnahme im Sinne des § 559 Abs. 1 Satz 1 BGB ist.[686]

Teilweise wird auch auf die Grundsätze von Treu und Glauben verwiesen, um eine Mieterhöhung nach § 559 BGB abzulehnen. Dies wird damit begründet, dass in den Lieferkosten für die gelieferte Wärme beim Wärmecontracting in der Regel auch Investitionskosten enthalten sind.[687]

Auch wirkt sich eine eingeführte optimale Wärmeversorgung in Form des Wärmecontracting nicht auf die ortsübliche Vergleichsmiete aus, so dass eine dementsprechende Mieterhöhung nach § 558 BGB ausscheidet. Zwar ist die Beheizungsart unter dem Wohnwertmerkmal der Ausstattung als mietpreisbildend einzustufen.[688] Dabei wird auch zwischen den verschiedenen Systemen der Beheizung unterschieden. Problematisch ist allerdings, wenn der Vermieter die Beheizung wie im Falle des Wärmecontracting gar nicht selbst betreibt. Obwohl der Vermieter hier keine Kosten hat, hat der Mieter hier im Ergebnis den gleichen Komfort als wenn dies so wäre. Da sich für diese Wohnungen hier noch kein eigener Teilmarkt gebildet hat, müssen die Wohnungen in die vorhandenen Kategorien eingeordnet werden. Von den Marktteilnehmern werden solche Wohnungen aber als Wohnung mit Heizung betrachtet, so dass eine Einordnung in die Kategorie „ohne Heizung“[689] zur Zeit den Gegebenheiten nicht gerecht wird.[690]

Dagegen wird jedoch eingewandt, dass man im Falle einer Mietermodernisierung auch eine Berücksichtigung dieser Maßnahme bei der ortsüblichen Vergleichsmiete im Falle einer Mieterhöhung ablehnt. Erbringt der Mieter auf seine Kosten eine Modernisierungsmaßnahme am Mietobjekt, so muss sich der Vermieter so behandeln lassen, als hätte das Mietobjekt die Modernisierung nie erfahren. Auch für den Fall des Wärmecontracting oder aber der optimalen Wärmeversorgung erbringt der Vermieter selbst keine Leistung, es ist aber wie bei der Mietermodernisierung auch der Mieter, welcher die Kosten hierfür über den

---

686 Vgl. hierzu: Börstinghaus, in Blank/Börstinghaus, Miete, Kommentar, 2004, § 559 BGB Rn. 5; Emmerich, in Staudingers, Kommentar zum Bürgerlichen Gesetzbuch, 2005, § 559 BGB Rn. 18; Riecke, in Schmid, Mietrecht, Kommentar, 2006, § 559 Rn. 14.

687 Schmid, Handbuch der Mietnebenkosten, 2007, Rn. 6021; Schmid, „Wärme- und Warmwasserlieferung“, in ZMR 1998, S. 733, (735).

688 Vgl. Börstinghaus, in Schmidt-Futterer, Mietrecht, Groß-Kommentar, 2007, § 558 BGB Rn. 68.

689 A. A. Eisenschmid, „Die Auslagerung von Vermieterleistungen“, in WuM 1998, S. 449, (452).

690 Börstinghaus, in Schmidt-Futterer, Mietrecht, Groß-Kommentar, 2007, § 558 BGB Rn. 79.

Wärmepreis entrichtet. Der Vermieter würde ansonsten einen Kostenvorteil ziehen, der nur durch die Tatsache der Einschaltung eines Dritten entsteht.[691]

Entscheidend ist jedoch, dass sich für diese Wohnungen noch kein eigener Teilmarkt entwickelt hat, so dass auch noch keine eigene Kategorie in den Mietspiegeln enthalten ist, welche eben eine solche optimale Wärmeversorgung mietpreislich berücksichtigen würde.[692] Handelt es sich nicht um einen ökologischen Mietspiegel, so wird die Art der Energiebereitstellung über das Wärme-Contracting keine Berücksichtigung finden. Zunächst einmal ist die Art der Energiebereitstellung kein Wohnwertmerkmal und findet auch in das Wohnwertmerkmal der Ausstattung keinen Eingang. Zum anderen findet auch der verbesserte energetische Zustand der Wohnung keine Berücksichtigung, wenn es sich nicht um einen sogenannten Ökologischen Mietspiegel handelt. Nach Durchsetzung des mietereigenen Anspruchs auf optimale Wärmeversorgung ist demnach nicht mit einer Mieterhöhung nach § 558 BGB zu rechnen.

III. Einrede des nichterfüllten Vertrages gemäß § 320 BGB

Der aus einem gegenseitigen Vertrag Verpflichtete kann die ihm obliegende Leistung bis zur Bewirkung der Gegenleistung verweigern, vgl. § 320 Abs. 1 Satz 1 BGB. Der Mietvertrag nach § 535 BGB ist ein solcher gegenseitiger Vertrag. Der Mieter kann die ihm obliegende Zahlung der Miete, § 535 Abs. 2 BGB, bis zur Bewirkung der Gegenleistung verweigern. Der Mietzahlung steht als im Gegenseitigkeitsverhältnis stehende Hauptleistungspflicht die Gewährung und Erhaltung des vertragsgemäßen Gebrauches entgegen.[693] Dem Mieter steht damit bei Mängeln der Mietsache ein Zurückbehaltungsrecht zu, weil in diesem Falle der Erfüllungsanspruch auf Gewährung des vertragsgemäßen Gebrauches als im Gegenseitigkeitsverhältnis stehende Pflicht nicht gewährt wird.[694] Der Mieter kann also die Zahlung der Miete verweigern.

Die Höhe richtet sich gemäß § 320 Abs. 2 BGB nach der Art und der Schwere des Mangels, wobei die jeweiligen Umstände mit Rücksicht auf Treu und Glau-

---

691 Eisenschmid, „Die Auslagerung von Vermieterleistungen", in WuM 1998, S. 451, (452).

692 So auch Eisenschmid, „Die Auslagerung von Vermieterleistungen", in WuM 1998, S. 449, (451).

693 Vgl. Ehlert, in Bamberger/Roth, Kommentar zum Bürgerlichen Gesetzbuch, 2007, § 535 BGB Rn. 208; Weidenkaff, in Palandt, Bürgerliches Gesetzbuch, Kommentar, 2007, § 535 BGB Rn. 14 und 30.

694 Vgl. BGH, Urteil vom 7.5.1982 – V ZR 90/81 = NJW 1982, S. 2242 f.; Sternel, Mietrecht 1988, Rn. 536; Kraemer, in Bub/Treier, Handbuch der Geschäfts- und Wohnraummiete, 1999, III B. Rn. 1326; a. A. Voelskow, in MünchKomm, BGB, 2001, §§ 537–543 BGB Rn.8.

ben zu berücksichtigen sind.[695] Überwiegend wird vertreten, dass der Mieter den drei- bis fünffachen Minderungsbetrag zurückbehalten darf.[696] Damit ist die Höhe des Zurückbehaltungsrechtes also wiederum abhängig von der Schwere des Mangels sowie dem Grad und der Dauer der Minderung der Tauglichkeit zum vertragsgemäßen Gebrauch.[697]

Ein Zahlungsverzug kommt in Höhe eines bestehenden Zurückbehaltungsrechtes nicht in Betracht. Dabei muss das Zurückbehaltungsrecht gemäß § 320 BGB noch nicht einmal geltend gemacht werden.[698] Als aufschiebendes Leistungsverweigerungsrecht kann das Zurückbehaltungsrecht im Falle einer gerichtlichen Durchsetzung der Mietzahlungsansprüche des Vermieters auch immer nur zu einer Zug-um-Zug Verurteilung des Mieters, § 322 BGB, auf Zahlung des nach der Minderung noch geschuldeten Mietzinses begrenzt auf den drei- bis fünffachen Minderungsbetrag führen.[699]

Das nach § 320 BGB erforderliche Gegenseitigkeitsverhältnis erstreckt sich auf alle Hauptleistungspflichten und sonstigen vertraglichen Pflichten, die nach dem Vertragszweck von wesentlicher Bedeutung sind.[700] Ausgenommen sind somit nur Nebenleistungs- und Schutzpflichten.[701]

In Kap. 7, A. I. wurde festgestellt, dass es sich bei dem mietereigenen Anspruch auf optimale Wärmeversorgung um eine Hauptleistungspflicht handelt. Wird demnach keine optimale Wärmeleistung gewährt, so hat der Mieter auch ein Zurückbehaltungsrecht im Sinne des § 320 BGB.

---

695 Eisenschmid, in Schmid-Futterer, Mietrecht, Groß-Kommentar, 2007, § 536 BGB Rn. 394.

696 Vgl. hierzu: LG Hamburg, Urteil vom 30.3.1989 – 7 S 330/88 = WuM 1989, S. 566; AG München, Urteil vom 30.1.1986 – 26 C 3848/85 = WuM 1987, S. 216 f.

697 Eisenschmid, in Schmidt-Futterer, Mietrecht, Groß-Kommentar, 2007, § 536 BGB Rn. 338; OLG Celle, Urteil vom 19.10.1994 – 2 U 216/93 = WuM 1995, S. 584 f. = ZMR 1995, S. 204–206.

698 Eisenschmid, in Schmidt-Futterer, Mietrecht, Groß-Kommentar, 2007, § 536 BGB Rn. 399 m.w.N.

699 Kraemer, in Bub/Treier, Handbuch der Geschäfts- und Wohnraummiete, 1999, III. B Rn. 1374.

700 Heinrichs, in Palandt, Bürgerliches Gesetzbuch, Kommentar 2007, § 320 BGB Rn. 4.

701 Heinrichs, in Palandt, Bürgerliches Gesetzbuch, Kommentar, 2007, vor § 320 BGB Rn. 17.

IV. Ausschlussgründe

Der Anspruch des Mieters auf Erfüllung des Mietvertrages bleibt bestehen, auch wenn der Mieter den Mangel bei Abschluss des Mietvertrages kennt.[702] Es kommt höchstens eine Verwirkung in Betracht, wenn es sich um einen geringfügigen Mangel handelt, sich beide Parteien auf diesen Zustand eingestellt haben und dem Vermieter eine Änderung nicht mehr zugemutet werden kann.[703]

Für den Fall der optimalen Wärmeversorgung durch Wärmecontracting wurde aber bereits in Kap. 6, D. dargelegt, dass der Vermieter keinerlei finanzielle Nachteile davon tragen dürfte. Vielmehr erfährt er zahlreiche Vorteile durch Einführung des Wärmecontracting.[704] Dem Vermieter wird eine Umstellung schon deshalb grundsätzlich zugemutet werden können. Schon aus diesem Grund scheidet eine Verwirkung des Erfüllungsanspruches aus.

V. Gewährleistungsrechte

Als Gewährleistungsrecht bei Vorliegen eines Mangels kommt zunächst die Mietminderung gemäß § 536 BGB in Betracht.

Zur Mietminderung ist der Mieter berechtigt, wenn die Mietsache einen Mangel aufweist, der ihre Tauglichkeit zu dem von den Vertragsparteien konkret vorausgesetzten vertragsgemäßen Gebrauch ganz aufhebt oder nicht nur unerheblich mindert, § 536 Abs. 1 BGB.

Es wurde bereits dargelegt, dass der Mieter einen Erfüllungsanspruch auf optimale Wärmeversorgung hat, und weiterhin ein Mangel im Sinne des mietrechtlichen Gewährleistungsrechtes vorliegt, wenn eben diese optimale Wärmeversorgung von Vermieterseite nicht gestellt wird.[705]

Die Mietminderung stellt darüber hinaus darauf ab, dass die Tauglichkeit zum vertragsgemäßen Gebrauch aufgehoben oder nicht nur unerheblich gemindert ist, vgl. § 536 Abs. 1 BGB. Man muss sich demnach fragen, ob die Mietsache zu dem vertragsgemäßen Gebrauch tauglich ist bzw. mit welchen Einschränkungen

---

702 Vgl. z. B. Eisenschmid, in Schmidt-Futterer, Mietrecht, Groß-Kommentar, 2007, § 536 b BGB Rn. 53; Kraemer, in Bub/Treier, Handbuch der Geschäfts- und Wohnraummiete, 1999, III. B Rn. 1400; BGH, Urteil vom 25.1.1982 – VIII ZR 310/80 = WuM 1982, S. 296; OLG Köln, OLG Naumburg, Urteil vom 3.8.1999 – 11 U 25/99 = WuM 2000, S. 242–246.

703 Kossmann, Handbuch der Wohnraumiete, 2003, § 64 Rn. 8, S. 290.

704 Vgl. hierzu die Ausführungen in Kap. 3, B. IV.

705 Vgl. Kap. 6, A.

sie dies ist. Durch die Gebrauchsbeeinträchtigung muss es zu einer Störung im Äquivalenzverhältnis zwischen Leistung des Vermieters und Gegenleistung des Mieters gekommen sein[706], den die Minderungsbefugnis des § 536 BGB wieder ausgleichen soll.

Für eine solche Störung des Äquivalenzverhältnisses ist weder eine akute Beeinträchtigung des Mietgebrauchs noch ein Defekt im Sinne eines Funktionsmangels erforderlich.[707] Oftmals wird übersehen, dass der vertragsgemäße Gebrauch eben zugleich Maßstab für das Vorliegen einer Gebrauchsbeeinträchtigung ist.[708] Nach § 536 Abs. 1 BGB ist jede negative Abweichung des tatsächlichen Zustandes der Sache von der so definierten Sollbeschaffenheit ein Mangel, durch die der Mieter an der Ausübung des vertragsgemäßen Gebrauches gehindert wird (sogenannter subjektiver Fehlerbegriff).[709] Die Gebrauchsbeeinträchtigung steht in direkter Abhängigkeit zum vertragsgemäßen Gebrauch selbst und leitet sich auch von diesem ab. Für die Frage der Gebrauchsbeeinträchtigung kommt es also wieder darauf an, was im besonderen Fall unter den vertragsgemäßer Gebrauch zu subsumieren ist.

Ist aber festzustellen, dass eine Leistungspflicht, welche unter den vertragsgemäßen Gebrauch fällt, nicht erfüllt wird, so ist zwingend auch die Tauglichkeit eben jenes vertragsgemäßen Gebrauches eingeschränkt. Nur dies wird dem subjektiven Fehlerbegriff gerecht.[710] Es kommt gerade nicht auf eine subjektive Wahrnehmbarkeit des Mangels an. Dieser Grad der Wahrnehmbarkeit der Gebrauchsbeeinträchtigung kann sich allerhöchstens auf die Minderungsquote auswirken. Alles andere würde dem Sinn und Zweck der Minderung – Wiederherstellung des Äquivalenzverhältnisses – widersprechen. Durch die Vereinbarung des vertragsgemäßen Gebrauches wird ja schon bestimmt, was den Mieter beeinträchtigt, nämlich jede Abweichung von der Soll-Beschaffenheit. Dies hat Auswirkungen auf die subjektive Wertschätzung der Mietsache.[711]

---

706 Eisenschmid, in Schmidt-Futterer, Mietrecht, Groß-Kommentar, 2007, § 536 BGB Rn. 5; Hannemann, in Hannemann/Wiek/Emmert, Handbuch des Mietrechts, 2006, § 21 Rn. 56; wohl auch Emmerich, in Staudingers, Kommentar zum Bürgerlichen Gesetzbuch, 2005, § 536 BGB Rn. 52.

707 Blank, in Blank/Börstinghaus, Miete, Kommentar, 2004, § 536 BGB Rn.10.

708 Vgl. Emmerich, in Staudingers, Kommentar zum Bürgerlichen Gesetzbuch, 2005, § 536 BGB Rn. 5.

709 Vgl. Emmerich, in Staudingers, Handbuch zum Bürgerlichen Gesetzbuch, 2005, § 536 BGB Rn. 5 m.w.N.

710 So wohl auch Ehlert, in Bamberger/Roth, Kommentar zum Bürgerlichen Gesetzbuch, 2007, § 536 BGB Rn. 15.

711 Vgl. hierzu Emmerich, in Staudingers, Kommentar zum Bürgerlichen Gesetzbuch, 2007, § 537 BGB Rn. 3, 4 m.w.N.

Der vertragsgemäße Zustand bestimmt sich dabei entweder nach einer besonderen vertraglichen Vereinbarung, oder sofern diese fehlt, nach dem von der objektiven Verkehrsanschauung erwartenden Zustand der Mietsache.[712] Die optimale Wärmeversorgung hat neben ihrem Eigenzweck auch einen direkten Einfluss auf den vertragsgemäßen Gebrauch selbst. Sie ist Teil des geschuldeten vertragsgemäßen Gebrauches. Für den Fall der optimalen Wärmeversorgung bedeutet dies, dass eine funktionstüchtige Heizungsanlage einer Gebrauchsbeeinträchtigung nicht entgegensteht. Wird eine optimale Wärmeversorgung aber nicht vom Vermieter gestellt, so liegt auch gleichzeitig ein Einfluss auf die Wertschätzung der Mietsache vor, so dass bei Fehlen einer optimalen Wärmeversorgung auch gleichzeitig die Tauglichkeit der Mietsache – also die Gebrauchstauglichkeit im Sinne des § 536 BGB – gemindert ist. Zum einen wird eine Mietsache mit der ökologisch und ökonomisch sinnvollsten Wärmeversorgung in ihrer Wertschätzung als viel höher bewertet, als eine Mietsache mit einer beispielsweise nur „durchschnittlichen" Beheizung. Mieter sind dann auch bereit mehr Miete zu bezahlen. Dies kann auch ökologische Gründe oder aber auch auf eine Nebenkosteneinsparung zurückzuführen sein. Ist wiederum die Wertschätzung der Mietsache betroffen, so ist auch das Äquivalenzverhältnis zwischen Leistung und Gegenleistung gestört. Nur mit einem solchen Verständnis der Gebrauchsbeeinträchtigung wird man auch hinreichend dem Wirtschaftlichkeitsgebot gerecht.[713]

Für den mietereigenen Erfüllungsanspruch auf optimale Wärmeversorgung ist demnach auch von einem mietereigenen Minderungsrecht im Sinne des § 536 Abs. 1 BGB auszugehen.

Mit BGH- Urteil vom 6.4.2005 wurde nunmehr auch darüber entschieden, dass grundsätzlich die Bruttomiete und nicht etwa wie noch zuvor teilweise vertreten die Nettomiete oder Bruttokaltmiete als Bemessungsgrundlage für die Mietminderung gemäß § 536 BGB anzusetzen ist.[714] Unerheblich ist dabei, ob die Nebenkosten als Pauschale oder in Form einer Nebenkostenvorauszahlung vereinbart wurden. Fehlt eine optimale Wärmeversorgung so ist die Miete (einschließlich der evt. geschuldeten Nebenkostenvorauszahlungen) folglich kraft Gesetzes gemindert.

712 Vgl. z. B. LG Berlin, Urteil vom 18.6.1999 – 64 S 63/99 = ZMR 2000, S. 532 f.

713 Im Ergebnis so auch : OLG Düsseldorf, Urteil vom 4.11.1982 – 10 U 109/82 = MDR 1983, S. 229 f.; OLG Hamm, Urteil vom 27.1.1987 – 7 U 167/85 = ZMR 1987, S. 300–303; Emmerich, in Staudingers, Kommentar zum Bürgerlichen Gesetzbuch, 2005, § 537 BGB Rn. 14.

714 BGH, Urteil vom 6.4.2005 – XII ZR 225/03 = IBR 2005, S. 450 = MDR 2005, S. 979 f. = NJW 2005, S. 1713–1715.

Neben der Mietminderung kommt als mietrechtliches Gewährleistungsrecht noch der Schadenersatzanspruch gemäß § 536 a Abs. 1 BGB in Betracht. Auch für den Schadensersatzanspruch nach § 536 a Abs. 1 BGB ist aufgrund der dortigen Gesamtverweisung auf § 536 BGB erforderlich, dass ein Mangel vorliegen muss, welcher die Tauglichkeit aufhebt oder nicht nur unerheblich mindert.[715]

Genauso wie im Falle der Mietminderung ist bei der Geltendmachung des Schadensersatzanspruches gemäß § 536 a Abs. 1 BGB für den Fall eines anfänglichen Mangels kein Verschulden des Vermieters erforderlich. Bei einem nachträglichen Mangel dagegen muss ein Verschulden oder aber der Verzug des Vermieters mit der Mangelbeseitigung vorliegen, § 536 Abs. 1 BGB. Der Geltendmachung eines Schadensersatzanspruches wird aber oftmals die Darlegung eines konkreten Schadens entgegenstehen. Zumindest bedarf es im Gerichtsverfahren immer einer einzelfallgerechten Vergleichsbetrachtung zwischen den Kosten des Mieters ohne und mit optimaler Wärmeversorgung.[716]

Darüber hinaus besteht bei Vorliegen eines Mangels für den Mieter die Möglichkeit der Selbstbeseitigung mit einem Aufwendungsersatzanspruch, § 536 a Abs. 2 BGB, oder aber die Mietsache nach einer angemessenen Abhilfefrist[717] außerordentlich zu kündigen, § 543 Abs. 1 Satz 1 BGB. Der Abschluss eines Wärmecontractingvertrages im Wege der Selbstbeseitigung wird wohl aber schon aus praktischen Gründen scheitern, weil sich hierzu kein Contractor wegen der Rechtsunwägbarkeiten entschließen würde.

Zusammenfassend lässt sich feststellen, dass für eine effektive Durchsetzung des Anspruchs auf optimale Wärmeversorgung sich in erster Linie damit die Mietminderung anbietet. Hiermit wird ein stetiger Druck auf den Vermieter zur Beseitigung des Mangels ausgeübt. Es obliegt dann dem Vermieter, die geminderte (oder zurückbehaltene) Miete einzuklagen. Zu beachten ist jedoch, dass der Schuldner zwar grundsätzlich die Erfüllung beweisen muss. Hier gilt allerdings insoweit eine Ausnahme, als das für das Vorliegen eines Mangels der Mieter beweisbelastet ist.[718] Dabei muss der Mieter allerdings nicht das Ausmaß der Gebrauchsbeeinträchtigung im Einzelnen darlegen. Dies folgt daraus, dass der Gesetzgeber die Gewährleistungsrechte als Gegenansprüche ausgestaltet hat.

715 Hannemann, in Hannemann/Wiek, Handbuch des Mietrechts, 2006, § 21 Rn. 50; Kraemer, in Bub/Treier, Handbuch der Geschäfts- und Wohnraumiete, 1999, III Rn. 1352; Voelskow, in MünchKomm, BGB, 2001, § 537 BGB Rn. 4; a. A. Sternel, Mietrecht, 1988, II Rn. 523.

716 Vgl. Schwintowski, Rechtsgutachten der Verbände AGFW, PECU, VfW, Euroheat & Power, 10, (17).

717 Vgl. hierzu Blank, in Schmidt-Futterer, Mietrecht, Groß-Kommentar, 2007, § 543 BGB Rn. 24.

718 Sternel, Mietrecht, 1988, Rn. 561; Hannemann, in Hannemann/Wiek/Emmert, Handbuch des Mietrechts, 2006, § 21 Rn. 90 m.w.N.

VI. Gewährleistungsausschluss

Die mietvertraglichen Gewährleistungsansprüche sind dann ausgeschlossen, wenn der Mieter bei Vertragsschluss den Mangel der gemieteten Sache kennt, § 536 b Satz 1 BGB. Ist dem Mieter der Mangel infolge grober Fahrlässigkeit unbekannt geblieben, stehen ihm die Rechte aus § 536 b BGB und § 536 a BGB nur zu, wenn der Vermieter den Mangel arglistig verschwiegen hat, § 536 b Satz 2 BGB.

Dabei ist die Kenntnis von den konkreten Ursachen und die konkreten Auswirkungen auf die Gebrauchstauglichkeit erforderlich. Die bloße Kenntnis vom äußeren Erscheinungsbild eines Mangels oder der tatsächlichen Umstände, die zu einem Mangel führen, sind nicht ausreichend.[719]

Es ist jedoch davon auszugehen, dass der Mieter bei der Anmietung der Mietsache kein ausreichendes Bewusstsein für den Wirkungsgrad der bereitgestellten Wärmeversorgung hat. Dies insbesondere dann, wenn mit dem Mieter ein bestimmter Nebenkostenvorauszahlungsbetrag vereinbart ist, der dem tatsächlich anfallenden anteiligen Monatsbetrag nicht gerecht wird. So kann dem Mieter teilweise sogar erst nach der jährlichen Nebenkostenabrechnung die tatsächlichen Kosten der Wärmeversorgung bewusst werden. Ein sich ergebender Nachzahlungsbetrag kann dann aber auch während des laufenden Mietverhältnisses für den Mieter eine Angleichung der monatlichen Nebenkostenvorauszahlung an den tatsächlichen Betriebskostenanteil bedeuten.

Erkennt der Mieter einen Mangel erst nach Vertragsschluss und zahlt er trotz Kenntnis des Mangels die Miete über einen längeren Zeitraum hinweg vorbehaltlos in voller Höhe weiter, so ist sein Minderungsrecht dennoch nicht erloschen. Eine entsprechende Anwendung des § 536 b BGB ist nicht zulässig[720], vielmehr ist dann § 536 c BGB anzuwenden.[721] Der Mieter ist mit Einführung des § 536 c nun nicht mehr gezwungen, nach Erkennen des Mangels die Miete zu mindern bzw. einzubehalten, um seine Rechte zu wahren. Erkennt der Mieter also, dass seitens seines Vermieters keine optimale Wärmeversorgung gestellt wird, so ist er – will er seine Gewährleistungsrechte wahren – nurmehr gezwungen, den Mangel nach § 536 c Abs. 1 BGB unverzüglich anzuzeigen.

---

719 Eisenschmid, in Schmidt-Futterer, Mietrecht, Groß-Kommentar, 2007, § 536 b BGB Rn. 6; Hannemann, in Hannemann/Wiek/Emmert, Handbuch des Mietrechts, § 21 Rn. 103.

720 BGH, Urteil vom 16.7.2003 – VIII ZR 274/02 = NJW 2003, S. 2601–2603: das Minderungsrecht ist danach nicht mehr erloschen, allerdings bleibt eine mögliche Verwirkung im konkreten Fall zu prüfen.

721 So auch Regierungsbegründung BT-Drucks. 14/4553 zu § 536 b BGB und §536 c BGB, abgedruckt in Beuermann/Blümmel, Das neue Mietrecht 2001, 2001, S. 65 und 68.

Übt der Vermieter allerdings die Obhut über bestimmte Sachen selbst aus, ist der Mieter insoweit von der Anzeigenpflicht befreit.[722] Da der Vermieter regelmäßig die Obhut über die Heizungsanlage hat und auch ansonsten für die Beheizung der Wohnung verpflichtet ist und dementsprechend der Mieter keinen direkten Einfluss und auch Einsicht hat, entfällt eine Anzeigepflicht für den Mieter im Falle des Mangels der nicht vorliegenden optimalen Wärmeversorgung.

B. Durchsetzung des mietereigenen Anspruchs

Zum einen kann der Mieter seinen Anspruch auf optimale Wärmeversorgung als Erfüllungsanspruch geltend machen. Darüber hinaus besteht die Möglichkeit die mietrechtlichen Gewährleistungsrechte geltend zu machen. Sowohl für Primär- als auch für Sekundäransprüche steht ihm der Rechtsweg offen.

I. Parteien eines gerichtlichen Verfahrens

Oftmals wird der Mieter aber den Gerichtsweg wegen der damit verbundenen Kosten und Unwägbarkeiten meiden. Grundsätzlich besteht die Möglichkeit, dass auch ein Prozessstandschafter Prozesse für einen Dritten führt.

Die gerichtliche Geltendmachung des mietereigenen Anspruchs auf optimale Wärmeversorgung kann jedoch nicht durch einen Mieterverein anstelle des einzelnen Mieters erfolgen.

Es ist zu beobachten, dass verbreitet Verbände Gerichtsverfahren im Interesse ihrer Mitglieder führen. Neben der ausdrücklichen Klagebefugnis in § 13 UWG kommt auch das Institut der gewillkürten Prozessstandschaft in Betracht, um den Verbänden Prozessführungsbefugnis einzuräumen.[723] Dabei klagt der gewillkürte Prozessstandschafter ein fremdes Recht ein. Zu bedenken ist jedoch von vornherein, dass dem Mieterverein von den Mitgliedern für Gerichtsverfahren keine Globalermächtigung eingeräumt wurde.

Allerdings ist der Mieterverein als Prozessvertreter auch von der mündlichen Verhandlung kraft Gesetz ausgeschlossen.[724] Grundsätzlich verbietet das Rechts-

722 Eisenschmid, in Schmidt-Futterer, Mietrecht, Groß-Kommentar, 2007, § 536 c BGB Rn. 26.

723 Wolf, Die Klagebefugnis der Verbände, 1971, 2.

724 Chemnitz/Johnigk, Rechtsberatungsgesetz, 2003, Art. 1 § 3 Rn. 723.1.

beratungsgesetz[725] jede Rechtsbesorgung ohne entsprechende Erlaubnis, vgl. Art. 1 § 1 RberG. Ausnahmen von diesem Verbotsgesetzt sind im RberG selbst erschöpfend als Spezialbestimmungen aufgezählt.[726] Eine solche Ausnahme stellt Art. 1 § 7 RberG dar, wonach es einer Erlaubnis zur Rechtsbesorgung nicht bedarf, wenn auf berufsständischer oder ähnlicher Grundlage gebildete Vereinigungen oder Stellen im Rahmen ihres Aufgabenbereiches ihren Mitgliedern Rat und Hilfe in Rechtsangelegenheiten gewähren. Haus- und Grundbesitzervereine bzw. Mietervereine werden in der Praxis zu den in Art. 1 § 7 RberG aufgeführten Vereinigungen gerechnet. Ein solcher Verein ist zur Beratung und Vertretung seiner Mitglieder damit in Mietangelegenheiten also befugt. Während der Verein durch eine erteilte Prozessvollmacht zwar Schriftsätze einreichen kann, ist es für ihn allerdings ausgeschlossen, die Mitglieder in der mündlichen Verhandlung zu vertreten.[727]

Auch für Verbraucherzentralen kommt eine gerichtliche Geltendmachung des mietereigenen Anspruchs auf optimale Wärmeversorgung für den einzelnen Mieter nicht in Betracht. Nach Art. 1 § 3 Nr. 8 wird vom Rechtsberatungsgesetz nicht die gerichtliche Einziehung fremder und zu Einziehungszwecken abgetretener Forderungen von Verbrauchern durch Verbraucherzentralen und andere Verbraucherverbände, die mit öffentlichen Mitteln gefördert werden, berührt. Dabei muss allerdings immer das Interesse des Verbraucherschutzes im Vordergrund stehen, weil die Zulässigkeit der Rechtsbesorgung auf den Aufgabenbereich beschränkt ist. Damit scheidet eine generelle Inkassotätigkeit – außer in den Fällen des § 661 a BGB – (Gewinnzusage) aus.[728] Auch anderen Verbraucherverbänden, die mit öffentlichen Mitteln gefördert werden und die beispielsweise ihren Aufgabenbereich in der Verbesserung der Energieeffizienz in Gebäuden haben, ist die Rechtsbesorgung nach dem RberG damit grundsätzlich verboten.

II. Prozessuale Durchsetzung

Zur rechtsförmigen Durchsetzung eines Anspruchs ist ein vollstreckbarer Titel erforderlich. Vollstreckbare Titel sind Endurteile (§ 704 ZPO) und die in § 794 ZPO aufgeführten Urkunden. Ohne die Erhebung einer zivilprozessualen Klage

725 Im folgenden „RberG".

726 Chemnitz/Johnigk, Rechtsberatungsgesetz, 2003, Art. 1 § 3 Rn. 345.

727 Chemnitz/Johnigk, Rechtsberatungsgesetz, Art. 1 § 3 Rn. 723.1.

728 Chemnitz/Johnigk, Rechtsberatungsgesetz, Art. 1 § 3 Rn. 471.1.

kommt von den in § 794 ZPO genannten vollstreckbaren Titeln nur die vor einem Gericht oder einem Notar errichtete Urkunde (§ 794 Abs. 1 Nr. 5 ZPO) in Betracht. Eine solche Urkunde ist jedoch nur dann vollstreckbar, wenn sie über einen Anspruch errichtet ist, der sich zur Geltendmachung im Urkundenprozess eignet. Darunter fallen die Zahlung einer bestimmten Geldsumme, die Leistung aus einer Hypothek, Grundschuld, Rentenschuld, Schiffshypothek oder die Leistung aus einer bestimmten Menge anderer vertretbarer Sachen oder Wertpapiere.

Hier handelt es sich jedoch um die Vornahme einer umweltnützigen Handlung. Eine Unterwerfung unter die sofortige Vollstreckung bezüglich solcher Handlungen ist jedoch nach § 794 ZPO nicht möglich. Die Erhebung einer Klage zur Erlangung eines vollstreckbaren Titels über den mietereigenen Anspruch auf optimale Wärmeversorgung ist somit stets erforderlich.[729]

1. Klageart

Für den mietereigenen Anspruch auf optimale Wärmeversorgung bietet sich zunächst die Leistungsklage als mögliche Klageart an. Durch ein Leistungsurteil wird einerseits das umstrittene Recht festgestellt, andererseits der Beklagte zur Leistung angewiesen. Die Leistungsklage strebt im Gegensatz zur Feststellungs- und Gestaltungsklage dabei nach Befriedigung eines Anspruchs.[730]

Bei der gerichtlichen Geltendmachung des Anspruchs auf optimale Wärmeversorgung ist insbesondere die Bestimmtheit des Klageantrages problematisch. Dieser muss eine Zwangsvollstreckung ohne eine Fortsetzung des Streites im Vollstreckungsverfahren, welches insbesondere nicht die Garantien eines Zivilprozesses beinhaltet, ermöglichen.[731] Der Klageantrag braucht sich aber grundsätzlich nur auf den erstrebten Erfolg zu richten. Dieser muss aber nach seinem Inhalt und Umfang konkret beschrieben werden.[732] Wird der Anspruch auf optimale Wärmeversorgung klageweise geltend gemacht, so verlangt man nicht

729 So auch allgemein für „die Vornahme einer umweltnützigen und das Unterlassen einer umweltschädlichen Handlung“: Fritz, Umweltschutz als Inhalts- und Schrankenbestimmung in privatrechtlichen Verträgen, 1997, 129.

730 Vgl. Greger, in Zöller, Zivilprozessordnung, 2007, vor § 253 ZPO Rn. 3.

731 Reichold, in Thomas/Putzo, Zivilprozessordnung 2005, § 253 ZPO Rn. 11; Foerste, in Musielak, Kommentar zur Zivilprozessordnung, 2007, § 253 ZPO Rn. 29; Schumann, in Stein, Kommentar zur Zivilprozessordnung, 1997, § 253 ZPO Rn. 48.

732 So auch Schumann, in Stein, Kommentar zur Zivilprozessordnung, 1997, § 253 ZPO Rn. 56.

nur Vertragserfüllung sondern zugleich auch eine Mangelbeseitigung. Der Klageantrag muss sich dabei auf den zu bezeichnenden Mangel der mangelhaften – weil nicht optimalen – Wärmeversorgung richten. Nicht dagegen müssen die für den erstrebten Erfolg geeigneten Mittel benannt werden, da die Art und Weise der Mängelbeseitigung Sache des Vermieters ist.[733] Erst in der Zwangsvollstreckung kann der Kläger nach §§ 887, 888 ZPO eine bestimmte Art der Mangelbeseitigung auswählen, falls die vom Beklagten getroffenen Maßnahmen die Beeinträchtigung nicht beseitigt haben. Dies gilt nur für den Fall nicht, dass es nur lediglich eine bestimmte Art der Mangelbeseitigung gibt.[734]

Für den mietereigenen Anspruch bedeutet dies, dass der erstrebte Erfolg der optimalen Wärmeversorgung an sich hinreichend genau bezeichnet werden muss. Nicht dagegen erforderlich sondern vielmehr unzulässig ist es, im Antrag den Abschluss mit einem bestimmten Contractor vorzuschreiben. Der erstrebte Erfolg, also die optimale Wärmeversorgung, muss aber seinem Inhalt und Umfang nach genau bezeichnet werden. Hierzu gehört also, dass man im Antrag verdeutlicht, dass eine optimale Wärmeversorgung im Sinne eines stunden- und tagegenauen Betriebs- und Anlagencontrolling zu verstehen ist und dass wiederum dies nur durch das Wärmecontracting zu erfüllen ist.

Neben der Leistungsklage kommt auch eine Feststellungsklage in Betracht. Eine Feststellungsklage ist gerichtet auf das Bestehen oder Nichtbestehen eines Rechtsverhältnisses, wenn der Kläger ein rechtliches Interesse daran hat, dass das Rechtsverhältnis durch richterliche Entscheidung alsbald festgestellt werde, § 256 Abs. 1 ZPO. Ein derartiges Rechtsverhältnis kann auch das Mietverhältnis sein und ebenso auch ein Anspruch, der sich aus dem Mietverhältnis ergibt.[735] Berühmt sich der Vermieter eines Zahlungsanspruches, obwohl der Mieter wegen eines nicht erfüllten Anspruches auf optimale Wärmeversorgung die Miete gemindert hat, so kann der Mieter auf Feststellung klagen, dass dem Vermieter der Anspruch nicht zusteht.[736]

Der Mieter kann auch gegenüber einer Zahlungsklage des Vermieters seinerseits Widerklage auf Feststellung erheben, dass das Mietverhältnis fortbesteht bzw. ein Anspruch auf optimale Wärmeversorgung besteht, weil daraus noch

---

733 Foerste, in Musielak, Kommentar zur Zivilprozessordnung, 2007, § 253 ZPO Rn. 32; Brehm, in Stein, Kommenar zur Zivilprozessordnung, 1996, § 887 ZPO Rn. 4, 5; Schumann, in Stein, Kommentar zur Zivilprozessordnung, 1997, § 253 ZPO Rn. 56.

734 LG Kassel, Urteil vom 26.1.1989 – 1 S 690/88 = WuM 1989, S. 519 f.

735 Kinne, in Kinne/Schach/Bieber, Miet- und Mietprozessrecht, 2005, 1159.

736 A.a.O.

weitere Ansprüche erwachsen können als der mit der Hauptklage geltend gemachte Zahlungsanspruch.

Bei Mängeln der Mietsache ist auch die Klage des Mieters auf Feststellung zulässig, dass er ab Eintritt des Mangels bis zu dessen Beseitigung zur Minderung der (Bruttokalt-) Miete zu einem bestimmten Prozentsatz berechtigt ist. Dabei kann der Antrag auch die Höhe der Mietminderung umfassen.[737] Allerdings obliegt die Höhe der richterlichen Schätzung, § 287 ZPO, und ist damit auch Rechtsfrage.[738] Der Sachverständige kann aber grundsätzlich das Maß der Beeinträchtigung messen.[739]

Die Durchführung eines selbständigen Beweisverfahrens nach § 485 ZPO kommt im Falle des Anspruchs auf optimale Wärmeversorgung eher weniger in Frage. Das selbständige Beweisverfahren nach § 485 ZPO unterscheidet zwischen dem Verfahren bei Zustimmung des Antragsgegners, § 485 Abs. 1 ZPO, bei drohendem Beweismittelverlust, § 485 Abs. 1 ZPO und dem Feststellungsverfahren als das Regelverfahren der Praxis, § 485 Abs. 2 ZPO. Letzteres kommt hauptsächlich zur Feststellung des aktuellen Zustandes, in dem sich die Wohnung befindet in Betracht. Wenn darüber hinaus das selbständige Beweisverfahren auch für die Ermittlung von Mängeln der Mietsache herangezogen werden soll[740], so ist dies so nicht richtig. Der Sachverständige kann gerade nicht die Rechtsfrage beurteilen, ob hier ein Mangel der Mietsache vorliegt. Dies ist ihm schon deshalb nicht möglich, weil es für diese Frage nicht etwa auf einen Substanzmangel bzw. Funktionsmangel der Mietsache sondern vielmehr auf eine Abweichung der Soll- von der Ist-Beschaffenheit ankommt. Darüber hinaus ist die Beurteilung von Rechtsfragen selbstverständlich dem Gericht überlassen.

Die Feststellung des aktuellen Zustandes – hier also des Zustandes der Wärmegewinnung und Beheizung der Mietsache – sagt noch nichts darüber aus, was rechtlich vom Vermieter geschuldet ist und ob darüber hinaus von einem Mangel auszugehen ist. Oftmals wird auch gar nicht ein Defekt oder ein Substanzmangel der Beheizung in Streit stehen, sondern vielmehr, ob der Vermieter darüber hinaus weitere Pflichten im Sinne einer optimalen Wärmeversorgung hat. Nur den Defekt oder Substanzmangel kann aber ein selbständiges Beweisverfahren durch ein Gutachten bestätigen. Das nach § 485 Abs. 2 ZPO erforderliche rechtliche Interesse liegt aber nicht vor, wenn zwischen den Beteiligten

---

737 Vgl. Harting, in Schmid, Mietrecht, Kommentar, 2006, § 536 BGB Rn. 247.

738 Vgl. hierzu die Ausführungen in Kap. 7, B. I.

739 Harting, in Schmid, Mietrecht, Kommentar, 2006, § 536 BGB Rn. 247.

740 So Ziaja/Lützenkirchen, Wohnraummietrecht, 2000, Rn. 275.

Streit nicht über einen Tatsachenbefund sondern über Rechtsfragen besteht. Eine richterliche, rechtliche Würdigung erfolgt im selbständigen Beweisverfahren gerade nicht. Ein selbständiges Beweisverfahren kann deshalb hier wohl eher nicht die ihm sonst zugeschriebenen streitschlichtende Wirkung entfalten.

Das selbständige Beweisverfahren bietet sich lediglich für die Tatsachenfrage an, ob das Wärmecontracting die im gegebenen Mietverhältnis optimale Wärmeversorgung im Sinne einer maximalen Energieeinsparung darstellt. Dies ist eine Tatsachenfeststellung und damit dem selbständigen Beweisverfahren zugänglich. Das rechtliche Interesse ist schon dann gegeben, wenn man durch die Tatsachenfeststellung einen Rechtsstreit vermeidet oder aber auch nur eine Prozessführung vorbereitet.[741]

Auch der einstweilige Rechtsschutz kommt für die Durchsetzung des mietereigenen Anspruchs auf optimale Wärmeversorgung nicht in Betracht. Die einstweilige Verfügung setzt das Vorhandensein eines Verfügungsanspruches und eines Verfügungsgrundes voraus. Gerade von einer Eilbedürftigkeit, welche einen solchen Verfügungsgrund darstellt, wird hier aber nicht ausgegangen werden können. Diese setzt nämlich voraus, dass der Antragsteller daran gehindert ist, in einem ordentlichen Klageverfahren den Ausgang des Rechtsstreits abzuwarten. Der Mieter hat aber hier die Möglichkeit der Mietminderung, die es ihm ermöglicht auf den Mangel zu reagieren, dadurch einen Handlungsdruck auf den Vermieter aufzubauen und ihm das Risiko nimmt, erst nach einem späteren Klageerfolg einen Schadensersatzanspruch gegenüber dem Vermieter realisieren zu müssen. Von einer Eilbedürftigkeit ist bei Vorliegen einer an sich funktionstüchtigen Wärmeversorgung nicht auszugehen, so dass der einstweilige Rechtsschutz hier grundsätzlich ausscheidet.

2. Vollstreckung des Leistungsurteils

Nimmt der Schuldner einer Handlung, die er aufgrund eines vollstreckbaren Titels im Inland vornehmen müsste, selbige nicht vor, muss man sich der Mittel der Zwangsvollstreckung bedienen. Dabei unterscheidet das Zwangsvollstreckungsrecht danach, ob es sich um eine vertretbare (§ 887 ZPO) und eine unvertretbare (§ 888 ZPO) Handlung handelt. Handelt es sich um eine vertretbare Handlung, so kann der Gläubiger auf Antrag durch das Prozessgericht des ersten Rechtszuges ermächtigt werden, auf Kosten des Schuldners die Handlung vor-

741 Weyer, BauR 1992, S. 313.

nehmen zu lassen, § 887 Abs. 1 ZPO. Bei einer unvertretbaren Handlung dagegen kann der Schuldner auf Antrag durch das Prozessgericht des ersten Rechtszuges durch Zwangsgeld oder durch Zwanghaft zur Vornahme angehalten werden, § 888 Abs. 1 Satz 1 ZPO.

Vertretbare Handlungen sind solche, die von einem Dritten an Stelle des Schuldners vorgenommen werden können, wobei es für den Gläubiger aus wirtschaftlicher und rechtlicher Betrachtungsweise gleichgültig ist, durch wen die Handlung vorgenommen wird, und vom Standpunkt des Schuldners des weiteren rechtlich zulässig ist, dass ein anderer als er selbst die Handlung vornimmt.[742] Maßgeblich sind die Umstände des Einzelfalles.[743] Alternative Erfüllungsmöglichkeiten stehen dabei einer Anwendung des § 887 ZPO nicht entgegen[744], d. h. die Verpflichtung zur Beseitigung von Mängeln wird nicht deshalb zu einer unvertretbaren Handlung, weil es grundsätzlich Sache des verurteilten Vermieters ist, wie er die Mängel beseitigt.[745]

Falls eine Mitwirkung des Schuldners allerdings erforderlich ist, so ist § 888 ZPO anwendbar.[746] Im Rahmen des § 887 ZPO ermächtigt das Gericht den Gläubiger durch einen Beschluss nach § 329 ZPO dazu, die Handlung auf Kosten des Schuldners vornehmen zu lassen oder selbst vorzunehmen. Dabei beauftragt der Gläubiger, wenn er die Handlung nicht selbst vornimmt, zur Ausführung des Beschlusses Dritte im eigenen Namen.[747] Die den Gläubiger treffenden Kosten sind nach §§ 91–93, 95–100 beitreibbar.[748]

Bei Handlungen, die wiederholt, anhaltend oder fortlaufend vorzunehmen sind, ist die Vollstreckung auch über § 890 ZPO möglich.[749]

---

742 Hartmann, in Baumbach/Lauterbach, Zivilprozessordnung, 2006, § 887 ZPO Rn. 6; Stöber, in Zöller, Zivilprozessordnung, 2007, § 887 ZPO Rn.2; Lackmann, in Musielak, Kommentar zur Zivilprozessordnung, 2007, § 887 ZPO Rn. 8; Gruber, in MünchKomm, BGB, Kommentar, 2001, § 887 ZPO Rn. 8.

743 Gruber, in MünchKomm, BGB, Kommentar, 2001, § 887 ZPO Rn. 8.

744 Gruber, in MünchKomm, BGB, Kommentar, 2001, § 887 ZPO Rn. 9.

745 Kinne, in Kinne/Schach/Bieber, Miet- und Mietprozessrecht, 2005, Teil II Rn. 224; LG Berlin, Beschluss vom 6.8.1992 – 67 T 54/92 = WuM 1994, S. 552.

746 Hartmann, in Baumbach/Lauterbach, Zivilprozessordnung, 2006, § 887 ZPO Rn. 6;

747 Brehm, in Stein, Kommentar zur Zivilprozessordnung, 1996, § 887 ZPO Rn. 41; Hartmann, in Baumbach/Lauterbach, Zivilprozessordnung, 2006, § 887 ZPO Rn. 8; Gruber, in MünchKomm, ZPO, Kommentar, 2007, § 887 ZPO Rn. 26.

748 Hartmann, in Baumbach/Lauterbach, Zivilprozessordnung, 2006, § 887 ZPO Rn. 8.

749 Putzo, in Thomas/Putzo, Zivilprozessordnung, 2005, § 887 ZPO Rn. 1c; a. A. Lackmann, in Musielak, Kommentar zur Zivilprozessordnung, 2007, § 887 ZPO Rn. 6 m.w.N.

Wie bereits dargelegt, umfasst der Anspruch auf eine optimale Wärmeversorgung ein Betriebs- und Anlagencontrolling und optional den Einbau einer neuen Heizungsanlage.

Für handwerksmäßige Leistungen wird überwiegend angenommen, dass eine solche Leistung grundsätzlich vertretbar ist, selbst wenn mehrere technische Durchführungsarten erforderlich sind. Die Pflicht zur Instandsetzung und zum Betrieb der Sammelheizung im Rahmen eines Mietvertragsverhältnisses dagegen wird nur zum Teil als vertretbare Handlung angesehen.[750] Problematisch gestaltet sich hier insbesondere die Vollstreckung im Rahmen eines Dauerschuldverhältnisses. Für die Annahme einer unvertretbaren Handlung wird in diesem Zusammenhang auf die Dauerverpflichtung der Wartung verwiesen. Auch für die Vollstreckung des Anspruchs auf optimale Wärmeversorgung gestaltet sich dies ähnlich. Die Vollstreckung eines Anspruchs auf optimale Wärmeversorgung geschieht im Rahmen eines Dauerschuldverhältnisses. Der Gerichtsvollzieher wird nicht zu allen Zeiten zur Verfügung stehen, um bei der Vollstreckung Widerstand nach § 892 ZPO zu brechen. Aufgrund des ständigen Betriebscontrollings ist aber durchaus mit renitenten Vermietern zu rechnen, die sich z. B. gegen den Zutritt oder die Wartung der Heizungsanlage zur Wehr setzen. Praktische Schwierigkeiten bei der Vollstreckung rechtfertigen aber alleine nicht, von einer unvertretbaren Handlung auszugehen und die Vollstreckung nach § 888 ZPO vorzunehmen. Insbesondere verbleibt dem Gläubiger ja auch noch, einen zusätzlichen Unterlassungstitel zu erwirken, mit welchem dem Schuldner seine Zuwiderhandlung untersagt werden kann.[751] Der Gläubiger kann gerade durch § 887 ZPO ermächtigt werden, eine zu festgelegten Terminen vorzunehmende, wiederkehrende Leistung für eine bestimmte Dauer vornehmen zu lassen.

Gegen § 887 ZPO kann auch nicht sprechen, dass bei Dauerschuldverhältnissen, deren Ende nicht feststeht, die Ermächtigung ohne zeitliche Begrenzung regelmäßig unzulässig ist. Dies ist nur dann der Fall, wenn die Verweigerung der Erfüllung nicht für eine unbestimmte Zeit im Voraus festgestellt werden kann und die Vollstreckung eine freiwillige Leistung des Schuldners deshalb praktisch ausschließt.[752] Im Falle der optimalen Wärmeversorgung genügt jedoch der einmalige Abschluss eine Wärmecontractingvertrages, welchen der Mieter mit

---

750 So aber Hartmann, in Baumbach/Lauterbach, Zivilprozessordnug, 2006, § 887 ZPO Rn. 38; Brehm, in Stein, Kommentar zur Zivilprozessordnung, 1996, § 887 ZPO Rn. 11; Stöber, in Zöller, Zivilprozessordnung, 2007, § 887 ZPO Rn.3.

751 Lackmann, in Musielak, Kommentar zur Zivilprozessordnung, 2007, § 887 ZPO Rn. 6.

752 So zumindest Brehm, in Stein, Kommentar zur Zivilprozessordnung, 1996, § 887 ZPO Rn. 12.

dem Contractor im eigenen Namen abschließen könnte. Allerdings macht den Wärmecontractingvertrag gerade aus, dass eine ständige Wartung und genaues Betriebscontrolling erforderlich ist. Dieses Betriebscontrolling kann von vorhinein nur vom Contractor und nicht etwa vom Vermieter vorgenommen werden. Die von ihm vorzunehmende Handlung besteht von Anfang an nur in dem Abschluss eines geeigneten Wärmecontractingvertrages zugunsten des Gläubigers. Erforderlich ist auf Dauer von Seiten des Vermieters nur noch die Duldung dieses eben ständigen Betriebscontrollings. Eine solche Duldung kann aber für die Dauer eines wirksamen Wärmecontractingvertrages und die Dauer des Mietverhältnisses im gerichtlichen Beschluss festgeschrieben sein. Dem Gläubiger/Mieter obliegt es dann, den Vertrag nach Beendigung des Mietverhältnisses zu kündigen.

Praktische Schwierigkeiten können sich auch daraus ergeben, dass der Contractor nicht nur die im Eigentum des Vermieters stehenden Räumlichkeiten betreten muss, sondern evt. auch eine neue Heizungsanlage einbauen und ggf. eine alte entfernen muss. Im Rahmen der Zwangsvollstreckung nach § 887 ZPO ist im Umfang des Ermächtigungsbeschlusses zugleich eine Duldungspflicht des Schuldners inbegriffen, und zwar auch dann, wenn seine Räume im erforderlichen Umfang betreten werden müssen.[753] Das Gericht kann in seinem Beschluss aber über das Zutrittsrecht hinaus weitere Einzelheiten darüber anordnen, in welchem Umfang der Schuldner die Ausführung dulden muss. Aus Klarstellungsgründen ist dies auch sinnvoll. Dies dürfte sich aber aus tatsächlichen Gründen sehr schwierig gestalten. Das Gericht wird nur schwerlich darüber befinden können, in welchen Räumlichkeiten und an welchen Stellen der Einbau einer bestimmten neuen Heizungsanlage zu dulden ist. Auch andere Mieter oder Eigentümer können durch diese Maßnahme direkt betroffen sein, so dass zwingend ihre Mitwirkung erforderlich ist. Ihre Duldungsverpflichtung kann das Gericht jedoch nicht bestimmen. Im Falle des Erfordernisses von zwingenden Mitwirkungshandlungen Dritter ist jedoch immer von einer unvertretbaren Handlung im Sinne von § 888 ZPO auszugehen. Die Umstände des Einzelfalles sind also maßgeblich.

753 MünchKomm (Gruber), § 887 Rn. 32.

Kapitel 8: Wesentliche Ergebnisse

1. Das ehrgeizige aber auch dringend notwendige Emissionseinsparziel wird verfehlt, weil insbesondere im Gebäudesektor keine optimale Wärmeversorgung stattfindet.
2. Bei Durchführung einer vollständigen energetischen Modernisierung im Gebäudebestand könnte der derzeitige Raumwärmebedarf um 60 % gesenkt werden.
3. Der wesentliche Teil dieser energetischen Modernisierung im Gebäudebestand kann und sollte durch das Wärmecontracting geleistet werden. Dieses bietet insbesondere wegen des vertragseigenen Energieeinsparungsanreizes des Contractors eine optimale Wärmeversorgung im Sinne einer maximalen Energieeffizienz bei der Raumwärme an.
4. Es sind ökologische Tendenzen im Mietrecht auszumachen, die eine Auswirkung auf die Gesetzesauslegung haben und schon heute die Umsetzung energieeinsparender Maßnahmen rechtfertigen. So ist z. B. der ökologische Mietspiegel grundsätzlich mietrechtskonform und die Umlage des Wärmepreises beim Wärmecontracting auf den Mieter durch entsprechende Gesetzes- und Vertragsauslegung zu begründen.
5. Im aktuellen Mietrecht lassen sich aber ökonomisch-rechtliche Fehlsteuerungen ausmachen. Zum einen sind energieeinsparende Maßnahmen nicht hinreichend an einen ökonomischen Anreiz gekoppelt. Zum anderen wird zur Erreichung des Emissionseinsparungszieles zu einseitig auf ordnungsrechtliche Instrumentarien und zu wenig auf das privatrechtliche Mietrecht abgestellt.
6. Um Modernisierungshemmnisse zu vermeiden und vielmehr einen finanziellen Anreiz für energieeinsparende Modernisierungen zu schaffen, muss zum einen dem energetischen Zustand eines Gebäudes mehr rechtliche Bedeutung – insbesondere im Mietspiegel – zugemessen werden. Zum anderen sollte die Umlage des Wärmepreises auf den Mieter beim Wärmecontracting gesetzlich verankert werden.
7. Des weiteren folgt ein mietereigener Anspruch auf optimale Wärmeversorgung aus § 535 BGB (vertragsgemäßer Gebrauch) i.V.m. dem Wirtschaftlichkeitsgebot, der den Vermieter zu einer maximalen Energieeinsparung durch Gewährung des für den Vermieter kostenneutralen Wärmecontracting verpflichtet.

8. Eine legislative Rechtfertigung hierfür ergibt sich über das Wirtschaflichkeitsgebot i.V.m. den das Mietrecht beeinflussenden ökologischen Zielsetzungen des deutschen und europäischen Gesetzgebers. Diese Zielsetzungen erweisen sich zum Teil als mietrechtsimmanent. Zum anderen Teil aber tragen europäische und öffentlich-rechtliche Normen als auch ranghöheres Verfassungsrecht die ökologische Zielsetzung der Treibhausgasreduktion an das Mietrecht heran, ohne welches das Emissionseinsparungsziel der Bundesrepublik Deutschland auf Dauer nicht zu erreichen ist.

Literaturverzeichnis

Ahlers, Frank-Peter Energieeinspar-Contracting, Eschborn 2000

Alles, Roland Die ortsüblichen Vergleichsmieten in Frankfurt am Main, Institut Wohnen und Umwelt, Darmstadt 2001

Alles, Roland/Dauwe-Arnold, Elisabeth Das Mietspiegelmerkmal Beschaffenheit, Institut Wohnen und Umwelt, Darmstadt 1998

Arbeitskreis Contracting Handbuch Contracting, Düsseldorf 1997

ASUE- Arbeitsgemeinschaft für sparsamen und umweltfreundlichen Energieverbrauch e.V. (Hrsg.) Erdgas plus erneuerbare Energien, Hamburg 2005

ders. EnEV Checkliste für Architekten und Planer, Hamburg 2002

ders. Wärmelieferung, Hamburg 2005

ders. Contracting in der kommunalen und industriellen Energieversorgung, Kaiserlautern 2005

ders. Dienstleistungen und Finanzierungsangebote von Energieversorungsunternehmen: Contracting, Kaiserlautern 2005

Bamberger, Heinz Georg/Roth, Herbert Dr. (Hrsg.) Kommentar zum Bürgerlichen Gesetzbuch, Band 1, 2. Auflage, München 2007

Baukammer Berlin (Hrsg.) Facility Management, Mitteilungsblatt für die im Bauwesen tätigen Ingenieure, Sonderheft 2003

Baumbach, Adolf/Lauterbach, Wolfgang/Albers, Jan/Hartmann, Peter Zivilprozessordnung, 64. Auflage, München 2006

Behrens, Christian Auswirkungen von Staatszielbestimmungen aufgrund der Änderungen am Beispiel der Aufnahme des Tierschutzes in Art. 20 a GG, Gutachten, Lüneburg 2002

Bemmann, Ulrich/Schädlich, Sylvia (Hrsg.) Contracting Handbuch 2002, 3. Auflage, Köln 2002

Beuermann, Rudolf Miete und Mieterhöhung bei preisfreiem Wohnraum, 2. Auflage, Berlin 1994

Beuermann, Rudolf/Blümmel, Dieter Das neue Mietrecht 2001, Berlin 2001

Beyer, Dietrich Aktuelle Aspekte des Grundsatzes der Wirtschaftlichkeit im Wohnraummietrecht, NZM 2007, S. 1–6

Bison, Jutta Die Regulierung des Mietwohnungsmarktes, Frankfurt am Main, 1996 (Dissertation)

Blank, Hubert Mietrechtsreform im Rechtsausschuss, NZM 2001, S. 167–170

Blank, Hubert/Börstinghaus, Ulf P. Miete, Kommentar, 2. Auflage, München 2004

Blumenstein, W. Der Einbau von Thermostatventilen in freifinanzierten Wohngebäuden aufgrund der Heizungsanlagen – Verordnung vom 24.2.82, ZMR 1987, S. 401–406

Bock, Bettina Umweltschutz im Spiegel von Verfassungsrecht und Verfassungspolitik, Berlin 1990 (Dissertation)

Börstinghaus, Ulf P./Clar, Michael Mietspiegel Erstellung und Anwendung, München 1997

Börstinghaus, Ulf P./Eisenschmid, Norbert Arbeitskommentar Neues Mietrecht, Dortmund 2001

Börstinghaus, Ulf P. Das Mietrechtsreformgesetz – eine erste Stellungnahme aus der (gerichtlichen) Praxis, NZM 2000, S. 583-595

Bub, Wolf-Rüdiger/Treier, Gerhard (Hrsg.) Handbuch der Geschäfts- und Wohnraummiete, 3. Auflage, München 1999

Bundesministerium für Umwelt, Naturschutz und Reaktorsicherheit Historische Wende in der Energie- und Klimapolitik der EU, von Sigmar Gabriel, Umwelt, Nr.4/2007

ders. Klimaschutz – die größte umweltpolitische Herausforderung der Menschheit, August 2005

Bundesumweltamt und GdW Energiemanagement in Wohnungsunternehmen, Berlin 2003

Callies, Christian/Ruffert, Matthias (Hrsg.) EUV/EGV, Kommentar, 3. Auflage, München 2007

Chemnitz, Jürgen/Johnigk, Frank Rechtsberatungsgesetz, Kommentar, 11. Auflage, Münster 2003

Clar, Michael Tabellen- versus Regressionsmethode bei der Mietspiegelerstellung – Andante?, WuM 1992, S. 662–666

Cromm, Jürgen/Giegler, Helmut (Hrsg.) Mietspiegel in Deutschland, München und Mering 2006

Degenhart, Christoph Staatsrecht I, Staatsorganisationsrecht, 22. Auflage, Heidelberg 2006

Dena – Deutsche Energie Agentur Bauen für die Zukunft, Berlin 2002

Derleder, Peter Anmerkungen zum BGH, Urteil vom. 22.2.2006 – VIII ZR 362/04; CuR 02-2006, S. 57 –59

ders. Die mietrechtlichen Voraussetzungen des Wärmecontracting, NZM 2003, S. 737–776 *ders.* Die mietvertragsrechtlichen Voraussetzungen und Folgen des Outsourcing hinsichtlich der Wärmelieferung des Wohnraumvermieters, WuM 2000, S. 3–11

Diefenbach, Nikolaus/Enseling, Andreas/Loga, Tobias/Hertle, Hans/Jahn, Dorit/ Duscha, Markus Beiträge der EnEV und des KfW-CO2-Gebäudesanierungsprogramms zum Nationalen Klimaschutzprogramm, Institut Wohnen und Umwelt, Darmstadt 2005

Drasdo, Michael Von der Energieeinsparverordnung zur Energieeffizienz-Richtlinie, NJW-Spezial 2005, S. 193–194

Dreier, Horst (Hrsg.) Grundgesetz, Kommentar, Band I, Artikel 1–19, Mohr Siebeck 1996

ders. Grundgesetz, Kommentar, Band II, Artikel 20–82, 2. Auflage, Mohr Siebeck 2006

Eickenhorst, Heinz/Joos, Lajos (Hrsg.) Energieeinsparung in Gebäuden, Essen 1999

Eisenschmid, Norbert Die Auslagerung von Vermieterleistungen, WuM 1998, S. 449–453

ders. Die Energieeinsparung im Sinne der §§ 554, 559 BGB, WuM 2006, S. 119–122

Emmerich, Volker/Sonnenschein Miete, Handkommentar §§ 535 bis 580 a des Bürgerlichen Gesetzbuches, 9. Auflage, Berlin 2007

Emmert, Thomas Wirtschaftlichkeitsgebot und Betriebskostenspiegel, WuM 2002, S. 467–470

Enseling, Andreas Leitfaden zur Beurteilung der Wirtschaftlichkeit von Energiesparinvestitionen im Gebäudebestand, Institut Wohnen und Umwelt GmbH, Darmstadt 2003

Epiney, Astrid Umweltrecht in der Europäischen Union, 2. Auflage, Köln 2005

Erdgas Information Haustechnik Wärmeversorgung im Niedrigenergiehaus

Erman bzw. Westermann, Harm Peter (Hrsg.) Bürgerliches Gesetzbuch, Handkommentar, Band I, 11. Auflage, Köln 2004

Feckler, Klaus Begrenzung der Mieterhöhung wegen Heizenergiesparmaßnahmen gem. § 3 MHG – eine Fehlentwicklung?, ZMR 1998, S. 545–548

Friers, Wolf-Bode Der Energieausweis – Stand der Dinge nach der Entscheidung des Bundesrates, DWW 7-8/2007, S. 236–238

Fritz, Klaus Umweltschutz als Inhalts- und Schrankenbestimmung in privatrechtlichen Verträgen, Frankfurt am Main 1997 (Dissertation)

Gawel, Erik Umweltallokation durch Ordnungsrecht, Tübingen 1994 (Dissertation)

Geiger, Rudolf EUV/EGV, Kommentar, 4. Auflage, München 2004

Gerlach, Johann W. Privatrecht und Umweltschutz im System des Umweltrechts, Berlin 1989

Gramlich, Bernhard Mietrecht. Bürgerliches Gesetzbuch, Wirtschaftsstrafgesetz, Heizkostenverordnung, unter Berücksichtigung des Mietrechtsreformgesetzes Kommentar, 8. Auflage, München 2001

Haas, Lothar Das neue Mietrecht – Mietrechtsreformgesetz, Köln 2001

Hack, Martin Energie-Contracting, München 2003

Hacke, Ulrike/Lohmann, Günter Akzeptanz energetischer Maßnahmen im Rahmen der nachhaltigen Modernisierung des Wohnungsbestandes, Institut Wohnen und Umwelt, Darmstadt 2006

Hanke, Albert Regelungen zur Modernisierung, NZM 2001, S. 74–77

Hannemann, Thomas/Wiegner, Michael (Hrsg.) Münchner Anwaltshandbuch, Wohnraummietrecht, 2. Auflage, München 2005

Hannemann, Thomas/Wiek, Karl Friedrich/Emmert, Thomas (Hrsg.) Handbuch des Mietrechts, 3. Auflage, Köln 2006

Hansen BUND, BUND-Faktenblatt 06030

Hart, Dieter Sozialschutzbezogene Normbildungsprozesse bei Risikoentscheidungen im Vertragsrecht, KritVj 1991, S. 363–377

Hengstenberg, Johannes D./Julius, Claudia Kommunale Heizspiegel als Mittel zur Begrenzung von Mietnebenkosten, WuM 1998, S. 71–74

Hense, Klaus EnEV 2007 und Energieausweis in der Praxis – die Vorschriften und Hinweise zu ihrer Umsetzung, ZdW Bay 2007, S. 320–324

Herrlein, Jürgen/Kandelhard, Ronald Dr. (Hrsg.) Mietrecht, Kommentar, 3. Auflage, Münster 2007

Hertle, Hans Der Energiepass aus Sicht von Käufern und Mietern, Gebäudeenergieberater (GEB), S. 12–16

Hess. Ministerium für Umwelt, ländlichen Raum und Verbraucherschutz (Hrsg.) Contracting Leitfaden für Energie-Contracting in öffentlichen Liegenschaften, Niedernhausen/Ts. 2003

Hill, Hermann (Hrsg.) Zustand und Perspektiven der Gesetzgebung, Berlin 1989

Hömig, Dieter (Hrsg.) Grundgesetz, Kommentar, 8. Auflage, Baden-Baden 2007

Hörn, Günther Zur Problematik der Privatautonomie, JURA 1984, S. 57–74

Hoppe, Werner/Beckmann, Martin/Kauch, Petrag Umweltrecht, 2. Auflage, München 2000

Horst, Hans Reinhold Wohnraummietrechtliche Aspekte des Energiepasses, NZM 2006, S. 1–6

IG Passivhaus Aktiv für mehr Behaglichkeit: Das Passivhaus, Darmstadt

Irrgeher, Peter Anmerkungen zum Urteil des LG München II vom 28.12.1999 – 12 S 1168/99, WuM 2000, S. 198–200

Jänicke, Martin Auf dem Weg zum Umweltstaat, Ökologisches Wirtschaften, 2/2006, S. 33–38

Jarras, Hans D./Pieroth, Bodo Grundgesetz, Kommentar, 9. Auflage, München 2007

Jauernig, Othmar (Hrsg.) Bürgerliches Gesetzbuch, Kommentar, 12. Auflage, München 2007

Junker, Markus BGB Band 2.1 (JURIS Praxiskommentar), 2. Auflage, Saarbrücken 2004

Kahlen, Hans Integrales Facility Management, Management des ganzheitlichen Bauens, Düsseldorf 1999

Ketteler, Gerd Der Begriff der Nachhaltigkeit im Umwelt- und Planungsrecht, NuR 2002, S. 513–522

ders. Instrumente des Umweltrechts, JuS 1994, S. 909–915

Kinne, Harald Mietrechtliche Konsequenzen der Energieeinsparverordnung, ZMR 2004, S. 397–401

Kinne, Harald/Schach, Klaus/Bieber, Hans-Jürgen Miet- und Mietprozessrecht, 4. Auflage, Berlin 2005

Klas, Helmut Das Gebot der Wirtschaftlichkeit bei der Berechnung von Nebenkosten, ZMR 1995, S. 5–7

Klein, Thomas/Martin, Frank O. Tabellenmethode versus Regressionsmethode bei der Erstellung von Mietspiegeln, WuM 1994, S. 513–518

Kloepfer, Michael Umweltrecht, 3. Auflage, München 2004

ders. Umweltschutz als Aufgabe des Zivilrechts – aus öffentlich-rechtlicher Sicht, NuR 1990, S. 337–349

ders. Umweltschutz als Verfassungsrecht: Zum neuen Art. 20 a GG, DVBl 1996, S. 73–80

Knissel, Jens/Alles, Ronald Ökologischer Mietspiegel, Institut Wohnen und Umwelt, Darmstadt (Dezember) 2003

Knissel, Jens/Alles, Ronald/Behr, Iris/Hinz, Eberhard/Loga, Tobias/Kirchner, Joachim Mietrechtliche Möglichkeiten zur Umsetzung von Energieeinsparmaßnahmen im Gebäudebestand, Institut Wohnen und Umwelt, Darmstadt 2001

Knissel, Jens/Alles, Ronald/Born, Rolf/Loga, Tobias/Müller, Konny/Stercz, Verena Vereinfachte Ermittlung von Primärenergiekennwerten zur Bewertung der wärmetechnischen Beschaffenheit in ökologischen Mietspiegeln, Institut Wohn*en und Umwelt, Darmstadt 2006*

Köhler, Helmut Zur Funktion und Reichweite der gesetzlichen Gewährleistungsausschlüsse, JZ 1989, S. 761–776

Kofner, Stefan Die Formation der deutschen Wohnungspolitik nach dem Zeiten Weltkrieg – Teil II, DWW 2003, S. 284–296

Kossmann, Ralph Handbuch der Wohnraummiete, 6. Auflage, München 2003

Kreuzberg, Joachim/Wien, Joachim Handbuch der Heizkostenabrechnung, 6. Auflage, München 2005

Kugler, Gernot Europa Lehrmittel, Betriebswirtschaftslehre der Unternehmung, 12. Auflage, Frankfurt a.M. 1992

Kunze, Catharina/Tietzsch, Rainer Miethöhe und Mieterhöhung, Berlin 2006

Kusche, Hans Christian Gesetzgebungs- und Verwaltungskompetenzen der Bundesländer für die Umsetzung einer klimaschutzorientierten Energiepolitik, Heidelberg 1998

Lammel, Siegbert Heizkostenverordnung, Kommentar, 2. Auflage, München 2004

ders. Wohnraummietrecht, 3. Auflage, Bonn 2007

Langenberg, Hans Betriebskostenrecht der Wohn- und Geschäftsraumiete, 3. Auflage, 2002

ders. Zur Umlage der Wärmelieferungskosten beim Nahwärme-Contracting, WuM 2004, S. 375–380

ders. Betriebskostenrecht der Wohnraummiete im BGB n. F., NZM 2001, S. 783–795

Langenbucher, Katja Die Entwicklung und Auslegung von Richterrecht, München 1996 (Dissertation)

Langenfeld-Wirth, Klaus Der Wechsel der Wärme-Versorgungsart (Übergang zum sog. Wärme-Contracting) im System des deutschen Mietrechts, ZMR 1997, S. 165–168

Larenz, Karl/Canaris, Claus-Wilhelm Methodenlehre der Rechtswissenschaft, 3. Auflage, Berlin 1995

Lenz, Carl Otto/Borchardt, Klaus-Dieter EU- und EG-Vertrag, Kommentar, 4. Auflage, Köln 2006
Lippert, Michael Energiewirtschaftsrecht, Köln 2002
Lovins, Amory/Hennicke, Peter Voller Energie, Vision: die globale Faktor Vier-Strategie für Klimaschutz und Atomausstieg, Frankfurt a.M. 1999
Lützenkirchen, Klaus Wohnraummiete, München 2002
Lützenkirchen, Klaus/Jennißen, Georg Betriebskostenpraxis, Köln 2002
Lützenkirchen, Klaus/Dickersbach, Marc Manuel Vertragsstörungen im Mietrecht, Köln 2007

Marburger, Peter/Reinhardt, Michael/Schröder, Meinhard (Hrsg.) Die Bewältigung von Langzeitrisiken im Umwelt- und Technikrecht, mit Beiträgen von Dietrich Henschler, L. Horst Grimme, Peter Badura, Michael Reinhardt, LL.M., Franz-Josef Peine, Hans-Peter Schwintowski, Berlin 1998
Meier, Klaus Ökologische Aspekte des Schuldvertragsrechts, Berlin 1995
Menzel, Hans-Joachim Das Konzept der nachhaltigen Entwicklung, ZRP 2001, S. 221–229
Ministerium für Verkehr, Energie und Landesplanung des Landes Nordrhein-Westfalen Innovativ: nrw, Ein Leitfaden zur Projektabwicklungsform Contracting, Wuppertal 2002
Münchener Kommentar – Rauscher, Thomas/Wax, Peter/Wenzel, Joachim (Hrsg.) Münchener Kommentar zum Bürgerlichen Gesetzbuch, Band 3, 2. Auflage, München 2001
ders. Münchener Kommentar zur Zivilprozessordnung, Band 2, §§ 511–945, 3. Auflage, München 2007
Murswiek, Dietrich Staatsziel Umweltschutz (Art. 20 a GG), Bedeutung für Rechtsetzung und Rechtsanwendung, NVwZ 1996, S. 222--230
Musielak, Hans-Joachim Kommentar zur Zivilprozessordnung, 5. Auflage, München 2007

Niedenführ, Werner/Schulze, Hans-Jürgen (Hrsg.) WEG Handbuch und Kommentar zum Wohnungseigentumsgesetz, 7. Auflage, Heidelberg 2007

Obernolte, Wolfgang/Danner, Wolfgang Energiewirtschaftsrecht, Band. 2, Kommentar, München 2000
Oppermann, Thomas Europarecht, 3. Auflage, München 2005

Palandt Bürgerliches Gesetzbuch, Kommentar, 66. Auflage, München 2007

Peters, Heinz-Joachim Art. 20 a GG – Die neue Staatszielbestimmung des Grundgesetzes, NVwZ 1995, S. 555–557
Pfeiffer, Frank-Georg Der Wärmedirektservice- ein lohnendes Konzept für die Wohnwirtschaft?, ZdW Bay 2/96, S. 90–97
Pieroth, Bodo/Schlink, Bernhard Grundrechte, Staatsrecht II, 22. Auflage, Heidelberg 2006
PiG – Partner im Gespräch Schriftenreihe des Evangelischen Siedlungswerkes in Deutschland e.V. Band 65, Mietrecht im Umbruch, Köln 2002
ders. Schriftenreihe des Evangelischen Siedlungswerkes in Deutschland e.V. Band 60, Interessenkonflikt zwischen den Mietvertragsparteien und Mietrechtsreform, Köln 2001
Pöschk, Jürgen (Hrsg.) Energieeffizienz in Gebäuden, Jahrbuch 2007, Berlin 2007

Quint, Rüdiger Peter Wärme-Contracting – ein Beitrag zu Klimaschutz, Versorgungssicherheit und Wettbewerb, Energiewirtschaftliche Tagesfragen, 8/2007, S. 8–11

Rips, Franz-Georg Europäische Vorgaben für das deutsche Mietrecht, WuM 2004, S. 175–180
Rips, Franz-Georg/Eisenschmid, Norbert Neues Mietrecht, Köln 2001
Ropertz, Ulricht/Wüstefeld, Hermann-Josef Die neue Heizkostenverordnung, NJW 1989, S. 2365–2371

Sachs, Michael (Hrsg.) Grundgesetz Kommentar, 3. Auflage, München 2003
Schauer, Harald Umlegung von Investitionskosten bei gewerblicher Nahwärmelieferung, ZMR 2001, S. 83–85
Schiebel, Christian Vom Wärmeschutz zur Primärenergie- Die neue Energieeinsparverordnung, ZdW Bay 2002, S. 60–71
Schink, Alexander Umweltschutz als Staatsziel, DÖV 1997, S. 221–229
Schläger, Edwin Wohnraummietrecht und Umweltschutz, ZMR 1994, S. 189–198
ders. Wohnraummietrecht und Umweltschutz, ZMR 1992, S. 85–92
ders. Anmerkung zu BGH, Beschluss vom 10.4.2002 – VIII ARZ 3/01, ZMR 2002, S. 580–582
ders. Wohnraummietrecht und Umweltschutz, ZMR 1988, S. 407–413
Schlemmermeier, Ben/Schwintowski, Hans-Peter Das deutsche Handelssystem für Emissionszertifikate: Rechtswidrig?, ZNER, 2006, S. 195–199

Schmid, Michael J. Handbuch der Mietnebenkosten, 10. Auflage, München 2007

ders. Kompaktkommentar Mietrecht, Neuwied 2006

ders. Neue Aspekte zum Wärmecontracting, ZMR 2002, S. 177–179

ders. Übergang zum Wärmecontracting während des Mietverhältnisses, ZMR 2005, S. 590–593

ders. Wärme- und Warmwasserlieferug, ZMR 1998, S. 733–812

ders. Energiecontracting von Zentralheizung auf Fernwärme, NZM 2000, S. 25–26e

ders. Übergang zur Wärmelieferung und Mietrecht, DWW 2000, S. 147–152

ders. (Hrsg.) Miete und Mietprozess, 4. Auflage, Neuwied, Kriftel 2004

Schmidt, Bernhard Betriebskostenspiegel – Vergleichsinstrument der Zukunft?, WuM 2002, S. 359-–362

Schmidt, Eike Das Schuldverhältnis, Heidelberg 2004

Schmidt-Futterer – Blank, Hubert (Hrsg.) Mietrecht, Groß-Kommentar des Wohn- und Gewerberaummietrechts, 9. Auflage, München 2007

Schwacke, Peter Juristische Methodenlehre, 4. Auflage, Stuttgart 2003

Schweitzer, Michael Staatsrecht III, 8. Auflage, Heidelberg 2004

Schwintowski, Hans-Peter Das Wirtschaftlichkeitsgebot – die Rechtspflicht des Vermieters zur optimalen Wärmeversorgung, WuM 2006, S. 115–119

ders. Rechtsgutachten der Verbände AGFW, PECU, VfW, Euroheat & Power IV/2005, S. 10–19

Seitz, Walter Wie wirkt sich die Modernisierung von Heizungsanlagen durch Vermieter oder Wärmelieferer auf den Mietzins aus?, ZMR 1993, S. 1–4

Simon, Thomas Das Mietrechtsreformgesetz als Beispiel kodifikatorischer Gesetzgebung, NZM 2001, S. 2–9

Soergel, Thomas Bürgerliches Gesetzbuch (Kommentar), Band 2, Berlin 1990

Sonnenschein, Jürgen Die Entwicklung des privaten Wohnraummietrechts 1989 bis 1996 (Teil 1), NJW 1997, S. 1270–1284

Sparwasser, Reinhard/Engel, Rüdiger/Vosskuhle, Andreas Umweltrecht, 5. Auflage, Heidelberg 2003

Staudingers, J. von Kommentar zum Bürgerlichen Gesetzbuch, Buch 2, Einl zu §§ 241 ff., §§ 241–234, Berlin 2005

ders. Kommentar zum Bürgerlichen Gesetzbuch, Buch 2, §§ 315–326 BGB, Berlin 2004

ders. Kommentar zum Bürgerlichen Gesetzbuch, Buch 2, §§ 535–562d, Berlin 2006

Steike, Jörn Der Inhalt der Modernisierungsankündigung, DWW 2000, S. 47–51 (Deutsche Wohnungswirtschaft)

Stein, Friedrich Kommentar zur Zivilprozessordnung, Band 3, §§ 253–299 a, 21. Auflage, Tübingen 1997

ders. Kommentar zur Zivilprozessordnung, Band 7, Teilband 1, §§ 864–945, 21. Auflage, Tübingen 1996

Steinberg, Rudolf Verfassungsrechtlicher Umweltschutz durch Grundrechte und Staatszielbestimmung, Frankfurt a.M., NJW 1996, S. 1985–1994

Sternel, Friedemann Energiepass und Gewährleistung, NZM 2006, S.495–499

ders. Mietrecht, 3. Auflage, Köln 1988

ders. Wohnraummodernisierung nach der Mietrechtsreform, NZM 2001, S. 1058–1069

Streinz, Rudolf Europarecht, 4. Auflage, Heidelberg 1999

Technomar GmbH Baukostensenkung und CO2-Minderung durch Wärme-Contracting Hemmnisse und Lösungswege, München 2000

Thomas, Heinz/Putzo, Hans (Hrsg.) Zivilprozessordnung, Kommentar, 27. Auflage, München 2005

Thomsen, Kai Modernisierungshemmend und konfliktträchtig, Aus- und Nachwirkungen des § 13 MHRG, NZM 1998, S. 11–15

ders. Modernisierung von preisfreiem Wohnraum durch den Vermieter, 1998

Tiefenbacher, Ernst Georg Einführung von Wärmecontracting, in bestehende Mietverhältnisse bei bislang vermieterseitig beheizter Wohnung, NZM 2000, S. 161–208

Umweltbundesamt Die Zukunft in unseren Händen, Oktober 2005

Umweltbundesamt, Berlin und GdW – Bundesverband deutscher Wohnungsunternehmen e.V. Energiemanagement in Wohnungsunternehmen, Berlin 2003

v. Mangoldt, Hermann/Klein, Friedrich/Starck, Christian (Hrsg.) Kommentar zum Grundgesetz, Band 1, Präambel, Artikel 1–19, München 2005

ders. Kommentar zum Grundgesetz, Band 2 Artikel 20–82, München 2005

v. Münch, Ingo/Kunig, Philip (Hrsg.) Grundgesetz-Kommentar, Band 2, Art. 20–Art. 69, 4./5. Auflage, München 2001

v. Seldeneck, Ferréol Jay Betriebskosten im Mietrecht, Berlin 1999

ders. Das Wirtschaftlichkeitsgebot beim Ansatz von Betriebskosten, ZMR 2002, S. 393–480
Verband für Wärmelieferung e.V. (Hrsg.) VfW-Jahrbuch Energielieferung 1999, Hannover 1999
ders. VfW-Jahrbuch Energielieferung 2000, Hannover 2000
Vogel, Joachim Juristische Methodik, Berlin 1998
Vogler, Ingrid Herausforderung Energieeffizienz, ZdW Bay 8/2007, S. 368–371

Wagner, Hellmut Effizienz des Ordnungsrechts für den Umweltschutz?; NVwZ 1995, S. 1046–1052
Wank, Rolf Die Auslegung von Gesetzen, 3. Auflage, Köln 2005
Weitemeyer, Birgit Das Gesetz zur Regelung der Miethöhe und die Vertragsfreiheit, NZM 2000, S. 313–321
Werner, Ulrich/Pastor, Walter Der Bauprozess, 10. Auflage, Düsseldorf 2002
Wilcken, Alexander Fernwärme statt Gasetagenheizung – Zum Modernisierungsbegriff in § 554 II BGB, NZM 2006, S. 521–524
Wolf, Manfred Die Klagebefugnis der Verbände, Tübingen 1971
Wüstefeld, Hermann-Josef Wärmedirektservice – Chancen und Risiken (nicht nur) für Mieter, WuM 1996, S. 736–738

Zeimes, Nicole Die Reform des Mietrechts, Frankfurt am Main 2001 (Dissertation)
Ziaja, Volker J./Lützenkirchen, Klaus Wohnraummietrecht, Köln 2000
Ziesing, Hans-Joachim CO_2-Emissionen in Deutschland 2006 – nach wie vor keine Trendwende in Sicht, Energiewirtschaftliche Tagesfragen 5/2007, S. 80–87
Zimmermann, Peter / Heller, Robert Grundstücksbewertung, Bonn 1995
Zippelius, Reinhold Juristische Methodenlehre, 10. Auflage, München 2006
Zöller, Richard (Hrsg.) Zivilprozessordnung, 26. Auflage, Köln 2007
Zuck, Rüdiger Anforderungen an die Gesetzgebung im Bereich des Mietrechts und der Zivilprozessreform, NZM 2001, S. 354–358

DER JURISTISCHE VERLAG
lexxion
BERLIN
www.lexxion.de

Die Schriftenreihe *„Praxis und Theorie des Bau- und Immobilienrechts"* wird herausgegeben von Professor Dr. Rainer Schröder, Humboldt-Universität zu Berlin.

Bislang sind erschienen:

Christoph Morgen
Mitwirkungshandlungen des Auftraggebers im VOB/B-Vertrag
VIII, 208 Seiten · 2005 · ISBN 10: 3-936232-64-4 · ISBN 13: 978-3-936232-64-6 · Band 1

Jens Döhler
Gewährleistungsbürgschaften auf erstes Anfordern in AGB von Bauauftraggebern
V, 152 Seiten · 2005 · ISBN 10: 3-936232-67-9 · ISBN 13: 978-3-936232-67-7 · Band 2

Alexander Holmer
Die Gesellschaft bürgerlichen Rechts als Grundlage geschlossener Immobilienfonds
XII, 208 Seiten · 2006 · ISBN: 978-3-936232-85-1 · Band 3

Daniel Fitterer
Systemrisiko und Erfolgsverpflichtung im Baurecht
V, 135 Seiten · 2006 · ISBN: 978-3-936232-86-8 · Band 4

Juliane Reichelt
Die „Zwei-Fronten-Stellung" des Generalunternehmers im Lichte der Verjährungsproblematik
VI, 184 Seiten · 2007 · ISBN: 978-3-939804-09-3 · Band 5

Dirk Winkler
Die Pflicht des Notars zur Belehrung über steuerrechtliche Folgen und zur steueroptimierten Urkundsgestaltung
X, 220 Seiten · 2007 · ISBN: 978-3-939804-21-5 · Band 6

Alexandra Dinale
Architekt – Sachwalter des Bauherrn
X, 164 Seiten · 2007 · ISBN: 978-3-939804-22-2 · Band 7

Karola Knauthe
Rechtliche Rahmenbedingungen für die Privatisierung von öffentlichen Wohnungsbaugesellschaften in deutsche REITs
XI, 254 Seiten · 2007 · ISBN: 978-3-939804-23-9 · Band 8

Birgit Topp-Blatt
Die Verfahren zur Vergabe öffentlicher Aufträge
IX, 173 Seiten · 2008 · ISBN: 978-3-939804-59-8 · Band 9

Susanne Gunia
Grenzüberbau und Akzessionsprinzip
XIII, 258 Seiten · 2008 · ISBN: 978-3-939804-67-3 · Band 10